나는
왜 마음 놓고
쉬지 못할까

나는
왜 마음 놓고
쉬지 못할까

마음의 기초체력을 올리는
진짜 휴식의 기술

김은영 지음

시심

일러두기

- 단행본은《 》로, 언론지·기사·논문·연구 프로젝트는〈 〉로 묶었다.
- 의료인·학자·작가의 이름은 로마자로 병기했다.
- 본문에 쓰인 정신의학 용어는《두산백과》,《상담학 사전》, 한국심리학회의〈심리학 용어 사전〉, 기타 의학계 논문의 표기를 참고해 표기했다.
- 본문의 문장은 평서형을 기본으로 적었으나, 명상을 유도하는 일부 글에 한해서는 존댓말로 적었다.

근심 없이 쉬는 법을 잊은 모두에게

"나는 도대체 무엇을 위해 이렇게까지 피곤하게 사는 걸까?"

내 인생 질문이다. 아마도 죽을 때까지 이 질문을 스스로에게 던질 것 같다. 이런 생각은 일단 들기 시작하면 쉽게 가라앉지 않는다. 일의 의미, 가족의 의미, 삶과 죽음, 행복과 불행의 의미 등……. 생각이 꼬리에 꼬리를 물고 이어질수록 마음도 한없이 번잡해진다. 이러다 내 장례식에는 '평생 제대로 쉬지 못하고 피곤하다고 울부짖던 당신, 이제는 제발 평안히 잠드소서'라는 기도문이 울려 퍼질 것 같다는 생각도 든다.

나는 이렇게 마음을 어지럽히는 정신없는 일상에서 잠깐이라도 벗어나려고 그동안 무던히도 애써왔다. 눈코 뜰 새 없이 바쁠 때에도 시간을 쪼개가면서 각종 취미에 도전했다. 의대 졸업을 앞두고 국가고시와 대학원 시험을 준비하던 해에도 피아노와 가야금을 배우러 다녔고, 수련의 시절에는 당직 업무와 잦아들 줄 모르는 불면 때문에 제정신이 아니었는데도 자신과 싸우기라도 하듯 밤늦게 미술학원에 다니고 심야 영화를 챙겨 봤다. 박사 논문을 쓰면서 아로마테라피 자격증을 따고 시험관아기 시술을 받았다. 어렵게 태어난 아이가 중환자실에 누워 있을 때에도 재봉틀을 사서 울면서 옷을 만들고 베이킹 수업을 들으러 다녔다. 이렇게 새로운 취미를 만들고 즐기는 일이 나만의 휴식이며, 꽤 영리한 방법이라고 생각했다.

이런 내 대처 방식이 피로를 해소하는 데 도움이 되었을까? 그렇기도 하고 아니기도 하다. 삶을 즐길 수 있는 자원이 많아진 것은 분명 큰 자산이 되었다. 배우고 경험하며 몰입하던 순간들을 떠올리면 뿌듯하고 기분이 좋아진다. 짧든 길든 시간이 주어졌을 때 그 시간을 무기력하게 날리지 않고 알차게 썼다는 안도감에 든든해지기도 한다. 그러나 한편으로는 이런 취미들 때문에 더욱 지치기도 했다. 몸과 마음이 힘드니까 빨리 스트레스를 풀어야 한다는 생각에, 재미있어 보이고 나를 흥분시키는 것에 무작정 돌진했다. 그렇게 안 그래도 피곤한 상태에서 남은 에너지마저 다 태워버렸다.

이렇듯 과거의 나는 내 상태가 어떤지 잘 알아차리지 못했다. 또한, 어떻게 쉬면서 몸과 마음을 돌봐야 할지, 내게 결정적으로 필요한 게 무엇인지 진지하게 공들여 탐구해보지도 못했다. 누구보다 나를 돌봐야 할 사람인 내가 스스로를 돌보지 못했던 셈이다. 하지만 나를 잘 알지 못하면 나를 제대로 돌볼 수 없으며, 자연히 삶에

만족감을 느끼기가 어려워진다. 그래서 "나는 왜 이렇게 살고 있을까?"라는 질문을 계속 곱씹으며 살게 된다.

진료실에도 매일 나와 비슷한 질문으로 괴로워하는 이들이 무수히 찾아온다. 같이 일하는 선후배와 동료, 친구, 스쳐 지나가면서 알게 되는 많은 이들 대부분(적어도 100명 중 90명 이상은 되는 것 같다) '피곤하다', '지친다', '힘들다'라는 말을 달고 산다. 남편 역시 신혼 시절 어느 날 저녁, "피곤해서 죽을 것 같아"라는 내 말에 "나는 이미 지쳐서 죽었어"라고 대답해서 나를 놀라게 했다. 그로부터 10여 년이 흐른 최근에도 내가 '휴식'을 주제로 책을 쓴다고 하자 남편은 "도대체 쉬는 게 무얼 하라는 거야? 특별한 방법이 있어?"라고 어리둥절해한다. 어쩌면 휴식은 우리 평생의 질문일지도 모른다.

이 책은 바로 이런 질문들에 대한 답이다. 나 자신을 위해, 그리고 가장 힘겹고 고통스러운 순간에 고맙게도 나를 믿고 찾아온 수많은 이들에게 조금이라도 도움이 되기 위해 탐구한 결과물이다. 단순히 쉬기 위한 몇 가지 규칙과 활동을 제안하는 데서 그치지 않고, 여러분이 내면을 깊이 이해해 자신에게 꼭 맞는 '맞춤형' 휴식을 설계할 수 있도록 유용한 정보를 담으려고 노력했다. 여기에 다양한 심리학 이론과 정신건강의학과 치료에 사용되는 검증된 치료법을 곳곳에 녹여냈다.

1부 1장에서는 몸과 마음이 지쳐 있다는 신호, 즉 휴식이 필요할 때 나타나는 대표적인 증상과 올바른 휴식의 기준을 다룬다. '나는 지금 얼마나 지쳐 있는가?', '이대로 가도 좋은가, 아니면 좀 더 적극적인 변화를 모색해야 하는가?'에 대한 답을 모아 두었다. 자신의 상태를 진단할 수 있는 기준을 안내하고 진짜 휴식이 무엇인지 소개할 것이다.

2장과 3장으로 이뤄진 2부에서는 지금 지쳐가는 이유가 무엇인지, 앞으로 어떻게 평안에 이를 수 있는지 생각해볼 기회를 제공하고자 했다. 나는 매일 마음의 에너지가 바닥난 환자들을 진료한다. 환자들은 엇비슷한 증상을 보이지만, 그들의 이야기를 들을 때는 이제 막 새로운 소설책의 주인공을 맞이하는 기분이 든다. 삶의 어떤 스트레스에 특히 취약한지, 지금 지쳐가는 이유가 무엇인지, 앞으로 어떻게 평안에 이를 수 있는지는 사람마다 매우 다르기 때문이다. 그런 수만 가지 스토리를 유형별로 정리하고 각각의 솔루션을 제시했다.

2장은 늘 바쁘다고 불평하며 과로로 괴로워하면서도, 정작 여유 시간이 생겨도 편히 쉬지 못하고 바쁜 삶에서 벗어나지 못하는 이들에 대해 이야기한다. 이들은 휴식을 지칠 정도로 열심히 무언가에 몰두해 성취를 이룬 '대가', 혹은 몸이 아파야만 받을 수 있는 '병가'라고 여긴다. 때문에 특별한 이유 없이 쉬기보다는 차라리 일하는 게 마음이 편하다고 느낀다. 마음이 위험한 상태라는 진단을 받으면 오히려 안도하기도 한다. 몸과 마음이 병들어 쉬어야 하는 확실한 이유가 없으면 잠시라도 불안을 내려놓지 못하고 자신을 혹사한다.

3장은 스스로 별로 하는 것이 없다고 생각하면서도 마음이 힘들다며 어찌해야 할 줄 모르는 이들의 이야기다. 많은 이들이 습관적인 미루기, 권태로운 일상, 삶의 목표 상실로 지쳐간다. 말로는 "아무것도 하지 않는 것이 목표"라고 하면서도 정작 마음속으로는 아무것도 하지 않는 자신에게 분노한다. 차마 남들 앞에서 말하지 못하는 비현실적인 이상을 품고 그에 못 미치는 현실에 무력함과 불안을 느끼는 이들로 있다. 이들의 마음을 옥죄는 요소가 무엇이고, 어떻게 해야 마음의 짐을 내려놓을 수 있을지 안내한다.

2부를 통해 나에 대해 좀 더 깊이 이해하면 이전과는 다른 새로운 방식으로 행동할 용기가 생길 것이다. 마지막 3부에서는 본격적으로 '잘 쉬고, 잘 노는' 능력을 기르는 법을 알아보자. 무엇에 대한 대가도, 무기력해서 어쩔 수 없이 누워 있는 것도 아닌 나 자신의 몸과 마음을 섬세하게 살피며 내게 꼭 맞는 휴식을 설계하는 과정이다.

4장에서는 앞에서 소개한 휴식의 기준을 토대로 자신의 '쉬는 능력'을 점검하는 법을 안내한다. 쉬지 못하는 이유를 '시간'과 '돈' 때문이라고 여기고 그 결핍에 실망하고 있었다면, 이 장에서 휴식에 대한 새로운 시각을 깨워보자. 자신을 좀 더 편안하게 하고, 평범한 일상에서도 즐거움과 평온함을 발견하고 싶다면 이 장의 내용에 주의를 기울이자.

5장에서는 삶에서 뜻하지 않게 닥치는 위기 상황에 유연하게 대처하며 자신을 따뜻하게 돌보기 위한 구체적인 실천 방법을 제시한다. 끝없는 걱정이나 감정의 불길에 휩싸였을 때 마음의 불을 끄고, 자신을 더 따뜻하고 친절하게 대하며, 숨어 있던 나만의 긍정 자원을 찾아내어 활용해보자. 실제 진료실에서 무기력하고 지친 환자들의 마음을 치료할 때 많이 활용하는 방법이다.

본문에서도 이야기하겠지만, 수많은 심리학자들은 삶의 만족감이 '일', '사랑(관계)', 그리고 '놀이(휴식)'라는 세 가지의 위대한 영역의 조화와 균형으로부터 온다고 했다. 이 책을 읽는 여러분이 놀이, 즉 휴식이 주는 고요함과 따뜻함부터 즐거움과 활력까지 맘껏 누리며 그 충만한 에너지가 일과 사랑으로 막힘없이 이어지기를 바란다.

차례

1부   정말 편히 쉬어가도 괜찮습니다

2부   유독 지치는 데는 이유가 있습니다

3부 탄탄한 휴식과 함께, 단단해진 삶으로

1부

정말 편히 쉬어가도 괜찮습니다

1장

왜
쉬어도 피로가
풀리지 않을까

"제가 정말 지친 게 맞나요? 아니면 다들 이렇게 사는데 저만 예민하게 받아들이는 건가요?" 진료실에서 수없이 많이 듣는 질문이다. 내가 지친 상태가 맞으니 삶의 속도를 늦추며 쉬어가는 시간이 필요하다고 진단하면, 환자들은 오히려 "정말 쉬어도 될까요? 쉰다는 게 뭐죠?"라고 되묻는다.

이 장에는 그 물음에 대한 대답을 담았다. 몸과 마음이 지쳐 있다는 신호를 자각하며 지금의 내 상태를 짚어보고, 휴식에 대한 관점을 새롭게 정비하며, 제대로 된 진짜 휴식의 기준이 무엇인지 알아보자. 바쁜 일상에 수동적으로 치이며 조용히 기력을 잃어가는 대신, 스스로의 상태를 관리하고 적극적으로 돌보며 삶의 질을 높일 수 있을 것이다.

정말 쉬어도 되나요?

산다는 건
원래 피곤한 걸까?

레지던트로 수련하던 시절, 우습고도 슬픈 일이 있었다. 물에 푹 젖은 두꺼운 옷을 입고 다니는 것처럼 온몸이 무겁게 느껴지던 시기였다. 다리를 질질 끌고 다니듯 걸음걸이에 힘이 없었으며, 동료들과 조금만 수다를 떨어도 피곤해져서 1분이라도 엎드려 있어야 겨우 기력을 찾는 상태였다. 주말 내내 잠을 자도 소용이 없고 뇌에 안개가 낀 것처럼 쉽게 멍해졌다. 몸이 편하지 않으니 짜증도 늘었다. 나는 환자를 진료할 때 항상 안정적이고 맑은 정신으로 집중하는 모습을 보여준다는 자부심이 있었는데, 환자에게 "선생님, 팬

찮으세요? 많이 피곤해보여요"라는 말을 몇 번이나 듣는 지경에 이르렀다.

때마침 동료가 극심한 과로 탓에 갑상선염으로 쓰러지는 일이 있어, 틀림없이 나도 갑상선기능저하증에 걸렸을 거라고 생각했다. 몸에 이상이 있으면 '정당하게' 쉴 수 있겠다는 생각에 용기를 내어 혈액 검사를 받았다. 그러나 실망스럽게도(!) 갑상선 기능은 정상이었다. 다음으로는 이비인후과를 찾았다. 목에 생선 가시가 걸린 것처럼 이물감이 들고, 턱 밑의 림프절이 포도 알처럼 부어오른 듯 아플 때가 많았기 때문이었다. 잘 때는 물론이고 이야기할 때, 특히 상담할 때 이물감이 느껴져 침을 꼴깍 삼키는 일이 잦아 상당히 불편했다. 하지만 의사 선생님은 별일 아니라는 듯 "목은 깨끗해요. 괜찮아요"라고만 대답하며 말짱한 목 상태를 확인시켜주었다. 몇 년간 걸리적거리던 증상이었는데 이상이 없다고 하니 안심이 되면서도 혼란스러웠다. 그렇다면 이 모든 불편함이 스트레스성 증상이란 말인가? 앞으로 계속 이 상태로 살아야 하나? 그래, 산다는 건 원래 피곤한 거지…….

과거의 나처럼 이렇게 원인도 모르는 채 피로에 푹 젖어 사는 사람들이 점점 늘고 있다. 이들 대부분은 사실 자신이 계속 과로하고 쉬지 못해서 자주 아프고 피곤한 거라고 어느 정도 짐작하고 있다.

문제는 마음의 여유가 없어 정작 시간이 나도 제대로 쉬지 못하거나, 쉬려 해도 방법을 모른다는 것이다.

실제 한 취업 포털 사이트에서 실시한 조사에서는 직장인 두 명 중 한 명이 일주일에 평균 2~3일을 야근하며 제대로 쉬지 못하는 '워커홀릭'이라고 답했다. 게다가 워커홀릭이라고 답한 응답자 중에서도 절반 이상이 일하지 않으면 불안해서 쉬지 못하는 것이 아니라, 일이 많아 어쩔 수 없이 계속 일하는 '비자발적 워커홀릭'이라고 밝혔다. 그렇다면 야근하지 않는 날은 잘 쉬었을까? 안타깝게도 응답자 중 50퍼센트 이상이 퇴근 후에도 계속 업무를 했다. 같은 조사에서 전체 직장인 중 무려 80퍼센트가 다양한 정도로 번아웃을 경험한 적이 있으며, 번아웃을 경험한 적이 없다고 답한 이는 1.2퍼센트에 불과했다.

어쩌면 자발적이든 비자발적이든, 제대로 쉬지 못해 번아웃으로 고통스러운 일상을 꾸역꾸역 이어가는 모습이 우리 사회의 '정상적인', '평균적인' 삶이 되어버린 것일지도 모른다. 내가 몸을 질질 끌며 툭하면 아픈 상태로 보냈던 시절은 휴식을 마치 일탈행위처럼 여기는 풍조가 강한 때였다. 자연히 몸과 마음이 건강한 삶을 꿈꾸는 것은 그런 '정상성'과 싸워야 하는 두려운 일이 될 수밖에 없다. 그래서 쉬고 싶은 마음이 간절할 때도 '정말 쉬어도 되는가?'라는 의심과 불안이 든다.

지칠수록 자신을
몰아세우는 사람들

몸에 어떠한 이상도 없다는 실망스러운 결과를 받고 나는 몹시 침울해졌다. 밤에는 '내일 제대로 일할 수 있을까?'하는 걱정에 잠을 이루지 못하고, 병원에 일하러 와서도 복도를 걸을 때마다 고개를 들 힘이 없어 시선이 저절로 바닥으로 떨어졌다(사실 피로한 모습을 감추고 싶었던 것일지도 모른다). 집중력이 떨어지니 퇴근 시간은 더 늦어지고, 못 다한 일과 해야 할 일에 대한 걱정이 아침에 눈뜰 때부터 밤에 잠자리에 들 때까지 머릿속을 맴돌았다. 순간순간 솟아오르는 무력감과 우울함, 견딜 수 없는 피곤함, 제대로 일해야 한다는 부담감 등 온갖 생각과 감정이 매순간 다투며 긴장감을 더했다. '이런 상태로 과연 무사히 수련을 마칠 수 있을까?'라는 생각에 자신감도 한껏 낮아졌다.

지친 일상이 지속되다 보면 신체에 피로가 누적될 뿐만 아니라 마음의 조절 기능도 조금씩 망가진다. 짜증이 심해지고 쉽게 우울해지고 불안해진다. 자꾸 흐트러지는 집중력, 무너지는 자세, 한없이 느려지는 업무 속도, 자신을 의심하게 되는 건망증, 부족해 보이는 능력, 일하기 싫다는 마음……. 이렇게 자신이 무너지는 모습들을 실시간으로 느끼면서 일하다 보면 자신감을 잃는 것을 넘어 자존감이 바닥으로 떨어진다. 실제로는 직장에서 제 역할을 그럭저럭 잘하고 있다 해도 내적으로 자신의 존재 가치와 능력에 근본적인 의문이 든다.

이럴 때 몸과 마음이 쉬어가야 한다고 여기기보다는 '어떻게든 내 가치를 증명해야 하니 열심히 해야 한다'라는 방향으로 생각이 흘러가는 경우가 많다. 자신과 싸우기라도 하듯 일(혹은 일에 대한 생각)에 더 집착하기도 한다. 다른 사람에게는 "그렇게 힘들면 좀 쉬어"라고 관대하게 말하면서도 정작 자신에게는 '내가 겪는 스트레스는 어차피 해소될 길이 없다', '일의 특성상 어쩔 수 없다'라며 힘들어도 버텨내야 한다고 스스로를 다그친다. 아직 제대로 뭔가 이루지도 못했으므로 쉴 자격이 없다거나, 아직은 쉴 때가 아니라고 생각하기도 한다. 즉, 지칠수록 자신을 몰아세운다.

눈앞에 보이는 성과, 돈, 권력은 불안정하고 결핍된 내면으로부터 눈을 돌릴 수 있는 효과적인 방법 중 하나다. 간혹 번아웃으로 진료실을 찾아오는 이들 중에는 많은 성취를 이루었음에도 일하기 시작한 후로 단 한순간도 피곤하지 않거나 우울하지 않은 적이 없다고 하는 이들도 있다. 이미 가지고 있는 것, 성취한 것에 비해 자신감이 현저히 낮고 미래에 대해 지나치게 불안해한다. 그러면서 아직은 쉬거나 여유를 가질 때가 아니라고 한다. 지쳐서 우울해질수록 그 감정이 자신을 집어삼키지 않도록 앞만 보고 달리고 또 달린다. 그런데 이런 과정은 대부분 무의식적으로 일어난다. 그래서 답답해하고 울고 불안해하며 탈진할 정도로 일하면서도 왜 자신이 멈추지 못하는지 알지 못하는 이들이 많다. 어째서 잠깐이라도 자신의 몸과 마음을 돌보며 쉬어가는 순간을 허락하지 못할까? 이런 이들에게는 쉼과 더불어 자신을 깊이 이해하는 과정이 꼭 필요하다.

휴식에는 자격이 필요하지 않다

이렇게 지친 몸과 마음으로 불안에 사로잡힌 이들이 사회의 대다수가 되어가고 있는데 '쉼'에 대한 인식은 오히려 시대를 역행하는 것 같다. 많은 이들이 휴식은 지칠 정도로 열심히 무언가에 몰두하거나, 특별한 성취를 이루거나, 아파야만 취할 수 있다고 생각한다. 진료실을 찾는 환자 중에도 자신에게 쉴 자격이 있는지 따지거나 "차라리 교통사고로 다치기라도 해서 '합법적으로', '모두에게 당당하게' 쉬고 싶어요"라고 말하는 이가 많다. 우울증 등으로 치료가 필요하다는 진단을 받고 '내 상태가 안 좋은 게 맞았다'라며 안심하고 좋아하는 사람들도 있다. 몸과 마음이 병들어 쉬어야만 하는 확실한 이유가 있어야 잠시라도 일에 대한 불안을 내려놓고 온전히 자신을 돌볼 수 있는 것이다.

참 아이러니하다. 몸과 마음의 에너지가 완전히 바닥나기 전에 더 공들여 스스로를 돌보아야 하는데, 바쁠수록 쉬는 데 두려움을 느끼게 되니 말이다. 이러한 역설은 휴식이 일의 중단, 성장의 중단, 나아가 삶의 중단으로 이어질지 모른다는 불안 때문에 생겨난다. 이런 불안 때문에 많은 이들이 중요한 일들을 '중단'하려면 누구나 고개를 끄덕일 만한 근거가 있어야 한다고 여긴다.

하지만 **휴식에는 따로 자격이 필요하지 않다.** 단지 내가 하고 싶은 일을 오랫동안, 건강하고 의욕적으로 하려면 적당히 긴장하며 필요한 일을 한 후 충분히 몸과 마음을 이완하며 쉬어가는 '일-휴식'의 리듬이 필요할 뿐이다. '뭐라도 제대로 하고 쉬어야 한다'라는 왜곡된 관점을 바로잡지 않으면, 아무리 쉬어야 한다는 것을 몸과 머리로 알아도 실제 행동 변화로 이어지기 어렵다. 실제로 나는 지쳐서 찾아온 이들을 진료할 때 휴식에 대한 관점을 점검하고 바로잡는 데 많은 시간을 할애한다. 내가 "쉴 수 있는 자격 같은 것은 없습니다"라고 말하면, 환자들은 놀라며 이렇게 반문한다. "저 정말 쉬어도 되나요?"

자기주도적인 삶은
진짜 휴식에서 시작한다

끊임없이 자신에게 '정말 쉬어도 될까?'를 되묻는 태도에서만 벗어나도 진정한 휴식을 향한 가장 중요한 첫걸음을 떼었다고 볼 수 있다. 물론 내게 쉬어도 되는지 몇 번이나 확인을 하고 돌아간 환자들의 일상이 바로 바뀌는가 하면 절대 그렇지 않다. 어찌 보면 당연하다. 익숙한 일상에 변화를 일으켜야 한다는 부담감과 쉼에 대한 불안에서 온전히 벗어나지 못한 상태인 데다, 애초에 시간이 허락할 때 제대로 쉬거나 삶에 쉼을 녹이는 법 자체를 잘 모르기 때문이다. 그러나 당장의 일상에 큰 변화가 없다 해도, 다음 상담 시간에 진료실로 들어오는 이들의 표정을 보면 그전보다 한결 부드럽다. '쉬어도 될까?'라는 막연한 질문이 '잘 쉬어야 잘 살 수 있다. 이제 어떻게 할까?'라는 구체적이고 현실적인 질문으로 바뀌기 때문이다.

"선생님이 쉬라고, 그래도 괜찮다고 해주셔서 큰 위안을 받았어요. 그 전에는 저한테 문제가 있어서 자꾸 지치는 거라고 생각했거든요. 그래서 먼저 그 문제부터 해결한 후에 쉬어야 한다고 생각했는데, 그런 거랑 상관없이 쉬어도 된다고 해주셔서 마음이 많이 편해졌어요. 요즘에는 어떻게 쉴지 조금씩 고민하고 있어요."

이렇듯 나는 휴식에 대한 관점이 조금만 바뀌어도 일상의 만족감이 달라지는 모습을 수없이 보고 경험해왔다. '쉬면 안 된다'라며 스스로를 압박하는 생각이 몸과 마음을 얼마나 지치게 하는지를 발견할 때마다 무척 놀랍다. 휴식은 무엇에 대한 대가가 아니며, 무기력해서 혹은 할 일이 없어서 어쩔 수 없이 누워 있거나 몸이나 마음의 병을 진단받아야만 취할 수 있는 것도 아니다. 오히려 삶을 열정적으로, 만족스럽게 살아가기 위한 인생의 필수 요소다.

지그문트 프로이트Sigmund Freud, 에리히 프롬Erich Fromm, 마틴 셀리그먼Martin Elias Peter Seligman 등, 수많은 심리학자들이 인간의 삶은 일과 사랑(관계)과 놀이(휴식)로 이루어진다고 했다. 많은 이들이 삶의 의미를 일과 성취에 두고, 대부분의 시간을 일하거나 일에 대한 상념과 불안에 젖어 보낸다. 그 과정에서 좌절과 실패, 권태를 견뎌내야 하고, 하기 싫은 일을 꾸역꾸역 해야 할 때도 많다. 일뿐만 아니라 관계에서 소모되는 감정적 에너지도 만만치 않다.

원하는 일을 하고 갈등 속에서도 관계를 유지하려면, 그에 필요한 에너지를 어디에선가 채워야 한다. 우리 주변을 보면 열심히 일하면서도 누군가를 사랑하고, 돌보고, 우정을 나누는 데 시간과 에너지를 아낌없이 쏟는 이들이 있다. 그렇다면 그들은 어디서 에너지를 얻는 걸까? 바로 휴식이다. 휴식은 일과 사랑을 일구는 에너지의 주요 공급원이다. 제대로 쉬어야 원하는 만큼 일할 수 있고, 내면이 충전되어 있어야 원하는 만큼 사랑할 수 있다. 휴식은 일과 사랑이 적절하게 어우러지는, 만족스러운 삶을 일구는 데 없어서는 안 되는 삶의 중요한 영역이다. 제대로 된 '진짜 휴식', 자기주도적인 휴식이 모두에게 필요한 이유다.

지금 당장 쉬어야 할 때

건강한 삶이
망가진다는 적신호

　제대로 된 휴식 없이 떠밀리듯 살다 보면 자기도 모르게 그런 분주한 삶에 적응하게 된다. 그래서 몸과 마음이 갖가지 이상 신호를 보내도 그 신호를 감지하기도, 휴식이 필요하다는 생각을 하기도 어려워진다. 혹시 몸과 마음에 질병이 생긴 것은 아닐까 하는 불안이 마음 한구석에 생겨도 '다들 나처럼 산다'라고 여기며 불편한 느낌을 애써 외면한다. 그러다 피로로 일상생활이 무너질 지경이 되어서야 "제가 정말 번아웃이 맞나요? 쉬어야 하는 상태인가요?"라고 묻는다. 내가 "전형적인 번아웃 증상이에요"라고 답하면 놀라면서도 '역시 그랬구나' 하는 눈빛으로 고개를 끄덕인다.

이렇게 우리가 짐작은 하면서도 무심하게 지나치기 쉬운 몸과 마음의 신호에는 무엇이 있을까? 당장 삶의 변화와 휴식이 필요하다는 대표적인 구조 신호로는 '만성피로', '감정 기복', '냉소와 고립'이 있다. 각각의 사례와 함께 구체적인 증상을 살펴보고 원인이 무엇인지 점검해보자.

휴식을 요청하는 구조 신호 1: 만성피로

40대 후반의 현우 씨는 2년 넘게 피로감이 지속돼 병원을 찾았다. 잠을 얕게 자서 아침에 일어나기가 몹시 힘들고, 스트레칭이나 운동으로 몸을 움직여 활력을 채우려 해도 별 소용이 없다고 했다. 간혹 어지럽거나 시야가 흐려지는 일이 있었고 두통이 끊이지 않았다. 이전보다 감기에도 쉽게 걸렸고, 술을 조금만 마셔도 금방 취하고 숙취가 오래갔다. 특히 오전에 일에 집중하기 어려워 커피를 연거푸 마시는데도 정신이 맑아지지 않고, 회의 일정을 깜박하는 등 업무 실수가 많아졌다. 퇴근하고 나서도 피로감이 심해 가족들과의 일상적인 대화조차 버겁게 느껴질 정도였다.

현우 씨는 일상생활이 제대로 되지 않고 업무적으로도 점점 자신감을 잃어가는데, 병원에서 검사를 받아봐도 위염 외에는 특별한 이상이 없다는 답변만 받아 답답하다고 호소했다. 결국 우울증이나 신체화(심리적 스트레스나 정서적 갈등이 신체적인 증상으로 나타나는 현상) 장애가 의심되니 정신건강의학과에 가보라는 의사의 권유를 들었다.

만성피로는 현대 사회에서 다수가 겪는, 매우 흔하게 나타나는 증상이다. 종합병원을 방문한 환자 중 약 11퍼센트, 의원을 방문한 환자 중 8퍼센트가 만성피로 증상을 호소한다는 연구 결과도 있다. 이들 중 약 5퍼센트는 일상생활에 큰 지장을 줄 정도의 극심한 피로감에 시달리는데 이를 만성피로증후군chronic fatigue syndrome이라고 한다. 연구에 따르면 국내에서 매년 약 2만 5천 명이 만성피로증후군라는 진단을 받으며 그 진단 건수가 지난 10년간 1.5배 증가하는 경향을 보였다.

만성피로증후군의 피로는 일시적인 휴식이나 수면으로 쉽게 풀리지 않는다. 이뿐만 아니라 몸 전체에 다양한 증상이 나타났다 사라졌다 한다는 특징이 있다. 만성피로증후군 환자는 특히 스트레스에 취약해서, 조금만 무리를 해도 쉽게 증상이 악화된다. 다음 목록은 미국 질병통제예방센터Centers for Disease Control and Prevention, CDC의 만성피로증후군 진단 기준이다. 혹 이 기준에 해당된다면 가까운 병의원에서 치료를 받는 걸 권장한다.

1. 주요 피로 증상

의학적으로 설명되지 않는 심한 피로가 6개월 이상 지속되거나 반복되며, 이 피로가 휴식으로 충분히 개선되지 않고, 일상 활동 수준이 이전보다 50퍼센트 이상 감소함.

2. 동반 증상: 다음 증상 중 네 가지 이상이 6개월 이상 지속됨

① 단기 기억력 또는 집중력의 현저한 저하.

② 인후통.

③ 목이나 겨드랑이의 림프절에 (비대하지 않더라도) 통증이 있음.

④ 근육통.

⑤ 다발성 관절통.

⑥ 새로운 유형(빈도나 심각성의 증가)의 두통.

⑦ 자고 일어나도 상쾌한 느낌이 없음.

⑧ 운동이나 힘든 일을 한 후 심한 피로감이 24시간 이상 지속됨.

스트레스가 끝없는 피로를 불러오는 과정

1936년 생리학자 한스 셀리에^{János Hugo Bruno Hans Selye}는 만성 스트레스가 몸과 마음의 기능을 저하시켜 죽음에도 이르게 할 수 있다는 사실을 밝혀냈다. 그가 실험 쥐에게 심한 추위, 수술, 약물 과량 주입, 과도한 운동과 같은 각종 스트레스를 주자 쥐의 몸에서 3단계의 반응이 나타났다. 스트레스가 시작되고 이틀 내에 위염과 부종이 생기고 림프절이 부었으며(1단계), 이틀 후부터는 부종은 사라졌지만 스트레스 호르몬을 분비하는 부신이 커지고 성장 속도가 줄었다(2단계). 그래도 2단계에서 지나치게 강한 스트레스를 겪지 않았던 쥐들은 변화에 잘 적응하면서 정상적인 신체 기능을 보였다. 그러나 2단계 상태가 1개월 이상 지속된 쥐는 1단계 반응을 다시 겪으며 전신 기능이 저하되다가 결국 죽었다(3단계). 게다가 한 번 3단계에 들어간 쥐는 다시 편안한 환경에 옮겨줘도 정상적인 상태로 돌아가지 못했다. 이를 일반적응증후군^{general adaptation syndrome}이라 한다.

인간의 스트레스 반응도 이와 비슷하다. 스트레스 호르몬은 면역 반응, 에너지 수준, 수면-각성 주기, 기분 변화, 소화 등 몸과 마음의 기능을 조절하는 데 핵심적인 역할을 담당한다. 스트레스 상황이 되면 우리 몸에서는 몇 초 내로 스트레스 호르몬의 분비가 급격히 증가하면서 즉각적인 적응 반응이 일어난다. 우리가 마감 직전에 불안과 압박에 시달리며 잠을 못 자도 초인적인 집중력을 발휘해 일에 몰두할 수 있는 건 바로 스트레스 호르몬의 조절 기능 덕분이다. 그러다 상황이 종료되면 호르몬 분비가 정상화되며 몸과 마음을 이완하는 회복 과정이 시작된다. 이렇게 적당한 수준의 스트레스는 몸과 마음의 기능을 향상시키고, 때때로 위기 상황을 견디며 불가능한 일을 가능하게 만드는 힘을 주기도 한다.

그러나 만약 지친 몸과 마음을 회복할 틈도 없이 고강도의 스트레스가 지속되면 어떻게 될까? 처음에는 몸이 호르몬을 계속 분비하며 스트레스에 적응하려 하지만, 결국 일반적응증후군의 3단계처럼 탈진 상태에 빠지며 전신 기능이 저하된다. 이 상태가 되면 고장 난 낡은 자동차처럼 아무리 액셀러레이터를 밟아도 속도가 나지 않는 상태가 된다. "자. 지금 긴장하고 집중해야 해. 내일까지 마감이야!"라고 외쳐도 도무지 집중하기가 어렵고 멍하기만 한 상태에서 헤맨다.

액셀러레이터뿐만 아니라 브레이크도 잘 듣지 않는다. '지금 자고 싶어. 꼭 쉬어야 해'라는 마음이 굴뚝같아도 긴장이 풀리지 않아 얕은 잠만 겨우 잔다. 에너지가 바닥나니 사소한 활동에도 지치고 피곤해진다. 면역력도 떨어져서 감기나 각종 염증성 질환과 통증에 시달리고, 알레르기 반응이 심해진다. 소화 기능도 저하되어 더 부룩한 느낌, 설사나 변비가 반복된다.

스트레스 호르몬의 과다 분비가 만성적으로 지속되면 신체뿐만 아니라 뇌도 손상을 입는다. 극심한 스트레스를 겪은 이들은 학습 능력, 기억력, 정서 조절 기능을 담당하는 뇌의 해마가 손상을 입고 작아진다. 이뿐 아니라 스트레스에 대한 과잉 반응과 충동을 조절하고 문제 해결 능력과 집중력을 담당하는 전전두엽의 기능도 저하된다. 그 결과, 별것 아닌 일에도 벌컥 화가 나거나 조그만 일에도 불안에 빠지는 등 감정이 쉽게 날뛴다. 치매가 아닌가 생각될 정도로 기억력이 떨어지고 실수가 늘어난다. 자기관리를 못한다는 자책감까지 생겨나 마음을 무겁게 짓누른다.

아직까지는 '당신은 지금 만성피로 상태입니다!'라고 명확하게 진단하는 의학적 검사나, 만성피로를 바로 해결해줄 특효약은 없다. 그래서 만성피로로 병원을 찾더라도 특별한 이상이 발견되지 않아 '과로나 스트레스 때문이다'라는 막연한 설명만 들을 확률이 높다. 많은 이들이 검사에서 별 문제가 없다고 하니 아파도 별것 아니라고 무시하거나, 어쩔 수 없다고 체념하며 증상을 방치한다. 반대로 특정 신체 증상을 없애는 데 지나치게 몰두하기도 한다.

그러나 체념하지도 불안해하지도 말자. 만약 내가 만성피로 상태라면 더 늦기 전에 휴식에 대해 새롭게 생각하는 계기로 삼아보자. 우선 몸과 마음의 균형이 무너진 상태를 자각해본다. 몸과 마음을 구석구석 차분하게 살피면서 어떤 불편이 느껴지는지, 특히 힘든 증상은 무엇인지, 앞으로 어떻게 나아졌으면 하는지 하나하나 짚어보자. 이 과정에서 깨달은 내용을 차분히 정리하면서 써보는 것도 좋다. 이때 단기간 증상을 없애는 데만 집중하기보다는, 몸과 마음을 모두 회복하기 위해 새로운 삶의 방식을 모색해보자는 용기가 필요하다. 이 책의 후반부에 나오는 휴식 방법을 열린 마음으로 시도하다 보면 여러분에게 맞는 자신만의 방법을 찾을 수 있을 것이다.

휴식을 요청하는 구조 신호 2:
심한 감정 기복

"화병에 걸린 것 같아요."

소심한 성격의 40대 영은 씨는 7년차 디자이너다. 그는 팀 결원으로 야근이 부쩍 늘면서, 요즘 출근길에 눈물이 나고 일할 때 숨이 막히는 느낌이 든다고 했다. 작은 소음에도 신경이 곤두서고 날카로운 감정이 쉽게 일어났다. 회의 때 팀원들이 자신과 다른 의견을 내면 '저게 말이 돼?'라고 반발심이 들며 화가 났다. 그 화가 자신을 향하는 일도 잦았다. 일을 제시간에 끝내지 못하는 것도, 충원이 제때 되지 않는 것도, 퇴근하고 아이와 놀아주지 못하는 것도 다 자신이 무능력한 탓이라고 느꼈다. 그래도 휴일에 가족과 시간을 보낼 때는 잠시나마 웃을 수 있었지만, 일요일 저녁이 되면 내일 출근해야 하고 고생해야 한다는 두려움과 분노가 치밀어서 애꿎은 가족들에게 짜증을 냈다.

영은 씨처럼 신체적 피로보다 감정과 충동 조절이 어려워지는 모습으로 번아웃이 나타나는 경우도 많다. 마음의 조절 기능이 고장나 조그만 일에도 쉽게 우울·불안·무기력함·짜증을 느끼게 된다. 특히 생각과 감정과 행동이 따로 논다. '마음잡고 열심히 해야지'라고 다짐하면서도 얼마 안 가 갑자기 '다 때려치우자'라며 의욕을 잃고 거친 언행을 보이기도 한다. 또한, 사소한 좌절에도 버틸 수 없을 것 같은 위기감·불안·무력감·우울감을 느끼는 일도 잦다. 그러면서 일에 대한 의욕이 서서히, 그러나 꾸준히 떨어진다. 이런 모습 때문에 자신이 우울증에 걸렸다고 생각해 병원을 찾는 사람이 많다.

우울증일까 번아웃일까

"제가 우울증인가요? 그냥 번아웃 상태인가요?"

진료실에서 환자들에게 무척 많이 듣지만 대답하기도 그만큼 어려운 질문이다. 이 둘을 구별할 때 도움이 되는 기준은 바로 '상황과 환경에 따라 정서 조절의 어려움을 겪는 정도가 달라지느냐'다. 번아웃에 빠진 사람은 주로 업무와 관련된 일로 정서적 어려움을 겪고, 직장 외의 환경에서는 그럭저럭 이전과 비슷하게 생활한다. 영은 씨처럼 출퇴근하면서 남몰래 눈물을 흘리고 일할 때는 과민해지지만, 퇴근 후에는 이런 증상이 한결 덜해져 가족들과 원만하게 지내고 주말에는 긴장을 풀고 여가 시간을 즐기는 등 비교적 여유로운 상태가 된다. 이럴 때는 일을 줄이거나, 부서를 옮기거나, 휴직·이직하는 등 업무 환경 변화와 충분한 휴식이 필요하다.

이에 비해 우울증에 걸린 사람은 어느 상황에서든 정서적 어려움을 겪는다. 우울증은 일·육아·질병·스트레스가 원인일 수도 있고, 눈에 띄는 이유가 없을 수도 있다. 거의 매일 지속적으로 우울해하거나 불안해하고 의욕이 없는 상태가 지속되며, 일과 대인관계 등 일상 전반에서 정서 조절이 어렵다. 짜증과 변덕으로 가까운 친구나 가족들과도 다투는 일이 잦고, 사회적으로 고립되는 경우도 흔하다. 피로나 불면·과수면, 식욕 변화 등 생리적 변화와 자살 사고도 번아웃보다 더 뚜렷하게 나타난다. 만약 우울증에 걸린 상태가 맞다면, 충분히 쉬는 동시에 상담이나 치료 등 전문적인 도움을 받는 것이 중요하다.

그러나 솔직히 진료할 때는 두 상태를 칼같이 나누기 애매할 때가 많다. 많은 이들이 번아웃이라고도 우울증이라고도 할 수 있는 그 사이 어딘가에 있기 때문이다. 일이든 공부든 육아든 너무 버거운 일을 감당하다 보면 몸과 마음이 지치고, 자연히 매사에 짜증이 나고 우울해지며 마음의 에너지가 고갈되기 마련이다. 점차 일상 전반이 힘들게 느껴지고, 이런 상태가 심해지면 우울증까지 닿는다.

변덕과 짜증으로 마음이 고통스럽다면 무엇보다 먼저 내 마음에 어떤 변화가 일어나고 있는지 자각하는 게 중요하다. 언제부터 내가 쉽게 불안해지고 짜증이 나기 시작했는지, 어떤 상황이 유독 고통스러운지 자신의 상태를 점검해보자. 믿을 만한 지인들에게 요즘 자신이 어때 보이는지 물어보는 것도 좋다. 내 마음을 살피는 과정 없이 그저 힘든 상황을 버티기만 하면, 충동적이고 쉽게 짜증을 내는 모습이 일종의 성격처럼 굳어지기도 한다. 때문에 마음의 고통이 견딜 수 없이 심해질 때까지 기다리기보다, 힘겨움을 조금이라도 덜어낼 수 있도록 변화의 길을 적극적으로 찾는 게 바람직하다. 나를 지치게 하는 환경을 변화시키기 위한 작은 노력들과 더불어, 지친 마음을 다독여줄 휴식 방법을 모색해보자.

휴식을 요청하는 구조 신호 3: 냉소주의와 고립

"환자들이 "선생님, 저 좀 제발 살려주세요"라고 울면서 하소연하면 견딜 수가 없어. 그만 좀 하라고 소리 지르면서 밖으로 뛰쳐나가고 싶어. 나는 수술하는 사람이고, 맡은 수술은 끝까지 열심히 할 거고, 안 죽는다고 설명도 해줬는데⋯⋯. 나한테 도대체 어쩌라고!"

"환자는 낯선 수술을 받는 게 불안하니까 그렇겠지. 환자가 그런 이야기를 의사한테 하지 그럼 누구한테 하겠어?"

"그럼 의사인 나는? 나는 어떻게 해? 내가 왜 그런 신세 한탄까지 들어줘야 해? 그런 이야기를 한다고 달라지는 것도 없잖아. 괴롭다는 말을 들어줘야 하는 나도 힘들단 말이야."

대학병원에서 일하는 유능한 그는 눈코 뜰 새 없이 바쁜 의대생 시절에도 자신의 시간과 에너지를 아끼지 않고 친구들과 같이 울고, 걱정하고, 기뻐할 줄 아는 보기 드문 친구였다. 그랬던 그가 지금은 환자들의 힘든 감정이 조금이라도 전달되는 것을 견디지 못한다. 오랫동안 간신히 에너지를 쥐어짜내며 힘겨운 상황을 버텨왔다. 그 탓에 마음이 너덜너덜해지고, 그토록 풍부했던 감정도 잃어버렸다. 그의 마음은 어떻게 이토록 차가워졌을까?

간혹 의사 선생님이 너무 차갑고 무심해보여 상처받았다는 환자들의 푸념을 들을 때가 있다. 지금 겪는 증상으로 아프고 힘들다고 말하는데도, 의사가 자신과 눈도 마주치지 않고 냉담한 태도를 보이는 바람에 정작 중요한 말은 꺼내지도 못했다는 것이다. 내 주변의 상담사 동료들도 내담자들에게 이런 모습을 보일 때가 있다. 열정을 잃고 더 이상 내담자들에게 기대도 실망도 하지 않는다. 상담은 다른 사람에게 공감하는 과정이 그 무엇보다 중요한 직업인데 오히려 환자들이 감정을 내비치면 그 감정을 차단하고 거리를 둔다. 상대방이 개별적이고 독자적인 인생사를 지닌 의미 있는 존재라기보다 그저 어떤 증상을 가진 수많은 사람 중 하나로만 보인다.

이렇게 냉소적인 태도를 보이며 어떻게든 타인에게 정서적으로 관여하지 않으려 하는 모습도 마음이 지쳐 있다는 대표적인 신호 중 하나다. 몸과 마음이 지쳤을 때 폭발적으로 격앙된 감정을 분출하는 사람도 있지만, 눈과 귀를 닫고 감정을 억누르며 마음의 문을 닫는 사람도 있다. 정서적인 에너지가 완전히 바닥나면 몸과 마음을 한껏 웅크리며 자신을 보호한다.

'혼자가 좋아서'가 아니라, '혼자 있어야 살 수 있어서'다

매사를, 특히 인간관계를 냉소적으로 바라보게 되었던 경험이 있는가? 다른 사람과 이야기를 나누다가도 '내가 왜 이야기를 듣고 있어야 해?', '그래서 어쩌라고? 나도 힘들어 죽겠는데'라는 생각이 자꾸 떠올라 대화에 집중하지 못하던 경험이 있는가? 내게 다가오는 타인을 냉담하게 거절하면서 차가운 자신의 태도에 스스로 당황한 적이 있는가? 그렇다면 타인의 감정적 자극에 반응하지 못할 정도로, 즉 공감할 여력이 없을 정도로 지친 상태일 수 있다. 이런 상태에서는 냉소적이고 부정적인 마음이 삶 전반으로 번져, 사람들에 대한 기대가 사라지고 자신이 대인관계에 들이는 노력에 대해서도 회의를 품는다. '내가 노력해봐야(얘기해봐야) 소용없어. 어차피 세상은(그는) 변하지 않아. 애초에 기대를 말자'라고 생각한다. 그래서 관계에 적극적으로 나서는 대신 뒤로 물러서며 갈등을 피하려 하고, 작은 마찰만 생겨도 쉽게 그 관계를 포기한다. 서로 다투고 화해하고 즐거워하는 데 쓸 에너지도 버겁기 때문이다.

이러한 냉소는 자신을 향하기도 한다. '나도 별 볼 일 없어. 다 의미 없는 일이야'라며 자신의 가치와 역할에 회의감을 품고 자신이 무능하다고 느낀다. 과거에는 삶의 의미였던 일들(일, 인간관계, 가족 등)에도 더 이상 의미를 느끼지 못한다. 그리하여 타인에게 정서적 에너지를 쏟거나 그들과 연결되기를 거부하는 상태에 이른다. 이들은 '고독을 즐겨서' 홀로 지낸다고 말하지만 사실 고독을 즐기는 것이 아니다. 그보다는 고독해야 안전하다고, 혼자 있어야 그나마 살 수 있다고 느끼기 때문이다.

특히 교사·상담사·사회복지사·의료인처럼 타인에게 헌신하고 공감하는 직업을 가진 이들이 지칠 때 이러한 냉소적인 태도를 보이는 경우가 많다. 가치와 보람을 느끼는 일이라고 여기고 본인 직업을 선택했지만, 막상 타인에게 자신을 맞추는 일을 계속하다 보니 점차 피로가 쌓인다. 심지어 자신이 하는 일이 무의미하게 느껴지기까지 한다. 이런 현상을 공감 피로compassion fatigue라고 한다. 이런 공감 피로가 심해지면 감정에 무뎌지며 냉정하고 무심해진다. 그래서 감정을 느끼지 않는 것이 차라리 속 편하다고 여기게 된다.

하지만 감정은 우리 삶에 꼭 필요한 신호다. 마음에서 일어난 감정을 자각할 수 있어야 어떤 상황이 좋거나 싫다고 판단하고, 무엇인가를 하고 싶다는 욕구를 느끼며, 그에 맞는 행동을 할 수 있기 때문이다. 그런데 감정을 잘 느끼지 못하면 어떻게 될까? 삶이 내 내적 동기나 욕구와 상관없이 제멋대로, 타인의 의지대로, 뚜렷한 방향 없이 흐르는 대로 흘러가게 된다.

냉소와 정서적 고립은 일상에 서서히 스며들기 때문에 바로 알아채기가 어렵다. 따라서 일·관계·일상이 크게 흔들리기 전까지 몇 년이나 오래 지속되는 경우가 많다. 그렇기에 주기적으로 내 마음이 어떤 상태인지 관심을 갖고 들여다보는 것이 좋다. 정서적 자극에 대한 불안, 피로감, 만사를 회의적으로 바라보는 차가운 시선이 마음 속에 자리 잡고 있는가? 그렇다면 일단 하던 일을 멈추고 쉬면서 마음의 에너지를 채워야 할 때다.

얼마나, 어떻게 쉬면 나아질 수 있을까?

이처럼 많은 이들이 번아웃으로 인한 끝없는 피로, 우울과 변덕에서 나오는 마음의 고통, 냉소주의와 고독함 등 갖가지 이유로 괴로워하며 진료실을 찾는다. 이들은 대부분 이 모든 일의 원인이 나 때문이라며 자신을 탓한다. 스스로가 부족하거나 무능하다는 막연한 자책감, 아무도 나를 도와주지 않는 것 같다(혹은 도와줄 수 없을 것 같다)는 외로움과 분노에 시달린다. 이런 자책과 분노 때문에 쉴 기회가 생겨도 잘 쉬지 못하고, 결과적으로 쉼의 경험 자체가 부족해진다. 그래서 너무 쉬고 싶고 쉬어야만 한다는 사실을 잘 알고 있다고 이야기하면서도, 정작 구체적으로 얼마나 어떻게 쉬어야 하는지는 잘 알지 못하는 사람들이 많다. 도대체 좋은 휴식이란 무엇일까?

사람마다 필요한 휴식의 방법과 시간은 사람마다 다르다. 미디어에는 휴식과 취미, 건강에 대한 정보가 흘러넘치고, 놀라울 정도로 다양한 스트레스 관리 용품이 연일 시장에 쏟아져 나온다. 그러나 그런 정보나 상품이 모든 이에게 도움이 되는 것은 아니다. 이완이나 수면을 위한 각종 도구와 모바일 애플리케이션을 사용해보거나 남들이 좋다고 하는 취미나 운동을 시작했다가, 별로 재미도 효과도 없다며 크게 실망만 하는 이들이 정말 많다.

돌이켜보면 나 또한 몸과 마음의 안정과 활력을 찾겠다는 명목으로 셀 수 없이 많은 시간과 돈을 투자했다. 그러나 내가 어떤 상태인지 자각이 결여된 채 남들이 좋다는 방법을 성급하게 시도하니 휴식과 이완의 효과가 충분하지도, 지속되지도 않았다. 마네킹에 걸린 멋진 옷에 혹해서 그 자리에서 옷을 샀다가, 한번 입어보고는 생각보다 나와 어울리지 않는다며 거들떠보지 않는 식이었다. 물론 다양한 시도와 경험으로부터 배우기도 했지만, 거꾸로 이런저런 방법을 시도해봤자 다 소용없었다는 실망도 남았다. 이처럼 내게 어떤 방향의 휴식이 필요할지 충분히 고민하지 않으면 일상의 고단함이 해소되지도 않을 뿐더러 쉬어봤자 소용이 없다고 체념하게 된다. 그러다 어느 순간 갑자기 일을 그만두거나 일방적으로 단절하는 등 삶에서

후퇴하는 방향의 선택을 할 위험도 커진다.

내게 꼭 맞는 휴식의 방향을 찾아가는 과정은 지금 이 순간 내 몸과 마음이 어떤 상태에 있는지, 무슨 경고 신호를 보내고 있는지를 세심하게 느끼고 자각하는 것으로부터 시작한다. 그 다음에는 나를 가장 힘들게 하는 스트레스 상황에서 조금 물러나, 그 자리에서 일단 멈춰본다. 거리를 두고 서서 내 삶의 여정과 방향을 훑어보며 나를 이토록 힘들게 하는 삶의 요소가 무엇인지 점검한다.

어떤 이들은 직장을 그만두거나 힘든 관계를 모두 단절하는 등 스트레스 상황을 완전히 끝내거나 삶을 '리셋'해야만 피로의 굴레에서 벗어날 수 있다고 생각한다. 그러나 이런 극단적인 생각은 대체로 현실적이지 않기에 실천하기 어렵다. 게다가 에너지가 바닥난 상태에서는 큰일을 실행하기가 더욱 어려울 수밖에 없다. 그래서 안 그래도 힘든 상황에서 자신을 무능하다고 여겨 자괴감까지 느끼기 쉽다. 물론, 더 건강하고 의미 있는 미래를 위해 휴직이나 이직 같은 과감한 결단이 필요할 때도 있다. 하지만 그런 인생의 큰 결정은 방전된 에너지를 충전한 후에, 자신감을 조금이라도 얻은 후에 내려도 늦지 않다.

그 다음은 **'진짜 휴식'의 기준을 알고, 내게 맞는 휴식 방법을 찾아내고 시도하자.** 앞에서도 이야기했듯 '내게 맞는 휴식'이 무엇인지는 어떤 어려움을 겪느냐에 따라 달라진다. 어떤 이는 한두 시간마다 5~10분씩 쉬는 정도면 충분할 수 있지만, 극도로 탈진한 경우 몸과 마음이 회복되기까지 몇 달 이상의 요양이 필요할 수도 있다. 피로와 긴장감을 크게 느낀다면 몸을 이완하는 방법을 익히면 좋다. 변덕과 짜증이 심해서 고통스러울 때는 정서 조절을 위한 다양한 활동과 명상이 유익하고, 냉소적이고 외로운 마음이 들 때는 마음이 편안해지고 따뜻한 위안이 되는 관계가 도움이 된다.

이처럼 삶에 자신만의 방식으로 쉼을 녹여내어 활력을 되찾을 수 있는 구체적인 방법은 이 책의 후반부에서 자세히 소개한다. 그전에 먼저 '진짜 휴식'이란 무엇인지, 정말로 효과적인 휴식의 기준은 무엇일지 살펴보자. 휴식의 정확한 기준을 알면, 이후 쉬는 데 필요한 새로운 활동을 시도할 때 구체적인 목표를 세우는 데 도움이 되고 시행착오도 줄일 수 있을 것이다.

진짜 휴식을 취하는 방법

가만히 있는 건
휴식이 아니다

30대 후반의 엔지니어 영수 씨는 치매에 걸렸나 싶을 정도로 집중력과 기억력이 엉망인 상태였다. 낮에 집중하지 못하니 밤늦게까지 종일 일에 매달리는데, 조급한 마음과는 달리 자꾸 '무슨 일을 하고 있었지?' 라며 일의 흐름을 놓치고 멍한 상태에 빠지기 일쑤였다. 그럴 때면 갑자기 숨이 가빠지고 심장이 두근거릴 때도 있다고 했다.

나는 그에게 심장이 두근거릴 때는 일단 자리를 벗어나 5분이라도 호흡을 가다듬고 쉬기, 하루 30분이라도 몸과 마음을 일과 완전히 차단하는 휴식 시간을 보내기를 권유했다. 일주일 후 내가 쉬는 시간을 가졌는지 묻자, 그는 "어차피 뭔가 일을 하려고 해도 할 수가 없는 상태"
였기에 많이 쉬었다고 이야기했다. 내가 구체적으로 어떻게 쉬었느냐
고 묻자 이렇게 답했다.

"적어도 퇴근해서는 의식적으로 아무것도 안 하려고 노력했어요. 그
냥 누워서 유튜브를 봤어요. 그래도 선생님이 쉬어도 된다고 말씀해주
셔서 마음은 편하더라구요."

"무엇을 보셨는데요?"

"그냥 알고리즘에 뜨는 대로요. 뭘 봤는지 기억은 안 나네요. 제 전화
번호도 까먹는 판에……."

영수 씨는 쉬었다고 했지만 그 휴식이 구체적으로 어떤 상태를 뜻하
는지, 자신에게 얼마나 효과적이었는지는 전혀 모르고 있었다.

놀랍게도 휴식을 단순히 '아무것도 안 하는 것'이라고 생각하
는 사람이 정말 많다. 이런 생각의 기저에는 쉬는 시간을 단순히 '비
생산적인 시간'이라고 보는 잘못된 사고방식이 있다. 자녀가 공부
하지 않는 시간을 '노는 시간'이라고 여기는 부모들의 사고방식과
비슷하다. 사실 하던 일을 일시적으로 멈추는 것은 의외로 쉽다. 실
제로 많은 이들이 일하다가도 어느새 자기도 모르게 SNS나 인터넷
기사, 유튜브에 빠져 몇 시간을 훌쩍 보내곤 한다. 그러고는 그동안
'일을 안 하고 놀았으니' 쉴 만큼 쉬었다고 생각한다.

그렇다면 생각해보자. **이런 시간을 보낸 후에 몸과 마음이 편안한 쉼의 감각을 맛보았는가?** 안타깝게도 내가 만난 대부분의 직장인과 학생들은 짧은 시간을 활용해 제대로 쉬었다며 만족감을 느끼기보다, 일에 집중하지 못하고 쓸데없이 시간을 날렸다며 후회했다. 자기도 모르게 흘려보낸 시간 때문에 오히려 더 피로해졌다고 느끼고, '나도 모르게' 자제력을 잃고 기력과 시간을 허비하는 행동 패턴에서 빠져나오기를 원했다.

제대로 쉬기 어려워하는 이들은 물리적으로 일을 멈출 수 없는 상황에 있어 이런 문제를 겪는 게 아니다. 그보다는 주체적·능동적으로 몸과 마음을 회복하는 방법을 모르기 때문이다. 최악의 경우, 너무 지쳐서 무기력하게 가만히 있는 걸 휴식으로 착각하기도 한다. 그러다가 결국 과로와 무기력을 오가는 악순환에 빠지게 된다.

휴식은 '멈춤' + '회복'

그렇다면 쉰다는 것, 휴식休息은 정확히 무엇을 뜻할까? 휴休는 사람이 나무 아래에 편안히 기대어 있는 모습을 형상화한 한자로 '쉬다'는 의미이며, 식息은 '숨을 쉬다'를 뜻하는 한자로 '숨을 고름',

'멈춤', '생존'의 의미도 함께 지니고 있다. 이를 종합해보면 휴식은 '육체적·정신적으로 하던 일을 잠시 멈추고 숨을 고르며, 생존을 위해 몸과 마음을 회복하는 상태'를 뜻한다. 즉, **휴식에는 '멈춤'과 '회복'의 두가지 요소가 필요하다**는 뜻이다.

이 점을 생각해보면, 영수 씨의 사례처럼 시간 가는 줄 모르고 미디어에 빠져드는 행동은 적절한 휴식으로 보기 어렵다. '멈춤'은 가능하지만 '회복'의 기능이 부족하기 때문이다. 오히려 방향 없는 미디어 시청으로 집중력과 에너지를 빼앗는 등 역기능을 할 때도 많다. 우리에게는 일을 멈추는 것뿐만 아니라 좀 더 깊고 확실한 '회복'의 감각을 안겨줄 휴식이 필요하다.

이제부터 '멈춤'과 '회복'을 똑같은 무게로 마음에 두고, **일을 멈추고 몸과 마음을 회복하는 행위**를 휴식이라고 정의해보자. 그리고 내게 필요한 휴식의 방향을 찾기 위해, 평소 자신이 휴식이라고 생각했던 행동이 다음 기준에 부합하는지 점검해보자. 바로 일상 곳곳에 건강한 활력을 채워주는 '진짜 휴식'의 기준이다.

'진짜 휴식'의
다섯 가지 기준

1. 긍정적인 감각과 감정이 분명히 느껴지는가?

'진짜 휴식'의 첫 번째 기준은 **쉬는 시간에 하는 활동으로 긍정적인 감각이 확실히 채워지는가**다. 휴식 활동을 할 때만큼은 내가 평소 지치고 산만한 상태와 달리 몰입할 수 있는지를 생각해보면 좋은 휴식인지 아닌지 구분하기 쉽다. 지끈지끈한 머리가 가벼워지는 느낌, 어깨와 목의 긴장이 풀어지는 느낌이 드는가? 편안함이나 고요함, 차분함이 느껴지는가? 소리나 통증에 예민해진 감각이 조금이나마 줄어들고, 괴로움을 참고 견딜 만한 상태가 되는가? 때로 고통을 잠시 잊기도 하는가? 잘 돌아가지 않던 생각이 좀 더 수월해지는가? 즐거움과 활력이 충전되는 느낌이 드는가? 기계적으로 일할 때보다 의욕적인 상태가 되는가?

종일 불안한 생각을 떨치기 어려울 때, 어떤 활동을 하는 것만으로도 그 순간만큼은 편안함을 느끼면서 이완 상태로 들어갈 수 있다면 매우 감사한 일이다. 이때의 휴식은 마치 산소 호흡기처럼 숨 막히는 순간에 극적으로 숨통을 트이게 해준다. 내가 진료하던 환자 중에는 강도 높은 감정 노동으로 점철된 일을 끝마치고 종종 밤늦게 춤 연습을 하러 가는 분이 있었다. 그는 평소에는 몸과 마음이 깊고 차가운 물속으로 끊임없이 가라앉는 느낌이지만, 춤을 추는 순간만큼은 "누가 뒷목을 잡고 수면 위로 잠시 끌어올려 숨을 쉬게 해주는 것 같다"라고 했다. 마치 '나는 살아 있다!'고 외치는 듯한 기분이라고 말이다.

2. 휴식 후에도 긍정적인 감정과 감각이 유지되는가?

'휴식 활동 중 느꼈던 긍정적인 몸과 마음의 상태가 활동이 끝난 후에도 지속되는가'도 회복에서 매우 중요하다. 우리가 평소 휴식이라고 생각하는 활동 중에는 '좋은 건 그때뿐'인 활동도 있다. 실제로 많은 환자들이 친구들과 수다를 떨거나 맛있는 음식을 먹고 있을 때는 기분이 좋고 재미있지만, 헤어지거나 집에 오는 순간 기분이 가라앉는다고 이야기한다. 물론 이런 활동도 안 하는 것보다는 조금이라도 즐거움을 느끼는 편이 낫겠지만, 긍정적인 감각이 짧게 스쳐 지나가는 활동은 주된 휴식 전략이 되기 어렵다.

한 행위가 몸과 마음에 어떤 영향을 남기는지는 사람마다 매우 다르다. 어떤 사람은 노래방에 다녀오면 기분이 풀리면서 적어도 그날 저녁은 신나는 기분으로 지낼 수 있고, 그 기억으로 며칠 더 즐거운 상태에 머무를 수도 있다. 반면 누군가는 큰 소리와 같은 과도한 감각 자극, 과각성과 흥분 때문에 잠깐은 신나더라도 그 시간이 끝나고 나면 오히려 몸이 피로하고 초조함이나 불쾌감을 느낄 수도 있다. 그러니 **어떤 휴식 활동을 할 때 내 몸과 마음에 좋은 감정과 감각이 남는지, 그 감각이 얼마나 오래가는지 생각해보자.**

내 경우를 예로 들면, 오전에 명상을 곁들인 요가를 하면 만족감뿐만 아니라 몸과 마음이 가벼워지면서 적어도 그날 하루만큼은 편안한 마음으로 일할 수 있다. 내게 진료를 받던 한 학생은 인간관계 갈등으로 자신감이 바닥나고 우울한 상태였지만, 클라이밍을 시작한 후 활력과 자신감이 일주일 내내 유지된다며 좋아했다. 어떤 환자는 뜨개질을 느리게 10분이라도 하다 보면 손이 저절로 움직이고 마음이 몹시 차분해져서 반나절은 편히 지낼 수 있다는 이도 있었다. 이렇게 잠깐이라도 편안해지면 미루던 메일을 열어보거나 불편한 동료에게 연락하는 일 등 부담감이 느껴지던 일을 할 마음의 여유가 생긴다.

3. 휴식이 내게 필요한 감각과 감정을 선물하는가?

내가 정말 필요하고 간절히 원했던 걸 딱 필요한 시점에 선물로 받는 것만큼 기쁘고 만족스러운 일은 없다. 이처럼 **휴식도 '지금 내게 꼭 필요한 선물'이라고 생각하면 좋다.** 몸과 마음 상태, 주어진 시간, 환경적 요건 등을 고려해 내게 딱 필요하고 적합한 활동이 무엇일지 살펴보자. 무기력할 때는 자신에게 활력과 에너지를 공급하고, 과부하 상태에서는 이완·고요함·안정감을 주면 좋다. 과로로 지쳤을 때는 느리고 조용한 자연으로 떠나는 여행이, 권태로 의욕이 떨어진 상태에서는 사람 사는 활력이 느껴지는 시장이나 축제, 새로운 곳으로의 자유 여행이 즐거움을 줄 것이다.

꼭 여행이 아니더라도 일상 속 작은 활동으로 필요한 감각이 충족된다면 그 활동은 내게 적절한 휴식이라고 할 수 있다. 물에 젖은 휴지처럼 축 처지고 무기력할 때는, 편안한 소파에 기대어 가벼운 재즈를 들으면서 조금이라도 가볍고 편안한 느낌이 들도록 몸을 풀어주면 좋다. 종일 컴퓨터 앞에 앉아 일한 탓에 안면 근육과 몸에 긴장이 느껴진다면, 잠시 눈을 감고 명상을 하거나 창밖의 자연을 바라보는 시간을 갖자. 단 5퍼센트라도 긴장 상태가 해소된다면 짧은 휴식 또한 내게 맞는 작은 선물이 될 수 있다.

4. 휴식이 자발적·능동적으로 이루어졌는가?

요즘은 볼거리가 넘쳐나다 보니, 유튜브·SNS·OTT 등 온라인 채널 영상을 보거나 게임을 하는 등 미디어를 이용할 때 유일하게 몰입이 되고 즐거움을 느낀다는 사람들이 많다. 물론 미디어 시청이 꼭 나쁜 것만은 아니다. 나 또한 가끔 유튜브로 베이킹 영상을 보면 재미를 느끼고 마음이 풀어지며, 새로운 발상에 자극받아 상상력이 불타오르기도 한다.

문제는 많은 이들이 '회복'의 효과를 기대하면서 능동적·자발적으로 미디어 보기를 선택하는 것이 아니라, 영수 씨처럼 '달리 할 일이 없어서', '딱히 재미있는 게 없어서', '일을 하지 않으려고', '나도 모르게' 미디어에 빠져들어 멍하니 영상을 들여다보다 조절력을 잃고 만다는 점이다. 조절되지 않은 미디어 사용은 집중력·기억력 등 인지 기능을 저하하고 각종 근골격계 통증을 유발하는 등 명백히 건강을 위협한다. 때문에 미디어 시청이나 게임만을 유일한 휴식의 전략으로 삼는 것은 위험한 일이다. 이런 활동에만 몰두하면 자칫 휴식에서 중요한 요소인 '회복'과 멀어질 수 있다.

휴식은 내 몸과 마음 상태를 자각하고, 나와 친해지면서 나를 조절하는 능력을 회복하는 능동적인 행위다. '이건 어떨까?', '재미있을까?', '내가 얼마나 편안해질까?'처럼 나에 대한 친절한 호기심을 바탕으로 다양한 활동을 이것저것 시도해보고, 그중 좋은 느낌을 받았던 활동을 선별해서 알맞은 때에 내게 선물하는 일이다. 쓰러질 정도로 지쳐 기력 없이 누워 있을 때라도, '너무 힘들어서 어쩔 수 없이 누워만 있다'고 생각하는 것과 '지금 나는 절실히 이완이 필요해. 따뜻한 물속에 몸을 담그고 있다고 상상하면서 최대한 긴장을 풀어보자'라고 생각하며 이완하는 것 중 어느 쪽이 더 휴식의 효과가 클까? 누워 있는 시간은 같더라도, 이완의 깊이뿐만 아니라 내가 나를 조절할 수 있다는 자신감과 만족감의 크기에 큰 차이가 있을 것이다.

우리는 불확실한 사회를 살아가지만, 역설적이게도 우리가 매일 겪는 스트레스는 눈에 빤히 보일 정도로 예측 가능하고 만성적인 경우가 많다. 매일 마주치는 불편한 동료들이나 가족, 주기적으로 다가오는 마감과 야근, 반복되는 취업 실패, 나이 들며 점점 더 밀려나고 축소되는 사회적 역할, 월말에 보는 텅 빈 통장 잔고 같은 것들이 이에 해당된다. 문제는 어떤 스트레스가 닥칠지는 예측할 수 있어도 정작 스트레스를 해결하거나 문제 상황에서 벗어나기는 매우 어렵다는 점이다. 때문에 일상적인 스트레스가 주는 몸과 마음의 부담을 덜고 그 상황을 좀 더 쉽게 견딜 수 있도록, 필요할 때 바로 실천할 수 있는 휴식이 필요하다.

그렇다면 어떻게 해야 할까? 바로 **오랫동안, 안정적으로, 쉽게 할 수 있는 휴식 방법**을 찾아 익히면 큰 도움이 된다. 금전적 부담이 적은 산책이나 달리기, 명상, 미술 작품이나 음악 감상 등이 이에 해당된다. 해외여행이나 '호캉스'처럼 많은 돈과 시간이 필요해 오히려 일상에 부담을 주는 활동이라면 1년에 한두 번은 가능하겠지만 휴식이 필요할 때마다 실천하기는 어렵다.

많은 이들이 스트레스 해소 방법으로 선택하는 쇼핑 역시 마찬가지다. 어떤 이들은 월말에 생활고로 스트레스가 찾아오는 것을 알면서도 인터넷 쇼핑이나 홈쇼핑으로 물건을 싸게 사거나 때로는 필요하지 않는 중고거래를 해서라도 돈을 아꼈다는 성취감을 느끼고 싶어 한다. 어떤 이들은 과도한 지출로 자신의 능력을 과시하면서 느끼는 흥분과 활력, 마음 한구석이 채워지는 느낌에 매료되어 과소비를 거듭한다.

최근에는 과도한 음주, 폭식, 도박 등 중독성이 강한 행위로 스트레스를 푸는 이들이 늘고 있다. 어떤 행동이든 그 행동을 하게 되는 내적인 이유가 있지만(그리고 존중받아야 하지만) 결과적으로 스스로에게 큰 부담을 준다면 오랫동안 지속하기 어렵다. 건강과 일상을 해치는 행동은 휴식이라기보다, 반대로 건강한 휴식과 돌봄이 필요하다는 강력한 신호다. 만약 내가 여기에 해당된다면 일단 문제가되는 활동을 멈추고, 몸과 마음을 전반적으로 점검해보자. 구체적으로 어떻게 해야 할지 모르겠다면 혼자 끙끙대기보다는 전문가를 찾는 것이 가장 안전한 방법이다.

나만의 휴식 설계사가 되어보자

앞에서 이미 이야기했듯, 어떤 휴식이 내게 효과적일지는 자신만이 알 수 있다. 자신의 몸과 마음 깊은 곳에서 느껴지는 감각과 감정을 살펴야만 진짜 휴식의 감각을 누릴 수 있기 때문이다. 내 휴식 설계사가 될 수 있는 사람은 나뿐이다. 제대로 된 휴식을 취하려면 활동에 필요한 비용이나 사회적 능력·환경과 같은 외적인 조건보다, 스스로에 호기심을 갖고 일상 속 크고 작은 순간에서 느껴지는 감정과 감각에 주의를 기울이는 태도가 더 중요하다.

자, 이제 본격적으로 휴식을 설계해볼 차례다. 지금까지 나의 몸과 마음의 상태를 점검하고 진짜 휴식의 기준을 되짚어보자는 이야기에 고개를 끄덕였다면, 그 다음으로는 내가 그동안 어떤 경험을 쌓아왔기에 지금처럼 지치게 되었는지 깊이 있게 들여다보는 작업이 필요하다. 내가 어떤 스트레스에 특히 취약한지, 그럴 때 나는 (의식적으로 혹은 무의식적으로) 어떤 방식으로 문제에 대처했는지, 그 방식을 택한 이유가 무엇이며 장단점이 무엇일지 살펴보자. 과거와 현재의 삶을 연결하며 그 의미를 생각해보고 이를 토대로 현재의 삶이 어떻게 작동하고 있는지 이해하는 과정은, 적절한 휴식 전략을 세우고 삶의 방향을 조정하는 데 꼭 필요한 단계다.

이어지는 2부에서는 쉽게 지치지만 그렇다고 마음 편히 쉬지도 못하는 이들의 유형과 각 문제에 알맞은 휴식 전략을 소개한다. 이들의 이야기를 거울삼아 여러분이 이때껏 살아온 삶을 되돌아보면, 자신을 좀 더 깊이 있게 이해하고 지친 마음을 보듬는 데 큰 도움이 될 것이다.

유독 지치는 데는 이유가 있습니다

2장

왜
마음 놓고
쉴 수 없을까

과로로 괴로워하며 늘 쉬고 싶다고 말하면서도 제대로 쉬지 못하는 사람들이 정말 많다. 아주 잠깐의 여유도 스스로에게 허락하지 못할 정도로 해야 할 일이 많은 이들도 있고, 쉬려고 하면 오히려 불안이나 죄책감을 느끼는 이들도 있다. 게다가 정작 쉴 시간이 생겨도 무엇을 해야 할지 몰라 난처해하기도 한다. 몸과 마음이 지쳐간다는 사실을 자각하면서도 정작 그토록 자신을 혹사하는 삶에서 벗어나는 방법을 모르는 것이다.

이 장에서는 바쁘고 긴장이 가득한 삶으로 힘들어하면서도 쉼을 삶에 녹여내기를 어려워하는 이유를 다양하게 살펴보고, 이에 대한 해결책을 제시한다. 분주한 삶을 버티느라 상처 입고 메마른 마음속으로 들어가, 지금 나에게 가장 필요한 게 무엇일지 알아보자.

해도 불안, 안 해도 불안

내가 쉬지 않고
일하게 되는 이유

"뭐라도 하지 않으면(하는 척이라도 하지 않으면) 불안해요."

"쉬고 있으면 자꾸만 뒤처진다는 생각이 들어서 괴로워요."

"분명 너무 바빠서 힘든데도, 이상하게 일을 더 벌여요. 자꾸만 저를 극한으로 몰고 가게 돼요."

진료실에서 내가 매일 듣는 말이다. 우리 주변에서도 일이나 경력에 도움이 될 만한 생산적인 일을 하지 않으면 불안해하며 제대로 쉬지 못하는 사람들을 흔히 찾아볼 수 있다. 이미 지친 상태에서도 약간의 여유가 생기면 초조함을 느끼고 일을 더 벌이며 "일을 해도 스트레스, 안 해도 스트레스"라고 답답함을 호소한다.

이들은 "사는 게 너무 피곤하고 지친다"라고 말하면서도, 좀처럼 일을 줄이거나 휴식 시간을 확보하거나 건강을 돌보기를 주저한다. 그래서 공황이나 우울로 감정 조절에 어려움을 겪는 경우가 많다. 너무 힘겨워서 도저히 버티기 어려울 정도가 되어서야, 혹시 정신적인 문제가 있어 자신이 떠맡은 일을 제대로 해내지 못하는 게 아닐까 염려된다며 정신건강의학과에 찾아온다. "일이 너무 많다, 정말 쉬고 싶다"라고 한참 하소연하지만, 동시에 약을 먹고 잠을 원할 때 푹 자면 좀 더 많은 시간 동안 집중해서 일할 수 있을 것 같다며 비현실적인 치료 효과를 기대한다. 힘들어 쉬고 싶다며 진료실을 찾고서도 일을 더 해야 한다는 생각을 놓지 못하는 것이다.

나는 이런 문제로 오는 이들에게 상담 치료의 목적은 환자가 충분히 쉬면서 일을 조절할 수 있도록 그들의 불안을 덜어주는 것이며, 불안이 덜어져야 현재 상태를 돌아볼 수 있는 여유가 생긴다고 설명한다. 그러면서 "치료를 받고 상태가 나아졌다고 해서 더 일하면 안 됩니다"라고 주의할 점을 분명히 이야기한다. 대부분은 설명을 듣는 자리에서는 그 말에 동의하지만, 실질적 변화에는 어려움을 겪는다. 상태가 조금이라도 나아지면 자신도 모르게 더 일하고, 그 탓에 다시 지쳐 진료실에 되돌아오는 악순환을 반복하는 사람들도 꽤 있다.

이들은 어쩌다 이렇게 '일과 불안의 굴레'에 갇히게 되었을까? 많은 이들이 쉬고 싶다고 외치면서도 한편으로는 '바쁨'을 선망하고 자랑스러워하며, 바쁘게 살지 않으면 게으르다고 자신과 타인을 비난한다. 이러한 일에 대한 불균형한 관념은 일과 돈에 과도하게 의미를 부여하는 사회적 분위기에서 생겨난다. 사회는 늘 더 일하라고 한다. 잠을 줄이고 식사를 건너뛰고 하루 대부분을 일하는 사람들, 비인간적인 일정을 따라 공부하는 학생들의 이야기가 '인생을 허비하지 않는' 바람직한 사례로 여겨지며 미디어를 통해 널리 소비되고 칭송된다. 많은 이들이 아주 어릴 때부터 '일' 때문에 가족과의 단란한 저녁이나 주말을 희생하는 걸 당연시하는 모습을 보고 자란다. 누구나 한번쯤 들어봤을 법한 "지금 한가하게 놀 때가 아니다. 네가 그러고 있을 시간에 다른 사람들은……"과 같은 말은 일상의 매 순간을 생산적인 일로 채워야 한다는 압박감과 불안을 마음속 뿌리 깊이 심는다. 이렇듯 생산성에 대한 압박이 세상에 만연한 탓에, 1장에서 설명한 것처럼 번아웃이 점차 보편적인 사회적 현상이 되어가고 있다.

일을 놓지 못하는
사람들의 특성

일과 성과, 돈을 추구하는 강한 사회적 압력으로부터 완전히 자유로울 수 있는 사람은 거의 없다. 그러나 비슷한 조건에서도 유독 일을 멈추기 어려워하는 사람이 있다. 완벽주의적·강박적 성향이 있는 사람, 정서적 갈등이나 스트레스를 일로 해결하는 방식이 익숙한 사람이다. 다음 내용을 통해 대표적인 유형을 살펴보자.

1. 완벽주의 성향이 있는 사람

완벽주의는 번아웃을 부채질하는 가장 강력한 요인이다. 완벽주의자는 스스로 매우 높거나 비현실적인 기준을 설정하고 이 기준에 미치지 못하면 자신과 타인을 혹독하게 비판한다. 과도하게 성취 지향적이어서 결과만을 중요하게 생각하므로 과정을 즐기기 어려워한다. 완벽주의자는 작은 실수조차도 최악의 결과를 가져올 것이라고 믿기 때문에 늘 불안과 두려움을 안고 산다. 또한, 완벽을 추구해야 할 일과 그렇지 않아도 되는 일을 구분하는 융통성이 부족해 매사에 에너지를 크게 소모한다.

2. '통제'와 '규칙'에 집착하는 사람

경직된 완벽주의는 강박적 성격으로 이어질 수 있다. '워커홀릭', '일 중독자' 중에는 강박적 성격을 지닌 이가 많다. 완벽주의가 지나쳐 조직이나 업무의 세부적인 규칙·일정에 집착하면서 오히려 일의 효율성과 융통성이 떨어지는 경우도 있다. 뛰어난 전문성과 업무 성과를 보이기도 하지만, 자신의 업무 방식을 잘 따르지 않는 사람은 배척하고 때에 따라 비난하기까지 하는 등 완강하고 경직된 태도를 보인다. 일뿐만 아니라 사적인 인간관계에서도 공감보다는 이해관계에 따라 타인을 대하는 경향이 있다. 이들에게 삶은 '통제'하는 것이지 즐기는 것이 아니다. 그래서 아무리 지쳐도 자신이 정한 규칙과 계획을 지키느라 자신에게 쉽게 여유를 허용하지 않는다. 때문에 '하루 10분이라도 명상하며 꾸준히 쉬는 것이 값비싼 영양제 몇 백만 원 어치를 먹는 것보다 뇌 건강에 훨씬 효과가 좋다'라는 식으로 객관적인 효율성과 수치를 근거로 휴식의 필요성을 설명해야 겨우 쉬는 시간을 낸다.

3. 바쁠수록 일하는, 일로 스트레스를 해소하는 사람

가족과 주변인에게 지쳤다고 끊임없이 투정하고 불평하면서도 새로운 회의를 잡고 프로젝트를 시작하는 등 일을 더 벌이는 사람들이 있다. 이런 사람들은 피곤하면 할수록 자신과 싸우기라도 하듯 새로운 계획을 세운다. 또한, 일로 인한 스트레스를 적절히 해소할 수 있는 방법을 잘 알지 못해 맡은 일을 해냈을 때의 성취감에 매달리는 경향이 있다. 즉, 긍정적인 감각이 필요할 때 일을 끝낸 후의 성취감을 다시 느끼고 싶어 하는 것이다. 그래서 지치고 불안할수록 잡다한 일들을 처리하면서 자잘한 뿌듯함을 느끼고, 새로운 일을 계획하면서 잠시나마 흥분을 느끼거나 자신감을 되찾으려고 한다.

4. 일로 낮은 자존감을 방어하는 사람

우리는 자존감이 낮아질 때, 외로울 때, 불안할 때 일로 도피하기도 한다. 특히 가정에서 존재감이 없거나 가족들에게 존중받지 못한다고 느낄 때 이런 모습을 보이는 경우가 많다. 이런 사람들은 일에 몰두하거나, 휴식 시간에도 일 생각에 빠져 있거나, 귀가하지 않고 그저 직장에서 시간을 보내며 일과 계속 연결되려고 한다. 일이 자존감을 유지하는 유일한 방법이기 때문이다. 만약 만사를 제쳐두고 일 언저리에 머무르기를 택하는 사람이 있다면, 일과 그로 인해 느끼는 효능감이 정서적 생존에 필수적인 사람이라고 볼 수 있다. 즉, 일하는 순간만이 유일하게 자신의 가치를 인정받는 시간인 것이다.

5. '나는 바쁘잖아'라는 말로 갈등과 책임을 피하는 사람

'바쁨'을 숭상하는 사회에서는 일하느라 바쁘다고 하면 많은 부분에서 면책되는 경우가 많다. 그래서 바쁘다는 핑계를 대며 인간관계의 갈등이나 책임을 자꾸만 피하는 사람들이 있다. 바빠서 부모님께 연락하지 못하고, 일하느라 바쁘고 피곤해서 아이와 눈 맞추며 놀아줄 시간이 10분도 없다고 이야기한다. 타인과 다투고 나서도 갈등을 직면하고 감정을 소모하는 것이 두려워, 바쁘다는 핑계로 서로를 이해하는 대화 없이 갈등 상황을 유야무야 넘긴다. 그리고 '이 일은 지금 반드시 해야 하는 중요한 일이야. 대화는 나중에도 할 수 있잖아?'라고 생각하며 자신의 행동을 합리화한다.

이들에게는 '바쁜 상태'가 면죄부이기에, 일하느라 피곤하면 가족들에게 짜증을 내거나 부당한 요구를 해도 괜찮다고 생각하기도 한다. 그래서 가족들과 유일하게 함께할 수 있는 시간인 주말에도 하루 종일 잠을 자며 가족에게 무관심한 모습을 보인다. 그러면서도 가족의 일원으로서 자신의 역할을 충분히 수행하지 못하는 상황을 걱정하기보다, 가족과 갈등을 빚는 상태에서도 가족들이 자신에게 친밀감을 느끼고 존중하기를 원한다. 그리고 "나는 가족을 위해 열심히 일했는데 가족은 나의 노력을 인정해주지 않는다"라고 말하며 외로움을 호소한다. 그렇게 외로워질수록 더더욱 일로 도피하고, 그 때문에 갈등이 또 생기고 관계가 나빠지는 악순환이 반복된다.

'일'과 '휴식'의
의미 점검하기

우리가 일을 손에서 놓지 못하고 쉬는 데 불안을 느끼는 이유에는 여러 가지가 있지만, 가장 큰 이유는 앞서 설명한 여러 사회적·개인적·심리적 요인이 복잡하게 얽혀 '일(혹은 돈을 버는 것)'에 대한 왜곡된 관념이 형성되었기 때문이다. 따라서 반복되는 과로와 번아웃에서 벗어나고 싶다면 먼저 '일'과 '휴식'에 대한 자신의 관점을 점검해볼 필요가 있다.

먼저 잘 쉬지 못하는 주된 요인이 무엇인지, 일에 대해 어떤 두려움과 기대를 마음속에 품고 있는지 자신의 내면을 조금씩 들여다보자. 내면의 생각과 불안을 인식하고 수용하는 것만으로도 몸의 긴장감과 피로감이 줄어들고, 변화로 나아갈 용기가 생긴다. 먼저 다음 내용을 읽고 빈칸에 떠오르는 말을 자유롭게 써보자. 내가 일을 쉽지 놓지 못하는 이들이 자신의 내면을 정확히 들여다볼 수 있도록 진료실에서 활용하는 질문이다.

내가 일을 멈추지 못하는 이유

- 나는 _____ 때문에 일을 멈추기 쉽지 않다고 느낀다.
- 일을 멈추거나 쉬려고 할 때 _____ 느낌이 든다.
- 일을 멈추면 _____과 같은 일이 일어날 것 같다는 생각이 든다.
- 일을 쉬지 않고 계속하면 _____가 해결되거나 _____를 얻을 수 있을 것이다.

내 마음이 구체적으로 어떠한가? 내가 일에 관해 품는 기대나 쉬는 데 느끼는 두려움이 현실적인가? 아니면 과도하거나 비현실적인 측면이 있는가? 간혹 마음 깊은 곳의 불안이나 기대를 마주하고 깜짝 놀라는 이들도 있다. '쉴 시간이 없다', '시간이 있어도 할 수 있는 게 없다'와 같이 자신의 상태를 피상적으로만 인식하면, 마음 깊은 곳에 자리한 과도한 불안이나 비현실적인 기대를 인식하지 못한 채 그에 휩쓸리며 살게 된다.

이제 이런 두려움과 기대가 어디에서 왔는지를 과거의 경험과 연결 지어 생각해보자. 내 마음을 깊이 이해할수록 삶을 긍정적으로 변화시키고자 하는 내적 동기가 강력해지고, 자연히 내게 필요한 휴식을 모색할 힘을 얻게 된다. 다음 질문을 읽고 답을 생각해보자.

일에 관한 내 가치관 점검하기

- 일과 돈에 대한 내 태도(기대, 두려움)는 어린 시절의 경험, 가족적 특성, 환경에 영향을 받았을까?
- 영향을 받았다면, 어떤 경험이 내 태도에 결정적인 영향을 주었을까?
- 그 경험이 현재의 내게 미치는 긍정적인 영향과 부정적인 영향은 무엇일까?
- 부정적인 영향을 조금이라도 줄이려면 무엇을 할 수 있을까?

이제 나에 대한 이해를 토대로 좀 더 현실적이고 장기적인 관점에서 '일'에 대한 나의 태도를 점검하고, 변화의 가능성을 모색해보자. '일'에 부여된 과도한 의미를 덜어내어 일에 대한 기대를 좀 더 현실적으로 수정하고, 내가 중요시하는 삶의 가치에 부합하는 방향으로 일의 의미를 다시 생각해보는 과정이다. 자신의 가치를 점검하며 삶의 우선순위를 조정하는 작업은 휴식을 위한 마음의 공간을 확보하는 데 꼭 필요하다. 다음 질문을 읽으며 일에 관한 내 사고방식을 점검해보자.

내 삶에서 일이 지니는 의미

– 내게 일(혹은 돈)은 삶의 도구일까, 목표일까?

– 내가 일하는 방식이 내게 중요한 삶의 가치(부富, 경쟁에서의 승리, 우월감, 더 큰 성취, 친밀한 관계, 가족과의 행복, 내면의 평화, 안정감, 잠재력의 실현, 불행 대비, 타인에게 받는 인정 등)를 충분히 반영하고 있을까?

– 일을 대하는 지금의 방식이 장기적으로 내게 중요한 삶의 가치를 실현하는 데 도움이 될까?

– 지금과 다른 방식으로 일한다면(덜 일하거나, 일의 방향을 달리하거나, 일의 우선순위를 조절한다면) 내 가치를 실현하기 어려워질까?

– 지금 일하는 방식 외에 가치를 실현하기 위한 다른 방법이 있을까?

– 일하는 방식에 변화를 일으킬 때 느껴지는 두려움을 줄이려면 무엇을 할 수 있을까?

이렇게 일과 쉼에 대한 관념을 좀 더 현실적으로 정비하고 나만의 고유한 삶의 가치를 확인하는 과정은 일하고 쉬는 방식을 조정하는 첫걸음이 된다. 일에 매몰되는 생활에서 내 삶의 가치를 실현하는 생활로 시선을 살짝 틀어보는 것만으로도 일상에서 느끼는 긴장감이 전반적으로 줄어든다.

우리의 적절한 생존을 위해, 질병과 같은 갑작스러운 재난에 대비하기 위해 일을 하고 돈을 번다. 돈은 불행에 대처하고 꺾이는 마음을 다시 일으킬 수 있게 하는 큰 자원이며, 일은 그 자원을 버는 중요한 수단이다. 그러나 미래에 찾아올지 아닐지도 모르는 불분명한 이익을 위해 현재를 희생해가며 불행에 대비한다고 해서, 지금 여기에서의 삶에 만족감이 생기지는 않는다. 진정한 만족감은 친밀하고 건강한 관계, 내가 원하고 결정하고 책임지는 삶에서 나온다. 만약 이때까지 삶의 균형추를 일에 놓고 살아왔다면, 이제는 그 추를 어디에 놓고, 앞으로 어느 방향으로 나아갈 것인지 생각해보자.

정말로 '너무 바빠서'
쉬지 못하는 걸까

언제나 쫓기듯
사는 사람들

"저도 쉬고 싶은데 정말 쉴 시간이 없어요."

"늘 무언가에 쫓기는 기분이에요."

"꼭 해야만 하는 일이 너무 많아서 어쩔 수 없어요."

번아웃에 빠진 이들에게 휴식을 권할 때 가장 많이 듣는 질문 (반문인 경우도 있다)이 바로 "시간이 없는데 어떻게 쉬어요? 할 일이 없는 사람이나 쉴 수 있는 거 아니에요?"라는 말이다. "내 사정을 모르는 사람이나 하는 소리"라며 냉소적인 반응을 보이는 이도 많다. 이들처럼 할 일에 비해 시간이 충분치 않은 사람, 부족한 시간에 쫓기듯 일하면서 사는 사람을 일컬어 **타임 푸어**time poor라고 한다. 마음 놓고 쉬기에는 돈도, 시간도, 마음의 여유도 부족하다고 여기는 사람들이다.

'타임 푸어'가 쉬는 시간을 내지 못하는 가장 큰 이유는 '돈'과 '일'에 대한 집착 때문이다. 이들은 시간을 보낼 활동을 금전적 가치에 따라 선택하는, 다시 말해 시간을 돈으로 환산하는 경향이 있다. 지금 여유 시간을 어떻게 보낼지나 주말에 쉴지 일할지와 같은 일상적인 선택부터, 학교·직업·결혼·출산·거주지 등 인생의 굵직한 선택의 순간에도 '일'과 '돈'의 논리에 따른다. 자연히 휴식이나 놀이, 친밀함을 느끼는 시간처럼 금전적 가치를 측정할 수 없거나 일과 큰 관련도 없고 기회비용도 발생하는 일은 외면하곤 한다.

'타임 푸어'를
만드는 사회

물론 이런 성향이 전적으로 '타임 푸어'인 사람만의 잘못만은 아니다. 현대 사회에서 자신에게 필요한 만큼 시간이 충분히 있다고 생각하는 사람은 거의 없을 것이다. 사회의 불확실성이 커지고 경제가 어려워지고 빈부 격차가 벌어질수록, 사람들은 가진 것을 순식간에 잃거나 원하는 것을 영영 가지지 못하고 낙오될지 모른다는 두려움에 '돈'과 '일'에 집착한다. 더 정확하게는 남들보다 더 많은 시간 동안 '일'을 하고(혹은 일하는 척을 하고), 각종 창의적인 방법으로 부지런히 '돈'을 모아야 한다는 압박감에 시달린다. 일상생활의 여유를 누리는 건 돈이 충분히 모인 뒤로 미루어도 된다고 생각한다.

그렇다면 정말로 돈이 충분히 많으면 시간 여유도 많을까? 아쉽게도 꼭 그렇지는 않다. 실제로 소득이 높은 사람은 시간 대비 많은 급여를 받기 때문에, 여가 시간을 친구나 가족들과 보내거나 자신을 위해 쓰는 대신 일하는 데 사용하기 쉽다. 그래서 주말과 휴가를 포기하고 강도 높은 노동으로 몸과 마음을 소진하면서 소득을 얻는다. 물론 소득은 갑작스러운 경제난이나 질병과 같은 불행한 일이 있을 때 문제에 적절히 대처할 수 있도록 돕는 귀중한 자원이다. 그러나 불행을 피하거나 그에 대비하는 것과 전반적인 삶의 만족감을 증진시키는 것은 다른 문제다.

소득이 적으면 적은 대로 '일단 최대한 많이 일하고 아껴야 한다'라는 생각에 쉴 겨를이 없다. 절약이 최우선이 되면 필요한 물품을 살 때도 최저가에 구매하려고 인터넷 쇼핑 사이트를 1시간이 넘도록 헤매는 일이 잦아진다. 적은 비용을 들여 여행하려고 몸을 혹사하는 바람에 일행과 서로 짜증만 내고 여행의 중요한 순간을 망치기도 한다. 가족들과 대화를 나누고, 아이와 놀아주고, 다시 돌아오지 않을 여행을 즐기는 등 가치 있는 시간이 몇천 원, 몇만 원을 아끼기 위해 희생되는 셈이다.

이처럼 재산이 많으나 적으나 사람들은 자신이 지금보다 행복해지려면 돈을 더 많이 가져야만 한다고 믿는다. 사업가, 평범한 직장인, 하루 벌어 생계를 유지하는 노동자, 프리랜서, 학생 등 대부분의 사람이 각자의 이유로 만성적인 '타임 푸어' 상태에 시달린다.

쉴 마음의 준비가 되어 있나요?

이쯤에서 고백해야겠다. 나는 전형적인 '타임 푸어'다. 나는 할 일을 다 하고 놀고 쉬기까지 하려면 하루가 36시간은 되어야만 할 것 같은 기분으로 20~30대를 살았다. 그런데 마흔이 넘으니 몸이 여기저기 고장 나기 시작했다. 목과 어깨에 통증이 심해 3~4시간씩 앉아 진료하는 일이 이제 불가능할 것 같다, 다른 직업을 찾아야겠다는 절박한 생각을 할 때도 있었다.

그러다가 용기를 내어 육아에 좀 더 전념하고 운동하며 건강을 회복하는 '재활 라이프'를 다짐하며 연구년을 시작했다. 하루라도 환자의 우울한 이야기를 듣지 않고 나와 가족에게만 집중하는 삶은 어떤 삶일까? 쉬고 싶을 때 쉬고, 조급하지 않은 마음으로 몸을 챙기고, 원하는 만큼 아이와 시간을 보내고, 집중할 수 있을 때 논문을 쓰거나 책을 보는 생활을 할 수 있을까? 하루 4시간만 일하고 나머지는 쉬거나 가족과 시간을 보낸다는 필즈상 수상자의 삶이 이제 곧 눈앞에 펼쳐질 것만 같았다.

그런데 막상 쉬려고 하니 생각보다 쉽지 않았다. '해야 하는 일이 있지 않을까?'라는 생각이 머릿속을 맴돌았다. 괜히 메일을 열어보고 오늘 해야 할 일들을 되짚었다. 마음이 어지러우니 몸도 피곤해졌다. 가만히 긴장을 풀고 누워 있다 보면 '언제까지 이러고 있을 거야?', '책이라도 읽어야 하지 않을까?', '강의 준비를 하거나 운동이라도 하든지' 등의 생각이 밀려들었다.

실시간으로 내가 벌 수 있는 돈(기회비용)이나 개발할 수 있는 능력이 사라지고 있다는 생각에 놀라서 침대에 뉘였던 몸을 벌떡 일으킬 때도 있었다. 인스타그램에 동료들이 병원에서 바쁘게 일하고 있거나 멋진 행사에 참여해 환하게 웃고 있는 사진을 볼 때면 마음이 위축되고 내가 뭔가 놓치고 있는 듯한 기분이 들었고, 짜증이 나는데도 자꾸 그런 게시글을 들여다보았다. '짠테크', '하루 몇 시간 투자로 얼마 모으는 법' 등의 제목을 단 쇼츠 영상이 눈에 들어오면, 이런 내용은 나와 전혀 맞지 않다는 것을 뻔히 알면서도 쇼윈도에서 값비싼 옷을 보듯 순식간에 눈길을 빼앗겼다. 이렇게 불편한 마음으로 있다가 아이가 학교에서 돌아오면 육아로 돌아가고 그대로 그날의 자유 시간은 종료됐다. 그러니 '할 일이 많은데 시간이 없네'라는 생각이 똑같이 반복될 수밖에 없었다.

연구년을 시작한 지 한 달이 채 되지 않아 나는 문제의 핵심을 깨달았다. 내가 겪는 가장 큰 문제는 바로 내가 쉴 시간을 제대로 쓸 준비도, 쉴 마음가짐도 갖추지 못했다는 것이었다. 번아웃으로 진료실에 온 나와 비슷한 처지의 사람들처럼 '워킹맘이 다 그렇지, 뭐'라며 한탄하고만 있을 것이 아니었다. 왜 시간이 없다고 느끼는지, 직장을 다니면서도 어떻게 시간을 확보할 수 있을지, 있다면 어떻게 시간을 보낼 것인지 탐색하는 과정이 필요했다. 이 중요한 사실이 어떻게 쉬어야 할지 전전긍긍하던 나날 끝에 비로소 눈에 들어왔다.

휴식 시간을
확보하기 위한 전략

시간은 누구에게나 공평하게 하루에 24시간씩 주어진다. 절대적으로 시간이 부족하다고 아무리 불평해도 해결되는 건 아무것도 없다. SNS에는 너무 바쁜 삶에 지쳐 하던 일을 그만두고 느리게 지속하는 새로운 방식의 삶을 택한 사람들의 이야기도 많지만, 우리 대부분은 그런 결정을 과감히 내릴 만큼 용감하지 않다.

하지만 내가 두려움 없이 받아들일 수 있는 정도 안에서 일상의 작은 순간에 조금씩 변화를 시도할 수는 있다. 시간을 바라보는 관점을 점검하고, 의미 없이 낭비되는 시간 조각들을 모으고, 내가 시간을 보내는 행동 패턴을 좀 더 만족스러운 방향으로 바꿔보자. 무작정 '미라클 모닝'처럼 특정 방식을 따라 하기보다, 바쁘면 바쁜 대로 쉴 수 있는 짧은 시간을 좀 더 편안하고 의미 있게 보내는 자신만의 방식을 만드는 것이 중요하다.

여기서 바쁜 삶에서 조금이라도 휴식 시간을 확보하는 데 도움이 될 다섯 가지 제안을 소개한다. 하나씩 살펴보며 내 소중한 휴식 시간을 지킬 방법을 계획해보자.

1. 전자기기로 잘게 쪼개진 시간 봉합하기

하버드대학교 경영대학원에서 시간 관리를 연구하는 애슐리 윌런스Ashely Whillans는 현대인들이 50년 전에 살던 사람들보다 여가 시간이 더 많지만 제대로 쉬지 못하고 있으며, 이런 현상의 가장 주요한 이유가 스마트 장치와 같은 전자기기의 파괴적인 영향이라고 했다. 스마트워치·스마트폰·태블릿·노트북 등 각종 전자기기의 출범으로 우리는 원하는 시간에 원하는 장소에서 일할 수 있게 되었지만, 거꾸로 보면 그런 기기 탓에 언제 어디서나 일과 연결되게 되었다. 즉, 쉬는 시간을 더 쪼개서 일에 활용할 수 있게 된 것이다. 언뜻 보기에는 발달된 기술이 만들어낸 기기 덕에 시간을 아끼고 자율성을 키운 것처럼 보이지만, 실제로는 우리 모두 이런 기기 사용에 엄청난 시간을 빼앗기고 자율성을 잃어가고 있다고 윌런스는 설명했다. 이런 현상을 '자율성의 역설autonomy paradox'이라고 부른다.

전자기기는 시간의 질과 효율성도 떨어뜨린다. 우리가 하루 시간을 활용할 때, 짧게는 1시간에서 길게는 3~4시간 동안 자유롭게 일에 집중하거나 쉬는 데 쓸 수 있는 시간 '덩어리'가 있다. 이런 시간 덩어리들은 각종 예측 불가능한 연락과 SNS 알림, 광고 등으로 잘게 쪼개지기 쉽다. 잠깐 일에 집중하다 메일에 답하느라 3분을 쓰고, 다시 일하려 하면 또 전화나 급한 요청이 온다. 한숨 돌리고 다시 일에 집중하려고 하면 이미 일의 흐름이 깨진 상태라 효율적으로 일하기 어렵다.

이렇게 비생산적인 멀티태스킹을 하다보면 인지적 과부하가 걸려서 내가 설정해놓은 알림 소리에도 과민해진다. 사실 전화·메일·메시지를 확인하고 응답을 보내는 데 드는 시간은 시간 덩어리 하나에서 10분 정도밖에 되지 않을 수도 있다. 그러나 빼앗긴 주의력을 되돌리고 조급해진 마음을 안정시키려면 그보다 몇 배나 더 많은 시간이 걸린다. 몇 시간 동안 한 일이 별로 없는 것 같고, 퇴근하면서도 하지 못한 일을 계속 떠올리며, 이렇게 남은 일이 많으니 쉴 수 있는 시간은 없다고 생각하게 된다. 이렇듯 시간이 조각날수록 실제 상황보다 시간이 부족하다고 느끼는 '타임 푸어'가 되어간다. 따라서 낮에 효율적으로 일하고 남는 시간에 여가를 충분히 즐기고 싶다면, 전자기기로 조각난 시간을 다음의 요령을 활용해 최대한 봉합해보자.

- **'답장하는 시간' 정해놓기**: 메일이나 문자에 즉각 응답하고, 상대방의 요청을 바로 해결해주는 것이 매너 있고 유능한 태도일지 재고해보자. 유능한 이미지를 지키기보다 내게 필요한 일을 효율적으로 하고 여유가 있을 때 제대로 쉬는 게 더 중요하다. 업무가 있는 날에는 전자기기를 무음으로 설정한 후 알림을 확인하는 시간을 정해놓고, 그 간격을 최대한 길게 설정하자.

- **업무 시간 외에 응답하지 않기**: 업무 시간 외에는 일에 관한 연락에 답하지 않거나 답변이 늦어질 수 있음을 주변 사람들에게 미리 고지하자. 퇴근 이후나 휴가 시에는 자동 응답 기능을 활용해 메일이나 문자를 보내자.

- **화면에서 눈을 떼고 눈앞을 응시하기**: 습관적으로 SNS나 알림을 확인하면서 상대방과 대화를 이어가지 않거나, '응, 듣고 있어. 말해'라고 말하며 얼굴을 마주보지 않고 전자기기 화면만 들여다보는 사람이 많다. 심지어 취미 생활을 할 때도 화면에서 눈을 떼지 못한다. SNS 게시물,

동영상, 자극적인 기사나 소식, 인터넷 쇼핑이 주는 순간적인 쾌감은 몹시 자극적이어서 일상의 즐거움으로부터 순식간에 우리의 주의를 빼앗는다. 5분이라도 쉴 수 있는 능력을 기르고 싶다면, 소중한 사람과 잠시라도 의미 있는 시간을 보내고 싶다면 전자기기를 아예 끄거나 멀리하는 방안을 궁리해보자.

- **정해진 시간에만 전자기기 사용하기**: 쉬기 위해 전자기기로 인터넷을 무제한 사용하는 일은 피하자. 가능하다면 5분, 20분처럼 시간을 정해놓는 게 좋다. 과로 상태에서 휴식이 필요할 때는 더욱 조심해야 한다. 스마트폰을 사용하면 뇌가 도파민을 분비해 각성과 흥분을 유도하는데, 이는 피로한 뇌를 억지로 쥐어짜는 거나 마찬가지다. 휴식에 꼭 필요한 이완과 회복과는 반대인 상태가 되는 셈이다. 특히 잠들기 전에는 전자기기 사용을 더욱 삼가자.

2. 돈과 생산성에 대한 집착을 조금 내려놓기

매 시간을 효율적·생산적으로 쓰고 지출을 최소화하는 데만 집착하면, 생산성과 금전적 가치를 매기기 어려운 여가 시간이나 친밀한 이들과 함께하는 시간은 우선순위에서 밀릴 수밖에 없다. 하지만 당장 생계가 위협받을 수준이 아니라면 소중하고 가치 있는 '덩어리 시간'을 확보하기 위해 어느 정도의 돈을 들일 필요도 있다. 일상에서 무엇을 할지 선택할 때 삶의 만족감과 즐거움, 휴식의 가치를 최우선으로 두어보자. 화창한 봄날 친구들과 공원에서 여유를 만끽할 수 있는 날은 일생에 몇 번 안 될지도 모른다. 버스 타는 시간이 아깝다면 한 번쯤은 택시를 타고 대신 야식 배달을 한 번 줄여보자. 필요한 물건을 살 때 가격을 비교하는 일은 5분 이내로 끝내고 남는 시간에는 친구를 만나거나 산책을 하자.

부모라면 아이와 함께하는 시간을 조금이라도 늘리자. 양육에 필요한 돈을 모아야 하니 일해야 한다고 아이들과 보내는 시간을 뒷전으로 미루면 나중에 더 큰 대가를 치르게 될 수 있다. 어렸을 때 부모와 충분히 대화하고, 필요할 때 적절한 보호를 받고, 즐거움과 이완의 상태를 함께하는 순간은 아이들에게 금전적 가치를 매기기 어려운 평생의 정서적 자원이 된다. 그러니 한시적으로나마 일의 양과 속도를 줄여보자. 집안일에 많은 시간과 기력이 소요된다면, 소소하게 시간을 잡아먹는 집안일을 줄이기 위해 돈을 써서(가사 도우미 서비스를 이용하거나 식사는 포장해온 음식으로 해결하는 등) 아이와의 시간을 확보하자. 지금 부모가 유연하게 쉬는 데 드는 비용이 미래에 자녀와의 갈등이나 자녀 걱정에 소비되는 시간과 비용보다 더 적을 수도 있다. 74쪽에서 이야기한 것처럼, 삶의 가치를 '일과 돈'에서 '휴식' 쪽으로 두는 선택을 해보자.

3. 거절하는 법 연습하기

다른 사람들보다 유독 바쁘고 더 일이 많다고 불평하고 있다면, 거절을 잘 못하는 사람일 가능성이 높다. 왜 우리는 거절을 어려워할까? 친절한 이미지를 유지하고 싶어서, 내가 필요하고 가치 있는 사람임을 느끼고 싶어서, 능력을 과시하거나 인정받고 싶어서 등 여러 가지 이유가 있다. 특히 타인과의 갈등을 견디기 어려워하는 이들은 순간의 불편함을 피하려고 일단 '예'라고 대답하는 경향이 있다. 그리고 '내가 그 일을 가장 잘할 수 있는 사람이니까', '어쨌든 다른 사람을 돕는 일은 좋은 거니까'라고 자신이 손해를 보는 상황을 합리화한다. 그런 사람에게는 직장 업무뿐만 아니라 가족이나 지인의 잡다한 요청과 부탁이 쏟아진다. 이런 요청을 보통 언제 해결하게 될까? 당연히 여가 시간이다. 그렇게도 간절히 원하던 바로 그 시간을 다른 사람의 일을 처리하는 데 쓰게 된다.

나는 직업이 의사라 그런지 병원 관련으로 수많은 도움 요청을 받았다. 가족이나 지인뿐만 아니라 그들의 지인, 그 지인의 가족에게서 병원 소개, 예약, 일정 조정, 지인의 정신 질환 문제 등등 수많은 질문이 쏟아졌다. '그래, 절박한 상황이니 내가 30분만 시간을 내면 그들에게 큰 도움이 되겠지'라고 생각하며 웬만하면 다 도와주던 적도 있었다. 그런데 하필 그때가 업무 강도도 높고 당직도 서야 하는 데다 불면증에 잠도 제대로 자지 못하던 때였다. 그래서 그런 요청을 받으면 '내가 병원 콜센터인가'라는 생각에 화가 나기도 했다. 누군가의 병원 접수를 돕는 30분이 내게는 너무 간절한 휴식 시간이었던 것이다.

지금 생각해보면 소중한 시간을 희생해서 사소한 일을 돕지 않았더라도 나와 상대방의 관계가 크게 훼손되거나 상대방이 필요한 치료를 받지 못하는 일은 없었을 것이다. 이 사실을 깨닫는 데 오랜 시간이 걸렸다. 소중한 내 휴식 시간을 지키고 싶다면, 무심코 '예'라고 대답하기 전에 몇 가지 생각해보자.

- **내일은, 주말에는, 다음 주에는 요청을 들어줄 만한 여유 시간이 있는 것처럼 느껴지는가?** 우리는 지금 바빠도 나중에는 시간이 있을 것이라고 쉽게 생각하는 경향이 있다. 당장은 일정이 비어 있더라도 오늘 정신없이 바쁘다면 내일도, 다음 주에도, 한 달 후에도 비슷하게 살고 있을 가능성이 높다는 점을 고려하자.

- **요청이 나와 상대방에게 적합한가?** 상대방이 요청하는 이유가 정말로 도움이 필요해서가 아니라, 스스로 해결할 수 있는 문제를 좀 더 편하게 해결하고 싶어서일 수도 있다. 내가 대신 일해주는 것이 상대방의 문제 해결 능력을 약화시키거나 책임을 회피하는 데 이용될 수 있다.

- **요청에 분명한 목적이 있는가?** 간혹 '네가 해주면 내게 도움이 될 수도 있고, 안 되면 말고'라는 식으로 이익이 불분명한 요청을 하는 이가

있다. 그런 모호한 요청에 내 소중한 시간을 맞바꾸지 말자.

- **상대방이 내게 소중한 사람인가?** 도움을 요청한 사람이 내게 소중하고 의미 있는 대상이라면, 즐거운 마음으로 일부러 시간을 내서 그 사람을 돕는 일이 내 자존감을 높이고 삶에 의미를 더할 수 있는 기회가 된다. 그러나 별로 중요하지 않은 사람이라면, 단순히 그 사람에게 좋은 인상을 주기 위해 '예'라고 말하는 것은 삼가자.

4. 여유롭고 게으른 계획 세우기

일과 생산성에 집착하는 '타임 푸어'들은 일에 소요되는 시간을 실제보다 더 적게 계산하고, 일정을 촘촘하게 잡는 경향이 있다. '아침에 보고서 작성을 2시간 안에 끝내고 바로 회의에 들어갔다가, 점심 직후 거래처 미팅 약속에 나간다'라는 식이다. 그러나 실제 보고서 작성에 드는 시간은 그 이상일 수 있다. 이런 경우 보고서를 쓰는 내내 긴장하고, 시간에 쫓기다 회의에 지각하고, 미팅 전에 일을 마치려고 점심시간에도 일을 하게 된다. 그래서 늘 하지 못한 일들이 쌓이고 시간에 쫓기는 듯한 기분이 들 수밖에 없다. 만약 이러는 경향이 있다면, 최대 효율로 일을 처리했을 때 걸리는 시간보다 좀 더 넉넉하고 여유롭게, '게으르게' 일정을 계획하는 것이 좋다. 예컨대 보고서 작성에 2시간 정도가 필요할 것 같다면 실제 일정은 3시간으로 잡거나, 보고서 제출 마감 기한을 늦춰달라고 요청하거나,

회의에 참석하기 어렵다는 양해를 구하거나, 거래처 미팅을 다음 날로 미룰 수 있다.

이렇게 여유롭고 게으르게 계획을 세우면 일상에서 느끼는 긴장감과 스트레스가 줄어들고 과로할 위험이 낮아진다. 또한, 일정 자체가 여유롭기 때문에 뜻밖의 휴식 시간이 생기기도 한다. 예를 들어, 퇴근에 걸리는 시간을 1시간으로 잡고 다음 일정을 계획했는데 갑자기 차가 밀리면 '오늘 저녁 계획은 다 틀어지겠구나' 하는 스트레스로 화가 날 수 있다. 그러나 넉넉히 1시간 반쯤 걸릴 거라고 예상했을 때는 좀 더 여유롭게 음악이나 라디오를 듣거나 바깥 경치를 구경하며 갈 수 있게 된다. 반대로, 예상보다 일찍 도착하면 짧게나마 여유 시간이 생기므로 기분이 좋아진다.

5. 쉬는 법을 다양하게 마련하기

쉬는 방법이나 취미가 한두 가지밖에 없으면 유연하게 쉬기 어렵다. 내가 진료한 환자 중 어떤 학생은 영화 보기가 유일한 취미인데 대학원 입학 후 시간이 없어 2년이나 영화관에 가지 못해 우울해하고 있었다. 반려동물과 살을 맞대거나 요리하는 시간만이 얼마 없는 위안이었는데 독립하고 작은 자취방에 살게 되면서 그 시간을 영영 잃어버린 사람도 있었다. 운동이 취미인 직장인은 이직하고 출퇴근 거리가 멀어지면서 주중에 헬스장에 갈 1시간을 내기가 어려워 삶의 활력을 잃었다. 여행만이 큰 즐거움이라는 사람은 1년에 한두 번 찾아오는 휴가 기간만을 기다리면서 몇 달이나 스트레스를 참아 내야 했다. 때문에 주어진 시간과 여건에 따라 유연하게 휴식을 취할 수 있도록 휴식의 가짓수를 늘릴 필요가 있다.

특히 매주 규칙적으로 일정한 휴식 시간을 확보하기 어려운 사람은 잠깐의 시간 동안 긴장을 풀어줄 '틈새 휴식'이 유용하다. 회사 상황이나 개인적 사정 등으로 상황은 늘 변하기 마련이라, 이때 쉬면 되겠다고 예상했던 시간에 쉬지 못할 수도 있다. 중요한 마감이나 시험이 있어서 하루에 10분도 내기 어려워질 때도 있고, 갑자기 반나절이나 하루 이틀 정도 '붕 뜨는' 시간이 생기기도 한다. 그러니 그때그때 상황에 맞추어 적용할 수 있도록 휴식의 레퍼토리를 풍부하게 늘리는 것이 좋다.

이런 아주 짧은 휴식 시간microbreak도 잘 활용하면 삶의 만족감을 크게 올리는 데 도움이 된다. 만약 여유 시간 10분이 생긴다면, 잠깐 창문을 열고 햇빛을 보거나 스트레칭을 할 수 있다. 내 경우를 예로 들면, 진료실에 들어가기 전 5분이라도 시간이 나면 좋아하는 아로마 오일로 좋은 향을 피우고 깊은 호흡을 하려고 노력한다. 1시간이 생기면 산책을 하거나 소설책을 읽을 수 있고, 2~3시간을 낼 수 있으면 베이킹을 하거나 요가원에 간다. 하루 이상의 시간이 나면 짧게라도 여행을 다녀오면 된다.

2부 유독 지치는 데는 이유가 있습니다

이처럼 '내게 맞는 휴식'의 폭을 넓혀두면, '제대로 쉴 수 있을까'라는 불안 없이 여유 시간을 매우 기쁘게 맞이하고 그 시간을 소중하게 쓸 수 있다.

놀 때 죄책감이 느껴진다면

즐거움이
삭제된 삶

"노는 건 시간 낭비 같아요. 놀고 나면 후회만 되고 마음이 괜히 불편해져요."

직장인인 유진 씨는 어딘지 긴장되고 침울한 표정을 짓고 있었다. 그의 어깨는 움츠러들었고 목소리에는 생기가 없었다. 그는 최근 사는 게 재미없고 즐거움을 어디서 찾아야 할지 모르겠다고 했다. 나는 조심스럽게 여유 시간이 나면 그 시간을 어떻게 보내는지 물었다.

"시간이 나면 일 생각을 많이 하고요……. 쉬거나 놀려고 해도 기운을 억지로 내야 해서 지쳐요. 그리고 놀면서 재미를 느끼는 건 한순간이더라고요. 그 짧은 경험을 하겠다고 내가 이렇게까지 에너지를 써야 하나, 돈과 시간만 낭비하는 거 아닌가 싶어서 짜증이 나요. 저는 노는 법을 모르는 것 같아요."

유진 씨는 놀 때 만족감이나 활력을 느끼지 못했고, 쉴 때도 부정적이고 회의적인 생각이 끊이지 않았다. 그는 어린 시절 힘들고 불안했던 기억이 많았다. 교사였던 어머니는 말 잘 듣는 딸에게 매사에 최선을 다하고 꼭 성공해야 한다고 강조했다. 부모님은 게으르거나 느린 것을 참지 못했고, 생산적인 활동을 하지 않는 모습을 비난했다.

유진 씨의 부모님은 사소한 것을 트집 잡아 다투는 일이 잦았다. 어머니는 쉬고 있는 아버지에게 지금이 이렇게 놀고 있을 때냐고 따지고, 아버지는 내가 뭘 잘못했냐며 나가버리곤 했다. 아버지가 안 계실 때마다 어머니는 분노에 차서 아버지가 얼마나 사람을 고통스럽게 하는지 남편과의 갈등으로 쌓인 불만을 딸에게 쏟아냈다.

자연히 유진 씨는 가족과 편안하고 즐거운 감각을 느낀 순간이 별로 없었다. 그래서 그는 놀 때 즐거움이나 행복감을 느끼기 어려웠고, 마음 놓고 웃지도 울지도 못했다. 편안하거나 즐거운 상태에 있다가도 문득 '이래도 되나' 하는 생각이 들어 긴장과 죄책감이 느껴졌다.

유진 씨는 성실하고 공부를 잘했지만, 농담에 장단을 맞추지 못하고 어색하게 쭈뼛거리는 일이 잦아 친구들에게 은근히 놀림과 따돌림을 당했다. 그런 친구들의 말과 행동에 그는 수치심을 느꼈고 친구들과 점차 멀어졌다. 그럴수록 친구들이 놀 때 '다 쓸데없는 짓'이라고 생각하고, 공부에 몰두해서 성취감을 느끼려 했다. 성인이 된 후에도 직장에서 업무적인 대화는 원만하게 하지만, 다른 사람들과 잡담을 할 때는 자꾸만 말문이 막히고 대화를 자연스럽게 즐기지 못했다. 일을 열심히 하다가 한가롭게 쉴 수 있는 시간이 나도, 오히려 시간을 어떻게 보낼지 몰라 불안에 빠지고 '내가 쉬어도 되나'라는 생각이 몰려왔다.

유진 씨처럼 의외로 많은 사람들이 삶에서 긍정적인 감정을 잘 느끼지 못해 진료실을 찾는다. 이들은 일 생각, 집안일 생각, 후회나 걱정 때문에 온전히 만족감과 기쁨, 즐거운 경험에 머무르기 어렵다고 이야기한다. 일할 때는 쉬고 싶다는 생각에 괴로워하고, 쉴 때는 반대로 일에 대한 집착을 내려놓기 어려워한다.

SNS에서 남들이 좋다는 활동을 해보거나 사람들과 일부러 어울려보지만, '즐기는 일' 자체를 어색해하기에 이런 활동을 즐기지 못한다. 오히려 자신에 대한 부끄러움과 '괜히 시간 낭비했다', '놀아봐야 남는 게 없다'라는 생각과 후회만 남는다. 그렇게 자신이 재미와 즐거움을 찾는 법 자체를 잘 모르고, 즐거운 활동에 참여할 만한 동기도 에너지도 없다는 사람이라는 사실을 알게 된다. 이런 이들은 걱정이나 후회 등 삶의 부정적인 측면만을 생각하거나, 만족감·다정함·따뜻함·희망·기쁨과 같은 긍정적인 감정을 어색하게 느끼는 경우가 많다. 최근 크게 웃거나 온전히 즐겁게 놀았던 경험을 잘 떠올리지 못하기도 한다.

즐거움을 만끽하기 어려운 환경

유진 씨와 같은 성장 환경에서는 다정함·따뜻함·즐거움·만족감·행복감과 같은 긍정적인 감정을 풍부하게 키우기 어렵다. 가족 안에서 즐거움과 활기를 느끼고 웃을 수 있는 경험이 부족하기 때문이다. 유진 씨의 부모님은 부부 관계 문제에 사로잡혀서 딸과 함께 놀아주거나 딸이 품고 있던 불안과 고통을 수용해주지 못했다. 가장 가까운 사람이었던 어머니는 아버지를 생각 없이 게으름을 피운다고 끊임없이 비난했다. 그래서 유진 씨는 이완·편안함·즐거움을 추구하는 것이 무책임하고 잘못된 태도라는 믿음을 갖게 되었고, 그런 감정이나 감각이 느껴지면 불안과 죄책감도 함께 느꼈다. 그의 유년기는 우울하고 화가 난 엄마를 달래고 자신의 불안을 다스리다 흘러가버렸다.

이렇듯 많은 사람이 자신의 감정을 충분히 수용받지 못하거나 긍정적인 감정을 경험할 기회가 충분하지 않은 환경에서 자란다. 특히 이완·편안함·기쁨·재미 추구 등의 긍정 감정을 게으르거나 비생산적인 것으로 취급하며 무시하거나 비난하는 성취지향적 환경에서 성장하면 긍정 감정을 느끼는 능력이 발달하기가 더욱 어렵다. 이런 환경에서는 즐거움이나 재미를 추구하는 일은 성공한 사람에게나 가능한 '사치'로 여기고, 아직 목표에 도달하지 못한 사람이 즐거움을 만끽하려고 하면 '제 분수를 모른다', '성공하지 못하는 이유가 있다'라며 비난과 조롱의 대상으로 삼는다.

심한 경우에는 아무리 즐겁거나 고통스러워도 감정을 드러낼 수 없는, 자연스럽게 웃지도 울지도 못하는 정서적으로 억압된 환경에서 성장하기도 한다. 이런 사람은 즐거울 때 흥분하거나 이완을 느끼면 그런 감각이 바로 두려움이나 수치심으로 이어진다. 즐거울 때는 몸이 각성되면서 심장이 두근거리는데, 억압된 환경에서 자란 사람은 이런 상태를 자연스럽게 받아들이거나 즐기지 못하고 '무엇인가 잘못되고 있다'라는 신호로 받아들인다. 그래서 즐거운 활동에서 손을 놓고, 감정을 억누르며 즐거움을 원하면서도 두려워하는 양가적 태도에 빠져 고통스러워한다.

극단적인 경우 내가 고통이나 당황스러움을 느낄 때 다른 사람이 나를 조롱하거나 비웃는 상황을 장기간 겪으면, '웃음' 자체에 두려움이나 피해 의식이 생겨 긍정 감정을 느끼는 능력이 아예 사라질 수도 있다. 학교나 직장에서 괴롭힘을 당한 사람에게 흔히 발생하는 일이다. 이런 트라우마를 겪은 사람은 삶에서 긍정적인 정서를 느끼는 능력이 심각하게 훼손된다. 삶은 위험한 것이며, 언제 어디서나 위협이 도사리고 있다고 여기게 된다. 즐거움과 웃음을 유발하는 활동과 거리를 두고, 두려움과 굴욕을 회피하며 자신을 방어하는 것을 삶의 일차적 목표로 삼고 살아간다.

이들은 성인이 된 후에도 타인과 편안하고 즐거운 시간을 보내기 어려워서 모임에서 과도하게 위축되고 긴장하거나, 반대로 말을 너무 많이 하고 인위적으로 분위기를 띄우려고 하는 등 흥분한다. 그러다 혼자가 되면 '왜 그랬지?'라며 후회한다. 그 결과 다른 사람들과 함께 웃고 즐거워하며 친밀함과 유대감을 느끼기 더욱 어려워진다.

'진정으로'
노는 법을 배우자

그렇다면 삶을 즐기는 능력은 어떻게 키울 수 있을까? 현 시대의 많은 이들은 기분이 좋아지는 상황을 찾거나 즐거운 감각에 집중하며 즐거운 삶을 만들어 나가기보다, 마음속 고통·두려움·수치심에 몰두하고 그런 감정을 회피하는 데 익숙하다. 즐거움을 얻기 위해서는 부정적인 감정을 없애려고 노력하는 것만큼이나 긍정적인 감정을 느끼는 폭을 넓히고 그 감정을 강화하는 과정이 중요하다.

먼저 일상에서 사소하게라도 기쁨과 즐거움이 느껴지는 순간이 있다면, 그 순간에 집중하면서 몸과 마음에 생기는 긍정적인 감각을 알아차려보자. 누군가와 함께하는 다정하고 친절한 감정의 교류, 편안한 눈 맞춤, 반려동물을 만질 때 느껴지는 따뜻함, 타인의 미소, 경쾌한 발걸음, 좋아하는 색깔이나 풍경을 보는 것 등이 이런 '기쁨의 순간'에 해당된다. 이런 순간에 더 의식적으로 참여하고 그 안에 좀 더 오래 머물러보자. 만약 일상생활에서 이런 순간을 찾기 어렵다면, 과거 어린 시절에 재미를 느꼈던 기억이나 내게 소중한 타인이 즐거워했던 순간을 떠올리며 당시 느꼈던 몸의 감각과 감정을 떠올려보는 것도 좋은 방법이다. 4장에서 이 과정을 좀 더 자세히 설명하고, 즐거움의 폭을 넓히고 풍부하게 하는 구체적인 방법을 제시할 것이다.

이 과정을 통해 살면서 지금까지 알아차리지 못했던 재미나 유쾌함이 담긴 순간을 새롭게 인식할 수 있다. 나아가 심각한 상황에만 주의를 기울이는 대신 긍정적이고 즐거운 순간에 좀 더 집중하는 방향으로 생각의 습관을 바꿀 수 있다. 힘든 순간에도 내가 즐겁게 놀 때 느꼈던 신체 감각을 되살리는 동작이나 활동을 함으로써 긍정적인 감정을 유도할 수 있게 된다.

쉬지 못하도록
나를 채찍질하는 생각들

나를 문제라고
생각하는 것이 문제다

"밤마다 해결하지도 못할 고민과 질문을 붙들고 있는 제가 한심해요."

혼자 사는 30대 후반 직장인 민성 씨는 잠자리에 드는 시간이 늘 두렵다. 피곤한 몸으로 침대에 누우면 그때부터 이런저런 상념이 머릿속에 가득 찬다. '내가 왜 그랬을까?'라는 후회가 머릿속에 떠오르고 온몸이 긴장되며 잠이 달아난다. 그러면 잠이 오지 않아 몇십 분을 뒤척이거나, 술을 마시거나, 오기를 부리듯 지칠 때까지 일하다가 쓰러지듯 잠든다.

"회의 때 부장님이 "이거 확실한 거지?"라고 물어보시더라구요. 그 말을 들으니 바로 '내가 뭔가 틀렸나?'하는 생각이 들었죠. 솔직히 제가 잘했는지 자신이 없어요. 저는 저를 믿지 못해요. 제 생각이나 행동이 맞는지 확신한 적도 전혀 없고요. 그동안 순전히 운이 좋아서 여기까지 온 거죠."

이렇게 자신에 대한 불만으로 가득 찬 탓인지 민성 씨는 지나칠 정도로 자신을 낮추고 누구보다 오랜 시간 열심히 일한다. 직장 동료들은 태도도 온화하고 성실한 그를 신뢰한다. 하지만 정작 그는 타인의 평가에 신경 쓰고 인정받기를 간절히 원하면서도, 자신의 노력과 성과를 칭찬하고 인정하는 말을 있는 그대로 받아들이지 못한다. "민성 씨 덕에 성공했어요"라는 말에 기분이 좋으면서도 "별로 한 것도 없어요"라고 대답하고, "주말에 시간 내서 도와줘서 고마워요"라는 말에 "저는 어차피 혼자 살아서 할 일도 없는 걸요"라고 답하는 식이다.

그는 매사에 자신을 비난한다. 그가 '고민'이라고 하는 자기 지적을 듣다 보면, 마치 24시간 그를 CCTV로 감시하며 질책을 가혹하게 퍼붓는 누군가가 그의 마음속에 살고 있는 것 같다. 상담할 때마다 그는 자신이 모든 면에서 부족하고 잘못되었다는 생각을 설득하려는 듯 자기 비난을 이어갔다. 내가 "민성 씨는 자신을 미워하는 것 같아요"라고 말하자 깜짝 놀라며 "저에 대해 반성하는 게 잘못된 건가요?"라고 반문하기도 했다. 그는 비난과 성찰을 혼동하고 있었다.

일에 매달리는 사람 중에는 자신의 부정적인 측면에만 주의를 기울이며 자신을 혹독하게 몰아붙이는 사람이 많다. 이런 사람들은 내가 "어떻게 자신을 혹사시키면서까지 일에 매달리게 되었는지 같이 알아봐요"라고 하면, 답답하다는 듯 "저는 늘 저에 대해 성찰하고 제게 무엇이 부족하고 뭐가 문제인지 잘 알아요. 어떻게 하면 그 문제를 해결할 수 있을지 모를 뿐이에요. 그러니까 여기에 왔죠"라고 항변한다. 하지만 사실 이들이 가진 진짜 문제는 자신의 문제점만 보려 하고 스스로를 미워하며 함부로 대하는 태도다.

어떤 사람이 싫어지면 그 사람의 행동 하나하나, 말 한마디조차 미워지며 끊임없이 비난거리를 찾아내게 된다. 배우자가 미워지면 퇴근 후 상대방이 피곤해하는 모습을 보고 '오늘 힘들었나 보네. 걱정된다'가 아니라 '남들도 다 이렇게 사는데 돈도 많이 못 벌면서 대단한 일을 한 것처럼 유세를 떤다. 그러게 효율적으로 일할 생각을 해야지'라고 생각하게 된다. 상대방을 진심으로 걱정하고 그 마음을 헤아리기보다는 오히려 무시하며 조언을 가장하여 은근히 공격하기도 한다. 바로 민성 씨 같은 사람들이 스스로를 바라보는 방식이다. 자신의 마음을 헤아리고 진심으로 걱정하는 대신, 자신을 지적하고 미워하며 스스로 이뤄낸 성취를 인정하지 않는다. 능력과 재능이 충분히 있음에도 자신을 부정적으로 평가하고, 스스로를 언제라도 무너질 결함이 있는 존재라고 여긴다. 즉, 낮은 자존감이 그가 겪는 가장 큰 어려움이다. 그렇기에 자신에게 숨 돌릴 틈도, 긴장을 풀고 편안하게 쉴 시간도 잘 허용하지 못한다.

자기비난과
반성은 다르다

민성 씨가 혼동했던 '자기비난'과 '반성'은 어떻게 다를까? 언뜻 비슷해 보이지만, 이 둘은 중점을 두는 대상에 차이가 있다.

가족들이 나들이를 가는 날 남편이 운전을 하고 있는데, 갑자기 앞에 차가 끼어드는 바람에 다들 놀랐다고 하자. 남편은 큰소리로 "에이 씨! 뭐야. 저런 인간들은 다 잡아서 감옥에 처넣어야 해!"라며 흥분된 목소리로 욕설을 했다. 아내가 그 말을 듣고 남편에게 "아이들이 듣고 있는데 비속어는 좀 자제해줘"라고 말했다. 이 말을 들은 남편은 다음과 같은 반응을 보일 수 있다.

① "아! 그래. 내가 순간 너무 흥분했네. 진짜 놀랐거든. 얘들아, 미안해. 아빠가 사고가 날까 봐 깜짝 놀라서 심한 말을 했어. 아빠가 한 말 듣고 무서웠겠다. 다음부터는 꼭 조심할게."

② "그래. 당신 말은 내가 나쁜 아빠라는 거지? 분노 조절도 못하는 나라

는 인간이 문제네." (이후 침묵)

③ "아니, 저 놈이 끼어들어서 그런 건데 왜 나한테 그래? 이게 내 잘못이
야? 왜 맨날 나한테만 뭐라고 해? 그럼 당신이 운전하든가."

반성은 '특정 행동'에 한해 이루어지며 '나'라는 사람 전체를 문
제 삼지 않는다. 바로 보기 ①에 해당하는 태도다. 모든 인간은 불완
전하며 실수를 하고, 때로는 잘못된 선택이나 나중에 후회할 만한
충동적인 행동을 저지르기도 한다. 하지만 자신의 과오를 대하는 태
도는 사람마다 다르다. 어떤 이는 자신이 실수할 수도 있다는 사실
을 알고 불완전함을 수용하면서 개선 방향을 찾는다. 이들에게는 본
인이 한 행동의 결과를 책임지고, 앞으로 좀 더 나은 행동을 할 수 있
다는 자신에 대한 믿음이 있다. 이 믿음은 자연스럽게 긍정적인 행
동 변화로 이어진다. 이러한 과정이 반성이다.

반면, 어떤 이는 자신의 부족한 면이나 실수를 있는 그대로 보
지 못하고 '역시 나는 무능력해', '내가 문제야'라고 결론짓는다. 과
도하게 자기 탓을 하며 좌절하거나, 잘못을 인정하면 다른 사람들에
게 무능하거나 가치 없는 사람으로 낙인이 찍힐까 봐, 아예 그런 행
동을 했다는 사실을 부정하거나 타인 탓으로 돌리기도 한다. 보기
②와 ③에서 관찰할 수 있는 태도다. 이들은 "제가 바뀔 수 있을지
모르겠어요"라며 변화를 위한 노력을 시도하기도 어려워한다. 자신

도 더 나은 행동을 할 수 있다는 스스로에 대한 믿음이 부족하기 때문이다. 이처럼 본인에 대한 긍정적인 믿음을 회복하지 않으면 행동의 변화를 기대하기가 어렵다.

자존감이 낮은 사람들이 일로 빠져드는 이유

민성 씨는 너무 피곤하고 잠을 못 자서 고통스러울 때도, 자신에게 편안함을 주는 무언가를 찾기보다 새벽까지 컴퓨터 앞에 앉아 일하려 한다고 했다. 꼭 필요한 일도 아니고 집중이 안 될 때가 더 많은데도, 오탈자라도 고치겠다며 계속 일을 놓지 못했다. 그리고 다음날 사람들이 '피곤해 보인다', '밤늦게까지 일했냐'라면서 괜찮은지 묻거나 챙겨주면 기분이 좀 나아진다고도 했다. 즉, 일하려는 행위 자체가 민성 씨의 마음에 안정을 주는 것이다.

자신을 싫어하고 무가치하다는 느낌에 시달리는 사람 중에는 민성 씨 같은 '워커홀릭'이 많다. 이들은 낮은 자존감으로 인한 마음의 고통을 피하기 위해 타인의 인정과 칭찬에 매달리는데, 현대 사회에서는 그런 인정을 확실하게 받을 수 있는 방법이 바로 '업무 성과'와 '돈'이다. 그래서 일을 열심히 하고 돈이 많은 사람이 되거나, 그런 사람으로 보이도록 행동해 내가 가치 있는 사람임을 증명하려 한다.

자존감이 낮은 사람들은 작은 결함이나 사소한 실수에도 자신이 무너지는 느낌을 쉽게 느끼기 때문에 완벽주의 성향을 보이기도 한다. 민성 씨처럼 타인에게 과도한 친절을 베풀거나 기쁘게 하려고 애쓰기도 한다. 이 때문에 직장에서 모두가 피하는 일을 떠맡기도 하고, 싫어도 거절하지 못한다. 이들에게는 타인에게 좋은 인상을 주거나 필요한 사람이 되는 것이 '나는 가치 있는 사람'이라는 자존감을 유지하는 데 매우 중요하기 때문이다.

자존감의 바탕은
따뜻함과 공감이다

도대체 왜 자꾸 자신을 가혹하게 비난하는 걸까? 정말 이들이 못난 사람이어서 그럴까? 당연히 그렇지 않다. 단지 스스로를 결함이 있고 무가치하며 취약한 사람으로 느끼도록 몰아간 나쁜 경험, 외상적 경험을 겪었을 뿐이다. 그런 경험은 부모에게서 받은 상처일 수도 있고, 중요한 사람을 잃거나 배신당한 경험일 수도 있다. 학교나 직장에서의 따돌림, 사회적 재난, 질병의 영향일 수도 있다. 자신을 가혹하게 다루는 태도는 마음에 상처를 주는 크고 작은 경험이 축적된 결과다.

대학 교수인 민성 씨의 어머니는 차분한 편이었지만 스스로에게 엄격한 완벽주의자였다. 어머니는 아들에게도 어린아이가 지키기 어려운 엄격한 규칙과 약속을 지키라고 요구했다. 그래서 민성 씨는 아주 어렸을 때부터 "네가 약속했으니 책임을 져야지", "왜 네가 말한 대로 안 해?", "네가 하고 싶다고 했잖아"라는 말을 많이 들었다. 그런 약속을 힘겹게 지켜내야 어머니의 칭찬과 인정을 받았다. 5세 때 민성 씨가 한창 피아노에 관심을 보이던 때도 어머니는 "피아니스트가 되고 싶다면서 왜 그만큼 노력하지 않니? 하기 싫으면 안 해도 돼"라고 하며, 아들을 격려하거나 힘든 감정을 수용해주지 못했다. 그래서 어린 민성 씨는 자신은 노력이 부족하므로 피아니스트를 꿈꿀 자격이 없다고 생각했다.

어머니는 민성 씨를 사랑했지만 과도한 관심을 쏟았고, 민성 씨는 자신이 늘 어머니의 기대를 충족하지 못한다는 수치심을 느꼈다. 그래서 그는 스스로를 '목표 의식과 의지가 부족하며 무능한 아이'로 여겼다. 다재다능하고 뭘 해도 항상 노력했으며 성취도 많았지만, 그 과정도 결과도 즐기지 못했다. 그래서인지, 성인이 된 후 피아노를 다시 배우고 싶었지만 노력하는 과정이 힘겹고 스트레스가 될 것 같아 시도하지 못했다고 했다. 그는 마음이 괴로울 때, 무엇이 어떻게 힘든지 자신의 마음을 헤아리기보다는 잘못에만 몰두하고 자신을 비난하기 바빴다.

자존감의 기초 골격은 양육자와의 따뜻하고 공감적인 관계다. 양육자가 아이의 욕구·감정·한계를 충분히 수용하고, 아이가 불안해할 때 진정시켜주며, 무력감을 느낄 때 용기를 북돋워주고, 타인의 의지대로 행동하거나 특별한 무엇인가를 성취하지 않아도 소중한 존재라고 느끼게 해주면 아이의 자존감이 탄탄하게 자라난다. 반대로 부모로부터 비난받고 무시당하며 자란 탓에 자존감의 골격이 약한 아이는 사소한 좌절이나 상처에도 마음이 쉽게 산산조각난다. 자신을 비난하는 부모의 태도와 목소리가 마음속에 깊이 새겨져서, 자신도 모르게 그 방식대로 스스로를 비난하게 된다.

자신을 향한 채찍질을 멈추자

자기비난에서 벗어나려면, 내가 나를 어떻게 대하고 있는지 관찰하는 따뜻한 마음의 눈을 기르는 과정이 중요하다. 즉, '나를 비난하는 목소리가 작동하고 있다'라는 사실을 알아차리는 연습이 필요하다.

'남들은 주말에 운동하고 자기계발도 하는데 나는 자다 깨다 하느라 또 오전을 날렸네. 나는 왜 이렇게 게으를까?'라는 생각이 든다면, '잠깐! 내가 나를 또 게으르다고 비난하는구나'라고 상태를 자각하고 생각을 멈춰보자. 큰 성과를 내서 인정받고도 '운 좋아서 그런 거야. 남들도 다 이 정도는 해'라는 생각이 떠오른다면, '잠깐! 내가 내 가치를 축소하고 성과를 누리는 즐거움까지 스스로에게서 빼앗고 있구나'라고 알아차려본다.

상담하다 보면 간혹 "그게 사실이잖아요! 내가 어떤 측면에서 게으른 것도, 내가 해낸 일은 다른 사람들도 할 수 있다는 것도요"라고 반론하는 이들도 있다. 하지만 이런 생각 역시 나를 비난하는 목소리다. 주말에 쉬고 있는데 다른 가족이 들어와서 "너는 주말에 운동이라도 하거나 뭐라도 배워야 하는 거 아니니? 그러니까 네 친구보다 뒤처지지. 걔는 벌써 팀장이라던데!"라고 말한다고 해보자. 어떤 느낌이 드는가? 아마 화가 나고 무척 억울할 것이다. 자신을 비난하는 태도란 이런 말을 스스로에게 하는 것과 같다. 자신을 좌절시키고 화나게 하며 열등감을 자극하는 태도다.

스스로를 비난하는 내면의 목소리를 알아차렸다면, 이제 나와 좀 더 친절한 대화를 이어가보자. 다음과 같은 말을 스스로에게 건넬 수 있다.

- "평일에도 거의 야근인데 주말 오전까지 자기계발을 해야 할까?"
- "주말까지 일 생각을 하다 보면 몸과 마음이 긴장되어서 쉬었다는 느낌이 들지 않아. 그러면 더 지쳐서 차라리 일을 그만두고 싶다는 생각만 들지."
- "아픈 상태를 버티면서까지 당장 무언가를 할 필요는 없어."
- "나는 주중에 열심히 일했어. 내게 지금 꼭 필요한 건 밤에 푹 잘 수 있도록 긴장을 풀고 편안해지는 방법을 배우는 거야. 자기계발은 정말 필요할 때 해도 늦지 않아."

이렇게 친절하고 따뜻한 마음으로 스스로와 대화하다 보면, 자신의 일과 능력에 관해 좀 더 현실적으로 생각하고 객관적인 판단을 내릴 수 있게 된다.

나에 대한 나쁜 질문을 좋은 질문으로

습관적으로 자신을 채찍질하는 사람들은 스스로에게 나쁜 질문을 던지는 데 익숙하다. 자신에게 건네는 '나쁜 질문'의 기준은 다음과 같다.

① 과거의 부정적인 사실에만 집착한다.

② 답을 생각하다 무력감·우울·불안에 휩싸인다.

③ 아무런 성찰이나 깨달음이 없다.

이 기준을 알면 반대로 자신에 관한 '좋은 질문'의 기준도 바로 파악할 수 있다.

① 미래의 구체적인 행동 변화를 이끌어낸다.

② 어려워도 답을 생각해보고 싶다는 호기심과 의지가 생긴다.

③ 새로운 성찰과 깨달음을 준다.

이 기준을 적용해 일상에서 흔히 떠올리는 부정적인 생각을 다음과 같이 긍정적으로 바꿔보자.

나쁜 질문	좋은 질문
나는 왜 게으를까?	부지런하다는 건 무엇일까? 더 부지런해지기 위해 할 수 있는 일이 뭘까?
남들은 잘하는데 나는 왜 못할까?	일에 좀 더 능숙해지려면 어떤 노력이나 도움이 필요할까?

나는 왜 실수만 할까?	앞으로 같은 실수를 줄이려면 어떻게 해야 할까?
나는 왜 자꾸 그 사람에게 당하기만 할까?	그 사람과 서로 존중하는 관계를 맺으려면 내가 무엇을 할 수 있을까?
나는 왜 태어났을까?	좀 더 의미 있는 삶이란 무엇일까?
	다른 사람들은 삶의 의미를 어디에서 찾을까?
	의미 있는 하루를 보내기 위해 오늘 할 수 있는 활동으로 무엇이 있을까?

　나쁜 질문과 자기비난에 익숙해진 사람이 자신이나 타인에게 좋은 질문을 던지려면 상당한 노력이 필요하다. 이런 이들은 질문 노트를 만들어두고 하루 한 번이라도 자신에게 좋은 질문을 하는 연습을 꾸준히 하면 큰 도움이 된다.

　물론 '좋은 질문'에 대한 명확한 답이나 해결책이 바로 떠오르지 않을 수 있다. 그렇지만 좋은 질문을 스스로에게 던지는 것 자체가 생각을 긍정적으로 변화시키고 현실적인 행동 변화를 이끌어내는 훌륭한 과정이다. 인간의 뇌는 질문을 받으면 즉시 그 질문에 대한 답을 생각하도록 설정되어 있기 때문이다. 라디오를 듣다가 퀴즈가 나오면, 그 퀴즈의 주제에 크게 관심이 없더라도 순간적으로 '답이 뭘까?'라고 생각하게 된다. 이와 마찬가지로 자신의 부정적인 면에 초점을 두는 과거지향적인 질문만 하면('왜 나는 늘 긴장하는 걸까?') 과거에 대한 부정적인 생각(내가 긴장할 수밖에 없는 다양한 이유)을 떠올리다 더 큰 우울·좌절감·자책감·분노에 빠질 위험이 있다.

반면 '좀 더 편안하고 이완하는 순간을 늘리려면 내일 어떤 작은 노력을 할 수 있을까?', '무엇이 내게 편안함과 활기를 채워줄까?', '휴식 시간 10분이 생기면 나는 무엇을 할 수 있을까?' 등 미래지향적인 질문을 나에게 건네면, 당장 명확한 답이 없더라도 그 주제에 대해 곰곰이 생각하며 다양한 가능성을 떠올려볼 수 있다. 이렇게 좋은 질문을 꾸준히 던지다 보면 변화를 시도할 수 있는 아이디어와 용기가 생기고, 긍정적인 삶의 변화로 나아갈 수 있다.

계획대로 안 되면
견디지 못하는 사람

스스로를 속박하는
규칙에 짓눌리다

"이번에 **무조건** 성적이 잘 나와야 해요. 그런데 과 대표를 하느라 공부할 시간이 없고 잘할 수 있다는 자신도 없어요. 언론 동아리에서 프로젝트도 하고 있는데 이 일이 **반드시** 성공해야 돼요. 그런데 저 혼자만 열심히 하는 것 같아요. 프로젝트가 잘 되면 모두에게 좋은 건데, 다들 일을 대충 해서 화날 때가 많아요."

대학생 현우 씨는 연거푸 한숨을 내쉬며 말했다. 누가 봐도 열심히 활기차게 살고 있는 듯 보이는 그는 사실 남모를 고통에 시달리고 있었다. 그는 **항상** 자신감 넘치는 사람으로 보이고 싶었고, 공부도 대외 활동도 노는 것도 학교에서 가장 돋보이게 잘해야 한다고 생각했다. 그러나 그런 생각은 현우 씨를 늘 불안에 떨고 화나게 했다. 고등학교 입학 후 첫 시험에서 성적이 기대에 못 미치자 그는 '나는 패배자야. 원하는 대학에 못 가느니 죽는 게 나아'라는 좌절감에 자해를 시작했다. 자해를 하고 나면 한동안 심한 수치심과 우울감에 시달렸다.

원하는 대학에 입학하고 나서도, 현우 씨에게는 일상에서 일어나는 크고 작은 일들이 긴장과 불안의 연속이었다. 일이 계획대로 흘러가지 않거나 기대한 결과가 나오지 않을 때면 쉽게 우울해지고 잠을 이루지 못했다. 타인이 자신의 기대와 다르게 행동하면 "왜 저렇게 행동하는지 이해가 안 가요"라며 화를 냈다. 이제 고등학생 때처럼 자해는 하지 않지만, 늘 긴장된 몸과 마음 때문에 무의식적으로 피가 나도록 손톱을 뜯는 일이 잦았다. 그는 삶에 브레이크가 걸리지 않는 느낌이고, 마음이 늘 지치고 혼란스럽다고 이야기했다.

현우 씨처럼 현실이 계획이나 예상과 다르게 흘러갈 때 과도하게 좌절하고 분노하는 사람들이 있다. 물론 내 맘대로 안 될 때 마음이 힘든 건 당연하다. 그러나 같은 상황에서도 어떤 부정적인 감정을 어느 정도로 느끼는가, 그 감정이 어떠한 생각과 행동으로 이어지는가는 사람에 따라 천차만별이다.

상처로 남는 부정적 감정 vs. 나를 단단하게 하는 부정적 감정

어떤 부정적인 감정은 일시적으로는 좌절감을 주지만 그렇게 큰 상처로 남지 않을 수 있다. 우리는 직장에서 원하는 성과가 나오지 않았을 때, 승진에 실패했을 때, 내가 잘해준 만큼 상대방이 내게 친절하게 대하지 않을 때, 내가 노력한 만큼 자녀가 보답하고 노력하는 태도를 보여주지 않는다고 생각할 때 실망하고 속상해한다. 일상에서 흔히 겪는 이런 좌절은 지금의 상황과 자신을 되돌아보는 계기가 된다. 이는 '다음에 좀 더 성과를 내려면 지금 무엇을 하면 좋을까?', '앞으로 내가 원하는 변화를 이끌어낼 수 있는 방법은 무엇일까?'와 같은 생각처럼 문제 상황을 개선하는 노력으로 이어진다. 즉, **적당한 좌절이 있어야 감정을 담고 버텨내는 마음의 그릇이 크고 단단해진다.** 이런 과정을 통해 우리는 자신과 타인의 감정·생각·욕구가 서로 다를 수 있다는 점을 이해하고 수용하면서, 서로 존중하는 관계를 만들어 나갈 수 있다.

이와 반대로, 나를 밑바닥까지 끌어내리고 마음에 지워지지 않는 상처를 남기는 부정적인 감정도 있다. 현우 씨와 같은 사람들은 다른 이보다 유독 쉽게 심한 수치심·우울·패배감에 휩싸이고, 타인에게 약간 아쉬웠던 면을 과도하게 부풀려 생각하며 타인에게 분노

한다. 그러다가도 '또 남 탓이나 하고 있네. 난 항상 이런 식이야. 나처럼 속 좁은 사람을 누가 좋아하겠어?'라고 자기를 비하한다. 일상적으로 누구나 겪을 수 있는 실수, 살면서 필연적으로 마주할 수밖에 없는 실패와 좌절도 두려워한다. '계속 이런 불확실한 상황에서 살아야 한다면 노력해봤자 소용이 없어. 그러니 앞으로 살아갈 이유가 없어' 등의 파국적인 생각까지 하기도 한다.

이들은 사람마다 느끼고 생각하고 원하는 바가 모두 다를 수 있다는 너무도 당연한 진실을 보지 못해, 자신과 다르게 행동하는 사람이 이해되지 않는다며 화내고 그런 사람을 비난한다. 이런 비난은 자신에게도 똑같이 적용된다. 그래서 실수나 과오를 저지르면 '그때 왜 잘못된 판단을 내렸지?'라며 심한 후회감과 자책에 빠진다. 이런 태도의 밑바탕에는 '늘 옳고 합리적이며 확실한 선택을 해야만 한다'라는 뿌리 깊은 신념이 작동하고 있다. 이들은 예측 불가능하고 불확실한 세상은 두려움과 좌절로 가득 찬 곳으로, 인간관계는 긴장의 연속으로 여긴다.

사고방식의 차이가
행동의 차이를 만든다

합리정서행동치료Rational Emotive Behavioral Therapy를 개발한 심리학자 앨버트 엘리스Albert Ellis는 우울이나 불안과 같은 정서적인 어려움은 어떤 사건 자체로 인해 생기는 것이 아니라(사건 → 감정), 그 사건을 해석하고 받아들이는 개인의 신념이나 사고방식을 따라 발생한다고 주장했다(사건 → 신념과 생각 → 감정). 그런데 사건과 감정을 잇는 다리 역할을 하는 신념(사고방식)은 워낙 자동적·순간적으로 작동하는지라 자각하기 어렵다.

운전을 하던 중 갑자기 무언가가 앞에 나타났을 때, '장애물이 나타나면 멈춰야 안전하다'라는 신념을 떠올린 후 행동하는 사람은 없다. 이런 생각을 떠올리기도 전에 몸이 자동으로 움직여 브레이크를 밟기 때문이다. 이는 우리의 몸과 뇌가 안전을 지키는 신념을 오랜 기간 학습했기에 일어나는 일이다.

이렇게 사람은 각자 몸과 마음에 오랫동안 학습되어 자동으로 작동하는 고유한 신념이 있으며, 이 신념이 사람마다 달라서 같은 상황에서도 제각기 다른 감정을 느끼게 된다. 그래서 부정적인 사건을 맞닥뜨렸을 때 자존감에 상처 입지 않고 상황을 유연하게 잘 받아들이는 사람이 있는 반면, 크게 좌절하거나 분노하는 등 과도하게 경직된 반응을 보이는 사람도 있다.

예를 들어, 여러 사람 앞에서 내가 저지른 실수 때문에 질책을 당하는 상황을 상상해보자. 이럴 때 마음이 불편하지만 약간의 좌절감·후회·부끄러움을 느낀 뒤 앞으로 실수를 어떻게 줄이면 좋을지에 집중하는 사람이 있다. 이 사람의 마음에 자리 잡은 신념은 다음과 같다.

① 나는 최선을 다했지만 실수할 수 있다.

② 타인은 내 부족한 점을 지적할 수 있다.

③ 나는 앞으로 일하면서 실수가 되도록 적게 일어나기를 바란다.

④ 나는 그에 맞는 노력을 할 수 있는 사람이다.

……

반면, '당장 이 자리를 벗어나고 싶다', '견디기 힘들다', '사람들이 앞으로 내 능력을 의심하고 무시할 것이다', '이럴 거면 차라리 관두고 싶다'라며 강한 수치심·공황·좌절감을 느끼는 사람도 있다. 이런 반응의 기저에는 다음과 같은 사고방식이 있다.

① 나는 다른 사람들에게 항상 인정받아야 한다.

② 내가 하는 일은 반드시 성공해야 한다(실수가 없어야 한다).

③ 실수를 저지르면 돌이키기 어렵다.

④ 실수하는 사람은 무능한 사람이다.

……

이런 신념이 너무 강하면 나라는 사람의 인간적인 한계나 현실을 있는 그대로 수용하기 어려워진다. 오히려 이런 신념이 거꾸로 실제보다 과도한 좌절감·패배감·분노를 불러오게 된다. 이렇게 마음을 병들고 지치게 하는 부정적 감정을 유발하는 신념을 **비합리적 신념**이라고 한다.

내 발목을 잡는
경직된 사고방식

비합리적 신념의 가장 큰 특징은 **당위적 사고**로 이어진다는 점이다. 당위적 사고란 '반드시(무조건) …… 해야 한다', '반드시(절대) …… 를 하지 않아야 한다'라는 식으로 예외를 두지 않는 사고방식이다. 이는 내가 처한 사회·환경·상황, 몸과 마음의 상태를 고려하지 않는 강압적이고 경직되고 고집스러운 생각이다. 만약 평소에 '꼭', '반드시', '절대로', '항상', '모두가', '무조건', '무슨 일이 있더라도',

'원래', '결코', '당연히', '……해야 해', '……해서는 안 돼'라는 표현을 자주 입에 담거나 떠올린다면 당위적 사고를 의심해 볼 수 있다.

세 가지 종류의 당위적 사고

• **자신에 대한 당위**

- 나는 반드시 잘해야만 한다.
- 실수해서는 안 된다.
- 나는 주변 사람들에게 항상 인정·사랑을 받아야만 한다.
- 나는 항상 최선의 선택을 내려야 한다. 후회할 선택을 하면 안 된다.

  예: "반드시 ○○대학에 입학해야 한다", "부모님의 기대를 반드시
  충족해야 한다."

• **타인에 대한 당위**

- 사람들은 반드시 내게 공정하게 대우해야 한다.
- 사람들은 나를 이해하고 좋아해야 한다.
- 내게 친절하거나 공평하지 않은 사람은 나쁜 사람이다.
- 나쁜 사람은 반드시 비난과 응당한 처벌을 받아야 한다.

  예: "부모라면 내게 이 정도는 해줘야 한다", "다른 사람들도 내가 한
  만큼 열심히 해야 한다."

• **세상에 대한 당위**

- 세상은 반드시 내가 원하는(기대하는) 방향으로 돌아가야 한다.

— 우리 사회 · 회사 · 학교는 항상 공정하고 정의로워야 한다.

— 반드시 (내가 생각하는) 선善이 승리해야 한다.

예: "내가 제일 열심히 일했으니까 가장 큰 보상을 받아야만 한다."

'반드시 해야 한다'라는 강박이 앗아가는 행복

사실 우리 대부분은 마음속에 놀랄 정도로 수많은 당위적 사고를 지니고 살아간다. 누구나 어느 정도 내면에 '이래야 한다'라는 규칙과 이를 반드시 지켜야 한다는 신념을 품고 있다. 그래서 자신의 생각과 어긋나는 상황이 생기면 불안에 빠진다. 그러나 불행하게도 세상에서 일어나는 일들, 특히 타인의 행동은 우리의 통제 밖에 있는 경우가 많다.

내 힘으로 바꿀 수 없는 것을 바꾸는 데 집착하다 보면, 정작 내게 정말 필요한 일을 할 에너지와 의욕이 떨어진다. 내 믿음이 지켜진다고 해도 기쁨 · 행복함 · 고마움을 만끽하기보다는 '당연하다', '다행이다'라는 짧은 안도감만을 느낀다. 이렇게 당위성이 마음을 지배하면 부정적 감정에 쉽게 사로잡힐 뿐만 아니라 자신과 타인,

세상을 있는 그대로 받아들이기 어려워진다.

뛰어난 사회적 성취를 이루거나 자수성가한 사람들 중에서도 당위적 사고방식을 지닌 사람이 많다. 이들은 '반드시 성공해야 한다'라는 일념으로 불완전한 여건에서 개인적·사회적 한계를 극복하면서 성취를 이룬 경우가 많다. 늘 긴장하며 목표지향적인 삶을 살다 보면 개인의 성공 경험에 근거한 수많은 규칙과 당위적 믿음이 생기기 쉽다. '남들보다 잠을 더 자면 게으른 것이다', '실수하거나 잘못된 선택을 하면 안 된다'와 같은 믿음이다. 이들은 실수하면 내가 이루어낸 성취를 잃을까 봐, 쉬어가면 삶이 나락으로 떨어질까 봐, 완벽하게 일하지 않으면 사람들이 나를 존중하고 인정해주지 않을까 봐 두려워한다. 그래서 지금 자신이 가진 것을 음미하고 만족감을 느끼는 데 어려움을 겪는다.

물론 적당한 스트레스가 수행 능력을 향상하듯, 어느 정도의 당위적 신념은 인생의 중요한 목표를 이루는 데 꼭 필요하다. 적정한 당위적 사고는 노력·헌신·창조적인 성취를 만들어낸다. 그러나 만약 대인관계를 포함한 인생 전반에 '이래야 한다', '저렇게 해야 한다'라며 자신을 제약하는 당위적 신념이 가득하면 어떻게 될까? 이러면 만사에 고집스럽고 경직된 태도를 유지하게 되고, 자신이 정해둔 기준과 믿음이 부서질 때마다 자신이 실패했다는 느낌과 상처를 크게 받는다. 마음이 지치고 삶이 황폐해질 수밖에 없다.

희망을 바탕으로
유연하게 생각해보자

그렇다면 당위적이지 않은, 건강하고 합리적인 신념으로는 무엇이 있을까? 바로 **선호적 사고**다. 강요와 요구$^{must, should}$가 아니라 선호^{prefer}, 기대^{wish}, 원함^{want}, 희망^{hope}, 바람^{desire}'의 사고방식이다. '당위적 사고'가 경직되고 독단적이며 사회적 현실과 동떨어진 신념이라면, '선호적 사고'는 여러 열린 가능성을 바탕으로 한 유연하고 적응적이며 사회적 현실에 부합하는 생각이다. 선호적 사고는 나와 타인을 불완전하지만 다양한 가능성을 지닌 존재로서 바라본다. 더 넓은 시야에서 객관적 현실을 있는 그대로 수용하고 변화의 가능성을 모색하며, 좀 더 현실적인 목표를 추구하는 데 도움이 되는 생산적인 사고방식이다.

당위적 사고	선호적 사고
이번에 반드시 승진해야만 한다.	나는 이번에 **승진하고 싶다**. 그러나 내가 꼭 승진해야만 한다는 법은 없고, 내가 어쩔 수 없는 외부적 요인이 있을 수도 있다. 그러니 승진을 위해 내가 할 수 있는 일을 하며 노력할 것이다.

배우자는 무조건 나를 사랑해야만 한다.	배우자가 나를 사랑해주기를 **원하며** 좀 더 가까워지기를 **바란다.** 그러나 그가 어떤 상황에서도 내게 사랑을 표현해야만 한다는 법은 없으며, 그의 마음은 내가 통제할 수 없다. 사랑받는 데 몰두하기보다 내가 그를 어떻게 사랑할 수 있을지 생각하는 게 낫다.
성공하려고 윗선에 아부하거나 겉과 속이 다른 상사는 지도자 자격이 없는 나쁜 사람이다. 나쁜 사람은 비난받고 처벌받아야만 한다.	나는 내 상사가 책임감 있고 성실한 리더이기를 **바란다.** 그러나 사람이 비윤리적으로 행동하는 일은 흔하며, 그러는 사람이 성공하기도 한다. 그가 대가를 치르게 하는 데 몰두하기보다는 내가 건강한 방식으로 회사에 영향력을 행사하는 편이 나와 회사의 성장에 더 좋다.
세상은 공정해야만 한다.	나는 세상이 정의롭고 공정하기를 **희망한다.** 그러나 세상에는 불공정한 일이 자주 일어난다. 이에 분노하고 불만만 쏟아내지 말고, 어떻게 해야 내가 바람직하다고 여기는 방향으로 나아갈 수 있을지 고민해보자.

반드시 승진해야만, 사랑받아야만, 세상이 공정해야만 한다고 생각하면, 나와 타인에게 내 기준을 끊임없이 요구하며 그 기준을 지켜야만 한다는 심한 압박감에 매몰되기 쉽다. 반면 승진하기를 원하고, 좀 더 사랑받기를 바라며, 사회가 현실이 지금보다 공정하기를 희망한다면, 중압감에 짓눌리기보다 가벼운 마음으로 내가 그런

바람을 이루기 위해 무엇을 할 수 있을지에 집중할 수 있다.

나를 괴롭히는
사고방식에서 벗어나기

이제 내 마음속 당위적 사고를 찾아내어 좀 더 현실적인 선호적 사고로 바꿔볼 차례다. 만약 일상에서 작은 좌절에 마음이 크게 요동치는 상황이 있다면, 그 순간이 나도 모르게 비합리적인 당위적 신념이 작동한 순간이다. 바로 이때가 당위적 신념을 포착할 수 있는 아주 좋은 기회다. 그럴 때는 일단 상황에서 한발 물러선 후 내가 느끼는 감정을 차분히 자각해보자. 그리고 그런 감정을 불러일으킨 사고방식·신념이 무엇인지 관찰해보고, 그 신념이 합리적·현실적인지 따져볼 필요가 있다.

처음에는 이 과정이 무척 어렵게 느껴질 수 있다. 몇십 년간 마음속 깊이 자리 잡아 너무도 자연스럽고 당연하다고 여겨왔던 믿음을 깨는 일이기 때문이다. 그럴 땐 다음 질문들을 참고하면 도움이 된다. 예를 들어, '절대 실수해서는 안 된다'라는 신념이 작동한다는 사실을 관찰했다면 그 생각을 다음 질문에 따라 좀 더 현실적으로 고쳐볼 수 있다.

- **이 생각이 내게 도움이 되는가? 내게 고통을 주는가, 아니면 용기를 주는가?**

→ '실수하면 안 된다'라는 생각은 내게 심한 압박감과 고통을 주고, 때로 도전을 회피하고 일을 미루게 한다.

- **내 믿음이 현실에 부합하는가? 내 생각이 옳다는 증거가 있는가? 상식적으로 말이 되는가? 내 생각이 맞는다는 법칙이 있는가?**

→ 사람은 누구나 실수를 한다. 실수를 안 해야 한다고 생각하기보다, 실수로부터 배우는 것이 중요하다.

- **내가 어떻게 되기를 바란다고 해서 그렇게 되리라는 법이 있는가? 내 생각이 논리적인가?**

→ 실수를 하고 싶지 않다고 해서 실수를 절대 안 할 수는 없다.

- **내 믿음이 깨졌다고(내가 원하는 대로 되지 않았다고) 해서 정말 그렇게 끔찍한 일인가? 정말 삶 전체가 무너지고 있는가? 삶의 다른 부분에서도 만족감이 전혀 없는가?**

→ 실수를 해서 삶이 무가치해졌다는 기분이 들었지만, 정말로 삶에 의미가 없어진 것은 아니다. 기분은 기분일 뿐이다. 나는 여전히 앞으로 나아가고 있으며 실수에서 개선점을 배울 것이다.

당위적 신념에 따라 생각하고 행동하면, 매사에 자신을 압박하며 몰아붙이게 되고 사소한 좌절에도 긴장·불안·우울·분노가 일어나 몸과 마음이 급속도로 지치기 쉽다. 위의 질문들을 메모해두고 필요할 때마다 당위적 신념을 수정해보는 연습을 한다면, 훨씬 편안한 마음으로 상황에 유연하게 대처할 수 있을 것이다. 물론 모든 생각을 다 바로잡을 필요는 없고, 그럴 수도 없다. 대신 나를 특히 괴롭히는 당위적 신념 몇 가지만 골라내 이를 좀 더 현실적인 선호적 사고로 바꿔보자. 이 연습만으로도 삶의 무게가 한결 덜어질 것이다.

헛수고만 하며
살아온 것 같다면

성과와 역할에만 집착하면
혼란에 빠진다

학업·업무 등 외적인 '성과'나 '결과'에 지나치게 의미를 부여하는 사람들이 많다. 이런 사람들은 성과와 결과에 따라 삶의 가치가 요동친다. 게다가 성과에 너무 큰 중요성을 부여한 나머지 가족이나 친구 관계, 여가 생활 등 삶의 많은 부분을 포기하고 일에 몰두한다. 그러다 원하는 보상·지위를 얻지 못하면 '계속 헛수고만 했어', '내가 그동안 뭘 한 거지?'라며 억울해하고 화를 낸다.

원하는 대학·직장에 들어가거나 특정 직업을 갖는 것이 삶의 전부라 여기고 살아온 이들도 정말 많다. 명문대 입학이 삶의 유일한 목표였던 학생은 입학 후 삶의 목표를 찾지 못해 공허감에 빠진다. 입시·취업·시험에 실패한 이들은 자신이 존재 가치를 상실하고 회복 불능의 상태로 추락했다고 여긴다. 그리고 앞으로의 삶은 별로 의미가 없을 것이라는 생각에 불안해한다.

자신을 특정한 '역할'이나 '기능' 그 자체라고 착각하는 사람들도 많다. 기업 임원 중에는 자신의 권위와 경제력이 사라지는 것을 극도로 두려워하는 이가 많다. 그래서 퇴직 후에도 자신이 아직 그 '지위'에 있는 사람인 것처럼 고집스럽게 행동하며, 변화를 거부하거나 '이제 내가 할 수 있는 일이 아무것도 없다'라며 우울증에 빠진다. 자신의 삶을 내던지며 자식을 돌본 부모는 자녀들이 성장하여 집을 떠나면 앞으로 어떻게, 왜 살아야 하는지 몰라 혼란스러움을 느낀다.

이렇게 나를 외적인 결과·지위·역할·기능으로만 여기면 스트레스에 훨씬 취약해지며, 특정 목표에만 집착하면 일상에 만족감을 채우는 삶의 여러 측면을 놓치기 쉽다. 결과는 항상 불확실하며 지위와 역할은 언제든 변할 수 있고 기능은 나이가 들면 쇠퇴하기 마련이다. 게다가 지식과 기술의 발전, 사회의 변화는 얼마나 빠른가? 새로운 단어와 문화, 직업조차 새롭게 생겼다가 한 세대를 넘기지 못하고 사라지는 경우가 허다하다.

무엇보다도, 자신을 'ㅇㅇ대학 졸업생', 'ㅇㅇ회사 직원', 'ㅇㅇ

분야 전문가', '인플루언서', '기업 대표', '누구 엄마/아빠/아들/딸', '돈 버는 가장'으로만 보는 생각에는 '진짜 나'가 빠져 있다. 내가 무엇을 원하는지, 나는 어떤 사람인지, 무엇을 할 수 있고 없는지에 대해 쉽게 답할 수 없을 때 삶은 공허해지고 무기력해진다.

자기도식, '내가 생각하는 나'

그렇다면 '내가 생각하는 나'란 정확히 무엇일까? 사람마다 자신이 어떤 사람이라고 판단하는 내면의 기준이 있으며, 이에 따라 자신을 어떻게 바라보는지가 달라진다. 예를 들어, 다운·유미·연아에게 "당신은 어떤 사람입니까?"라고 묻자, 세 사람은 각각 다음과 같이 답했다.

- **다운**: 저는 뚱뚱해요. 친구도 없어요.
- **유미**: 저는 ○○대를 졸업해서 지금 대기업에 다녀요. 맡은 일이 아무리 어려워도 끝까지 해내는 사람이에요. 직장 상사가 일을 주면 거절하지 못해서, 스트레스를 많이 받고 과부하가 오는 일도 잦아요.
- **연아**: 저는 외향적인 편이라 사람들과 금방 친해져요. 잘 웃지만 충동적

인 면도 있고 감정 기복도 있어요. 원래 작은 회사에서 사무직을 했는데 좀 더 재미있는 일을 하고 싶다는 생각이 들어서 최근 동물 보호 단체로 이직했어요. 나중에 야생동물 보호 센터나 국제 구호 단체 일도 해보고 싶고요. 일은 꼼꼼하게 하는 편은 아니지만 빠르게 배워요. 취미는 여행 이고. 운동도 좋아해요. 가족 중에는 엄마와 가장 친해서 친구처럼 지내고 봉사도 같이 다녀요. 마음이 힘들 때도 많지만 교회에 다니면서 위로받아요.

사람들은 이렇게 저마다 자신을 이해하는 도식, 즉 **자기도식**self-schema을 가지고 있다. 자기도식은 세상을 향해 나 있는 마음의 창과도 같다. 앞에서 예시를 든 이들의 자기도식은 다음과 같이 정리할수 있다.

인물	자기도식
다운	외모(뚱뚱함), 외로움.
유미	학벌, 대기업 직장인, 높은 업무 능력, 거절을 어려워함, 스트레스가 많음.
연아	친밀함, 외향적, 충동성, 재미, 직업, 진로 희망, 취미(여행), 운동, 가족(엄마)과의 관계, 종교.

다운 씨의 마음에는 창이 두 가지만 있다. 그는 '뚱뚱함'이라는 창으로 세상을 내다본다. 따라서 자신과 타인의 외모, 특히 체형과 관련된 정보에 유독 집중하고 그에 따라 사람을 평가하기 쉽다. 그러다 보니 자존감이 낮아지고 열등감을 느끼는 순간도 많아진다. 또, 그의 마음에는 '외로움'의 창이 있다. 이 창으로 세상을 보면 외모 때문에 친구들에게 거절당했다고 느꼈던 과거의 경험이 되살아나고, 앞으로도 쭉 이럴 거라는 생각에 외로움이 사무친다. 고개를 돌려도 다른 방식으로 세상을 볼 수 있는 창이 없다.

유미 씨는 다섯 가지 창으로 세상을 볼 수 있다. 유미 씨는 자신과 타인을 바라볼 때 대학은 어디를 나왔고 어디에서 일하는지, 일을 잘하는 똑 부러진 사람인지, 자기표현을 잘하는지, 스트레스가 적은지 많은지에 초점을 두고 바라볼 것이다. 예를 들어, '거절을 어려워함' 창문을 통해 세상을 바라보면 일상생활에서 거절과 자기주장과 관련되는 상황에 더 주의를 기울이고 민감하게 반응하기 쉽다. 그래서 하루 동안 직장 동료들과 수다를 떨면서 기분 좋은 순간, 좋은 성과로 칭찬을 받은 순간, 거절을 못해서 업무를 떠맡으며 짜증이 난 순간 등 다양한 상황이 있어도 마지막 순간만 강렬하게 기억에 남아 하루를 망쳤다고 생각하게 된다. 하지만 다행히도 유미 씨에게는 '대기업 직장인', '높은 업무 능력' 창도 있다. 따라서 그는 '그래도 나는 오늘 일 잘했다고 살짝 칭찬도 받았어. 대기업에서 이렇게 인정받는다면 꽤 잘하고 있다는 증거지'라고 생각하며 가라앉았던 기분을 다독일 수 있다.

연아 씨는 세상을 볼 수 있는 창이 아주 많다. 연아 씨는 일상에서 인간관계, 재미, 즐거움(취미), 재능, 취약한 점, 직업과 꿈, 삶의 의미 등 다양한 삶의 측면에 주의를 기울인다. 이런 사람은 타인을 볼 때도 그 사람을 단순한 기준으로만 재단하지 않는다. 상대방의 복잡한 측면에 골고루 관심을 가지고, 그 사람의 처지에 잘 공감한다. 일이 당장 재미없어도 미래에 대한 기대와 꿈을 생각하며 의욕을 낼 수도 있고, 인간관계에 지치면 혼자 여행을 하며 마음을 충전하는 것도 가능하다.

자기복잡성이 높을수록 무너지지 않는다

이렇게 나를 설명하는 자기도식이 많은 사람을 가리켜 **자기복잡성**self-complexity이 높다고 한다. 자기복잡성이 높을수록, 다시 말해 **자신을 다양하게 바라볼수록 스트레스에 잘 대처하고 트라우마를 잘 극복하며 우울이나 불안에 빠질 위험도 적어진다.** 자신의 한쪽 측면이 크게 잘못되거나 위험에 처해도, 그것이 나라는 사람의 전부는 아니라고 생각하기 때문이다.

만약 앞의 세 사람이 직장에서 해고당했다고 생각해보자. 다운 씨는 친구도 없는데 사회적으로도 고립되었다고 느끼고 좌절할 것이다. 여기에 '나는 뚱뚱하다'라는 자기도식이 좌절감을 더욱 자극한다. 그래서 다운 씨는 '나'의 대부분이 손상되었다고 느낄 가능성이 높다. 유미 씨는 다섯 가지 도식 중 하나인 '대기업 직장인'이 크게 손상받을 것이다. 그러나 아직 '학벌', '높은 업무 능력'이라는 자기도식이 남았기에 현실을 받아들이고 새로운 일자리에 다시 도전할 수 있다. 연아 씨는 직장을 잃었다 해도 수많은 자기도식 중 한 가지만 손상을 받았기에 실망스럽더라도 크게 흔들리지 않을 것이다. 종교, 봉사, 친밀감, 재미 등의 측면에서 여러 직업을 고려할 수도 있고, 가족과의 시간을 갖거나 여행을 하며 충전의 시기를 가질 수도 있다.

진료실을 찾는 사람 중에는 이러한 자기복잡성이 결여된 사람이 무수히 많다. 나는 이런 분들에게 "당신은 어떤 사람인가요?"라고 묻는다. 그러면 많은 환자들이 'ㅇㅇ대 학생', '교수', '그냥 평범한 직장인', '노예처럼 일하는 대학원생' 정도로 대답하고 머뭇거린다. 어떤 이는 "제 아버지는 교수인데요"라며 타인을 통해 자신을 설명하기도 한다. 자신을 '일만 하는 사람', '쉬지 못하는 사람', '게임 중독자', '무능력자', '우울한 사람', '화가 많은 사람', '외톨이'처럼 부정적으로 표현하고 그렇게만 자신을 바라보는 사람들도 있다.

이렇듯 '나'를 구성하는 각각의 자기도식을 내면을 구성하는 퍼즐 조각이라고 생각해보자. 퍼즐이 한두 조각밖에 없는 사람은 그 조각이 사라졌을 때 '나'라는 존재 전부가 사라져버린다. 교수는 '교수'로서만 평생 살아오다가 퇴직하고 나면 자기가 공중분해되는 듯한 위기감을 느낀다. '열심히 일만 하는 사람'이 암에 걸려 일을 못 하게 되면 삶의 의미 자체를 잃어버리거나 현실을 부정하고 계속 일을 하려 애쓴다. '교수의 아들'은 부모에게 걸맞은 아들로 인정받지 못하면 평생 자신이 아무것도 아니라는 공허함에 시달린다. 여기에 더해 얼마 없는 조각마저 병들어 있으면 더 큰 문제가 된다. 자신을 '의지박약의 낙오자'라고만 생각하면 일상의 도처에서 의지박약의 증거만을 찾아내게 되며, 무기력과 우울증에 빠질 수밖에 없다.

'나'라는 그림은 몇 조각의 퍼즐로 채워졌는가?

자신의 퍼즐 한두 조각을 잃는 상황에서도 쉽게 무너지지 않으려면, 나라는 전체 그림을 '건강하고', '다양한' 퍼즐 조각으로 채울 필요가 있다. 복잡하고 정교한 퍼즐을 가진 사람일수록, 환경·역할

변화가 있을 때 퍼즐 판 전부를 뒤엎지 않고 작은 조각 몇 가지만 고치거나 새로 만들어 끼워넣어서 빠르고 유연하게 변화에 대처할 수 있다. 이런 사람은 인생의 격변기에 스스로가 어디로 향하고 있는지 명확하게 인지하며 혼란보다 호기심을, 두려움보다 즐거운 흥분을 느끼며 나아갈 수 있다.

물론 '지킬 박사와 하이드'처럼 내면이 완전히 분열된 행동을 하는 것은 자기복잡성이 높은 건강한 모습과는 거리가 멀다. 회사에서는 성실하고 점잖은 직원으로 인정받는 이가, 집에서는 가족들에게 폭발적인 감정과 분노를 표출하면서 스스로를 '나는 항상 합리적이고 바른 사람'이라고 인지하는 경우처럼 모순된 모습을 보이는 경우가 이에 해당된다.

또한, 자신을 카멜레온처럼 시시각각 변화무쌍한 모습으로 인지하는 경우도 있다. 예를 들어, 친구들 앞에서는 매우 유쾌하고 주도적인 사람으로 보이려고 하는 반면, 상사 앞에서는 지나치게 아부하면서도 자신의 진짜 의견을 전혀 드러내지 않고 가족 앞에서는 무관심하고 냉담한 태도를 보이는 경우가 있다. 이렇게 상황에 따라 완전히 다른 사람처럼 행동하며 일관성이 없는 모습을 보이는 건 자기복잡성이 높기 때문이 아니라, 각 역할이 서로 단절되어 통합된 자아 정체성을 형성하지 못하기 때문이다.

이렇게 나를 구성하는 퍼즐 조각들이 서로 맞물리지 못하고 단절되어 있으면 나라는 그림이 전체적으로 무엇을 표현하는지 불분명해진다. 이런 경우는 퍼즐들이 하나의 그림을 만들지 못하고 혼란스럽게 흩어져 있는 것과 같기에, 자기복잡성이 높다고 말하기 어렵다. '당신은 누구인가?'라는 질문을 받고 본인이 '어떤' 내가 진짜인지 구분하지 못하면 안 된다. 복잡하고도 정교하게 구분된 자기의 다양한 측면을 통합해, '나'라는 하나의 그림을 표현할 수 있어야 한다.

내 안에 다양한 역할과 정체성 담기

이제 내가 나를 얼마나 삶의 다양한 측면에서 바라보고 있는지 점검해볼 차례다. 사람마다 자신을 이해하는 방식이 모두 다르므로, 자기도식을 구성하는 요소에 정답은 없다. 그러나 어떻게 나를 바라보면 좋을지 판단하는 데 효과적인 지침이 될 기준은 있다. 첫 번째는 '**내가 얼마나 다양한 삶의 측면에서 나를 바라볼 수 있는가**', 두 번째는 '**그 측면에서 나를 긍정적으로 인지하고 있는가**'이다. 주의할 점은 단순히 나를 설명하는 도식이 많다고 꼭 좋은 건 아니라는 것이다. 비슷한 도식이 겹치지 않고 도식의 가짓수가 다양한 사람일수록 스트레스에 더욱 유연하게 대처할 수 있다. 다음 예시를 보고 내 자기복잡성 퍼즐은 어떤 모습일지 그 그림을 구상해보자.

예를 들어, 다음 퍼즐은 정체성의 가짓수가 적다. 여러 역할이 서로 연결되어 있긴 하지만, 그 수가 적고 단순하기에 자기복잡성이 낮다.

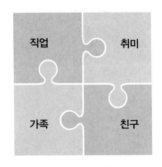

그림 1 가짓수가 적은 자기복잡성

반면, 다음 퍼즐은 매우 다양한 역할과 정체성을 포함하고 있으며, 조각 사이사이마다 복합적인 상호작용이 이루어진다. 자기복잡성이 높은 사람은 이 퍼즐처럼 여러 면에서 자신을 이해하고 표현할 수 있다.

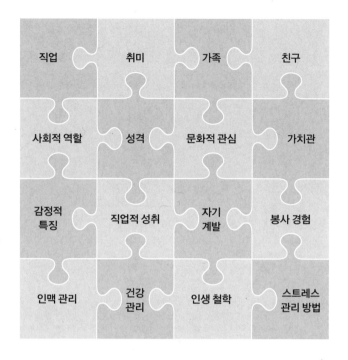

그림 2 가짓수가 많은 자기복잡성

이제 앞의 퍼즐을 참고해 나만의 자기복잡성 퍼즐을 완성해보
자. 물론 단번에 모든 칸을 채우기는 쉽지 않다. 빈칸이 있더라도 좋
다. 지금은 내 다양한 측면을 떠올려보고 앞으로 천천히 빈칸을 더
채워보자는 마음을 갖는 것만으로도 충분하다.

3장

왜
가만히 있어도
지치는 걸까

많은 이들이 습관적인 미루기, 권태로운 일상, 어떤 이유로 상실했거나 처음부터 없었던 삶의 목표, 반대로 너무 이상적인 목표 때문에 무력감으로 삶의 의욕을 잃고 불안해한다. 이들은 자신이 '별것도 안 하면서', '남들만큼도 못하면서' 늘 지쳐 있다며 스스로를 냉소적으로 바라본다.

이 장은 남들보다 일을 더 많이 하는 것도 아닌데 자꾸만 지치고 무기력해지는, 뭘 시작하기도 꾸준히 하기도 어려워 고민하는 이들에 대한 이야기다. 언뜻 보기에는 이들 모두 비슷한 고민을 지닌 것처럼 보이지만, 사정을 들여다보면 마음이 지치는 이유와 해법이 각각 다르다. 뭘 해도 의욕이 생기지 않아 고민한 적이 있다면 이 장에서 해결에 대한 실마리를 찾을 수 있을 것이다.

계속 미루고,
그래서 더 힘들어지고

왜 자꾸만
미루는 걸까?

"지금이 제일 중요한 시기인데 왜 자꾸 미루는 걸까요? 3일 내내 하루에 1시간도 집중하지 못하다가, 어제 자정 넘겨서 겨우 시작하는 바람에 결국 밤을 샜어요."

대학원생인 혜정 씨는 잔뜩 찌푸린 얼굴에 피곤한 기색이 가득했다. 박사 논문 초고를 다음날 아침까지 마무리해야 했지만 며칠간 손대지 못하고 미루다가 또 밤을 샜다. 겨우 초고를 제출했지만 다음 심사까지 무기력한 시간과 밤샘이 반복될 것 같다며 걱정이 태산이었다. 그는 박사과정 5년 만에 드디어 졸업 준비를 시작했지만, 일을 미루는 일이 점점 늘어나 자신이 졸업을 하기 싫은 건지 아닌지 헷갈릴 정도라며 진료실을 찾았다.

혜정 씨처럼 잘하고 싶은 생각은 굴뚝같지만 할 일을 자꾸 미루면서 남몰래 고통스러워하는 사람들이 정말 많다. 이들은 할 일을 마지막까지 미루다가 아예 포기하거나, 마감 시간 직전에 벼락치기 하듯 마무리하면서 찝찝함과 죄책감을 느낀다. 계획을 따르지 못한 날, 만족스럽게 마무리하지 못한 일이 쌓여갈수록 몸과 마음이 지치고 자신감이 떨어진다.

미루기는 '하고 싶은 마음(해야 한다는 마음)'과 '하기 싫은 마음'이 충돌한 결과다. 즉, 양가감정이 극명하게 힘겨루기를 하고 있는 상태다. '하기 싫은 마음'이 '성취하고 싶은 욕구와 동기'보다 클 때 결과적으로 일을 미루게 된다. 그렇다면 '하기 싫은 마음'은 어디에서 올까?

먼저, '하기 싫은 마음'이 워낙 뚜렷해서 본인도 그런 상태임을 자각하는 경우가 있다. 애초부터 원하지 않는 일이라 하기 싫을 수도 있다. 해야 한다는 사실을 알더라도 그 일을 시킨 사람이나 같이 일하는 사람들이 싫으면 하고 싶지 않은 마음이 커진다. 아니면 너무 지치거나 피곤해서 일을 할 기력이 바닥났을 수도 있다. 이런 경우는 불만스러운 표정과 산만하고 굼뜬 행동으로 하기 싫다는 의사가 겉으로 드러난다. 그래서 주변에서 "그렇게 하기 싫어?"라는 말을 듣기도 한다.

반면, 혜정 씨처럼 일단 맡은 일은 해내려 하지만 좀처럼 일을 시작하지 못하는 경우도 흔하다. 이는 부정적 결과에 관한 두려움 탓에 '하기 싫은 마음'이 커져 '할 일을 회피하고 미루는 모습'으로 드러나기 때문이다. 이들의 마음속에는 집중하지 못하거나, 만족스럽지 못한 결과나 부정적인 피드백을 받을지도 모른다는 두려움이 가득하다. 그래서 일을 아예 시작하지 않거나, 시작한다 해도 매듭을 잘 짓지 못한다.

부정적 결과를 두려워할수록 미루기가 심해진다

개인적으로 중요한 의미를 갖는 일일수록 부정적 결과에 대한 두려움이 커지기 때문에, 평소에는 문제없이 할 일을 하는 사람들도 자신에게 중요한 특정 영역의 일이나 인간관계에서만 유독 미루기가 심해지기도 한다. 내가 자주 진료하는 환자 중에는 온갖 행정 업무와 조교 일에 열심이면서도 정작 자신의 논문만 쓰지 않는 대학원생이 있다. 공부할 때 받는 스트레스를 감당하기 어렵고, 노력한다

해도 소용없을 거라는 두려움이 큰 탓에 '공부할 준비가 안 되었다', '내일 하면 된다'라는 식으로 공부를 차일피일 미루는 학생도 있다. 직장인 중에도 부정적인 피드백을 받을까 봐 상사의 메일을 열어보지 않고 딴짓을 하면서 내내 불안해하는 사람이 많다.

이러한 경향은 특히 완벽주의자에게 두드러진다. 이들은 목표가 높아 일을 시작하기에 앞서 목표를 달성하지 못할 수도 있다는 두려움을 크게 느낀다. 게다가 완벽한 계획을 세우느라 일을 시작하기도 전에 진이 빠지는 경우가 잦다. 시작하더라도 계획이 조금만 틀어지면 좌절감과 불안에 휩싸여 아예 손을 놔버리기도 한다. 아침에 계획했던 시간에 일어나지 못하거나, 운동이나 영어 공부 등 계획했던 일을 하지 못하면 오늘 하루는 망했다고 생각하고 아예 늦잠을 자거나 하루를 무기력하게 보낸다. 일하면서도 실제 자신의 능력과 '이렇게 해야 한다'라고 여기는 이상적인 모습 간 격차 때문에 스트레스를 크게 받는다. 그래서 자꾸 딴짓을 하며 긴장을 풀려 하다 일이 지연된다. 작은 보고서 하나 쓰는 데도 계속 정보를 업데이트하고 내용을 고치느라 마감이 코앞에 다가오는데도 마무리를 짓지 못한다.

완벽주의자는 특히 실수나 실패를 극도로 두려워한다. 평가가 다가오면 마지막까지 차분하게 최선을 다하기보다, 망신당하거나 비난받는 최악의 시나리오를 상상하며 시간과 에너지를 소진한다.

완벽주의 성향이 있는 사람들이 그렇지 않은 이들과 다른 점은 바로 걱정하는 일에 우선순위가 없다는 점이다. 이들에게는 삶의 대부분의 영역에서 '좀 더 잘해내고 싶은 마음'보다 '실수나 부정적인 피드백이 결코 있어서는 안 된다는 두려움'이 더 크다. 이 때문에 긴장을 풀고 즐겨야 할 취미 생활이나 친밀한 사람과의 대화조차 '마음의 준비가 될 때까지', '결과가 좋을 거라는 확신이 들 때까지' 미루게 된다.

만성적인 미루기가 가져오는 무기력과 피로

미루기가 습관화되면 무기력해지고 우울해진다. 마감이 임박해서 쫓기듯 일처리를 하면 후회와 좌절감이 든다. 이렇게 해치운 일은 대체로 결과가 만족스럽지 못하기에, 자신이 게으르며 능력이 부족한 사람이라고 여기게 된다. 그래서 다른 일을 맡아도 미루다가 결국 포기하고, 타인으로부터 부정적인 피드백을 받으면 이전에 포기하고 지적받은 경험까지 떠올라 더욱 상처받는다. '나는 일을 시작하지도 제대로 끝내지도 못하는 사람이야', '나는 안 돼', '나는 의지박약이야'라고 자신에게 낙인을 찍고, 일에 대한 두려움이 커져 일을 더욱 피하고 무기력에 짓눌리는 악순환에 빠진다.

게다가 일을 몰아서 하다 보면 육체적으로도 무리하게 된다. 20대 중반까지야 하루 이틀 밤을 새도 하룻밤 푹 자고 나면 체력이 회복될지도 모르지만, 나이가 들수록 점점 회복 속도가 느려진다. 그럼에도 며칠 몰아쳐서 벼락치기를 하고 주말에 하루 푹 쉬면 체력이 회복될 거라고 믿는 사람들이 많다. 나는 이런 분들에게 우스갯소리로 회복 시간을 계산할 때는 예상했던 시간에 '곱하기 3'을 하라고 한다. 하룻밤을 샜다면 3일간 힘들고, 일주일 무리하면 3주 정도 시간이 필요하다고 생각하면 실질적인 회복 시간을 예상할 수 있다.

내가 무엇을
가장 두려워하는지 파악하자

잘하고 싶은 마음이 있는데도 자꾸 미루고만 있다면, 우선 내가 정확히 어떤 종류의 부정적 결과를 두려워하고 있는지 알아보자. 만약 지금 내 모습 그대로 일했을 때 가장 걱정되는 결과는 무엇인가? 다음 목록을 참고해 내가 무엇을 두려워하고 있는지 최대한 구체적으로 써보자.

- 부족한 점에 대한 타인의(혹은 스스로 하는) 지적·질책·비난.
- 내 의도대로 흘러가지 않는 상황 때문에 겪을 무력감과 불안.
- 불만족스러운 결과물.
- 열심히 해도 통과·합격 수준에 못 미칠 것이라는 걱정.
- 내가 만족할 만한 결과가 나오지 못했을 때 겪을 좌절·분노.
- 내가 원하는 만큼 금전적인 보상·명예·인정을 얻지 못할 거라는 불안과 분노, 허무함.
- 지금 하는 선택을 나중에 후회할 수도 있다는 불안.
- 실수나 잘못된 판단으로 재앙적 결과를 낳을지도 모른다는 두려움.

그 다음은 이러한 두려움이 현실적인지, 두려움을 피하는 행동이 내가 추구하는 목표와 방향이 일치하는지 점검한다. 내 경우를 예로 들면, 나는 약간의 발표 불안이 있어서 강의 자료 제출 마감 시한이 임박할 때까지 스트레스를 받으며 강의 자료 작성을 미루다가 전날 새벽까지 무리하는 일을 반복하곤 했다. 강의 준비를 해야 한다고 생각하는 1~2주간은 유독 긴장되고 기분이 가라앉으며 무기력에 빠졌다. '아직 시간이 있다'라고 스스로를 다독이면서도 일을 시작하지 못하고 괴로워했다. 좋은 기회라며 내가 원해서 강의를 맡고도 후회하는 마음이 점점 커져 '강의는 내 적성이 아니다', '애초에 거절했어야 했다'라고 생각하기도 했다.

맡은 일을 잘해내고 싶은 욕심은 스스로 칭찬할 만하다. 하지만 이 불안이 과연 현실적일까? 나를 불안하게 하는 일을 미루거나 회피하는 것이 내가 추구하는 삶의 목표와 일치하는 행동일까? 찬찬히 생각해보니 내 내면에는 다음과 같은 두려움이 자리 잡고 있었다.

① 강의를 준비하다 내가 아직 모르는 게 많다는 사실을 깨달으면서 받는 스트레스.
② 강의가 별 도움이 안 된다는 피드백을 받을까 봐 느끼는 두려움.

이 생각을 조금 더 현실적인 관점에서, 내가 추구하는 가치관을 통해 되짚어보자 다음과 같은 사실을 깨달을 수 있었다.

① 새로운 지식은 늘 생기기 마련이므로 전문가일지라도 자기 영역에서 모르는 게 있을 수 있다. 원래 내 삶의 목표도 새롭게 변해가는 세상을 공부하며 지식을 쌓는 것이었다. 그러니 내가 모르는 게 있다는 사실을 깨닫는 상황 자체를 피하는 것은 내 삶의 목표에 부합하지 않는다.
② 청중의 수준과 기호는 다양하므로, 누군가에게는 강의 수강이 큰 도움이 되기도 하고 누군가는 강의를 들어봤자 시간 낭비라고 생각할 수 있다. 내 목표는 강의를 듣고자 하는 사람에게 조금이라도 더 도움을 주는 것이다. 강의를 하는 상황을 아예 피하면 누구에게도 도움을 줄 수 없다.

이 사실을 깨달은 후, 일하는 과정에서 불안한 느낌이 들면 '누 군가에게 조금이라도 도움이 되는 강의를 한다'라는 내 삶의 목표 를 계속 떠올렸다. 그러자 '부정적 피드백에 대한 두려움'에 압도되 는 느낌이 줄어들고 좀 더 수월하게 강의를 준비할 수 있었다.

일할 때 부정적인 결과를 지나치게 두려워하면, 현실적인 일의 목표를 자꾸 잊고 두려움을 피하는 데만 몰두하느라 일 자체를 피 하거나 미루게 된다. 이럴 때 내가 일을 하는 궁극적인 의미나 현실 적인 목표를 구체적으로 마음에 계속 떠올리고 되새기면 두려움을 극복하는 데 큰 도움이 된다.

목표는 현실적으로, 작게 나누기

일을 잘해내고 싶을 때 불확실한 결과와 실패를 두려워하는 것 은 어찌 보면 당연하다. 그래서 우리 모두는 실패할 확률을 줄이기 위해 신중하게 판단해 결정하고, 실수를 줄이기 위해 오랜 시간 준 비하며 세심하게 주의를 기울인다. 이직과 같은 인생의 중요한 결정 을 내리는 데는 시간이 몇 년이나 걸리기도 한다.

그러나 '하고 싶은 마음'을 압도할 정도로 두려움이 큰 탓에 미루기가 일상에 만연하다면, 대체로 그 두려움은 비현실적인 목표와 기대에서 생겨나는 경우가 많다. 앞서 언급한 '당위적 사고'에 해당하는 비합리적 신념이 대표적이다. 무오류·무결점을 지향하는 완벽주의적 사고나, 내가 원하는 것은 (별다른 노력 없이도) 이루어질 거라고 여기는 소망적 사고wishful thinking도 마찬가지다. 애초에 달성할 수 없는 목표라면 그 목표에 다가서려 할수록 자신감이 떨어진다. 앉자마자 일에 바로 집중해 최소 2~3시간은 몰두해야 한다고 여기는 사람은 책상 앞에 앉을 때마다 좌절할 수밖에 없다. 실제 3~4시간 걸리는 일을 '바짝 하면 한 시간 안에 끝낼 수 있다'라고 여기는 소망적 사고를 가진 사람은 일을 시도할 때마다 실패를 경험할 확률이 높다. 이런 실패와 좌절의 경험이 더 큰 두려움을 낳는다.

미루기가 습관이 된 사람은 목표가 현실적으로 타당한지 검토하고, 자신의 능력과 한계를 고려해 실천 가능한 작은 목표로 재조정하는 과정이 필요하다. 이러면 실패의 경험을 줄여 자신감을 되찾고 일을 시작할 때 느끼는 두려움을 줄일 수 있다. 예를 들어, 최근 업무 시간에 집중력을 오래 유지하기 어렵다면 지금 집중력이 어느 정도인지를 고려해 한 번에 20~30분 정도 집중하면 만족하고, 휴식 시간까지 포함해 총 5~6시간 정도 소요될 것이라고 현실적으로 달성할 목표를 세워보자.

오랜 미루기로 이미 몸과 마음이 지쳐버린 상태라면, 내면의 두려움을 탐색하거나 목표를 조정하는 노력이 어려울 수 있다. 만성 불면으로 시달리는 사람이 잠을 잘 생각만 해도 몸이 각성하고 긴장 하듯, 미루기가 만성화된 사람은 어떤 일을 해야 한다는 생각을 떠 올리기만 해도 몸과 마음이 긴장되고 자신감이 떨어지며 무기력해 진다. 앞 사례에서 이야기한 혜정 씨도 '엉망이어도 좋으니 할 수 있 는 만큼만 논문을 써보자'라고 스스로를 타일러도, 막상 책상에 앉 으면 가슴이 두근거리고 두통을 느끼다 버티지 못하고 키보드에서 손을 놓곤 했다. 몸이 일에 대한 불안과 두려움을 몸에 학습했기 때 문이다.

이럴 때는 인위적으로 몸과 마음의 긴장을 낮추는 활동을 하면 미뤘던 일을 시작하는 데 도움이 된다. 강도 높은 운동을 하기 전에 몸을 풀듯, 일하기 전에 마음을 풀어주는 것이다. 긴장된 마음을 적 절히 이완시키고 자신감·즐거움·활력을 주는 긍정적인 활동이면 무엇이든 좋다. 몸과 마음이 긴장했다는 신호를 자각했을 때 어디서 든 바로 이완을 시도할 수 있도록, 하기 쉬운 활동일수록 좋다(구체 적으로 이완하는 방법을 알고 싶다면 3부를 참조하자).

나 같은 경우는 긴 진료를 보거나 논문을 쓰기 전에 느리고 따뜻한 음악을 들으면서 호흡을 조절한다. 몇 가지 음악을 정해서 이완이 필요할 때 듣기를 1년 넘게 반복했더니 최근에는 자주 듣는 음악을 틀기만 해도 저절로 이완이 되며 곧바로 일에 집중할 수 있게 되었다. 어떨 때는 간단히 책상을 정리하거나 아로마 오일 향을 맡기도 한다. 마음이 복잡해지는 결정이나 행동을 해야 할 때에는, 잠깐 아이 사진을 들여다보거나 불안한 일들이 끝난 후 떠날 여행 계획을 잠시 생각하며 마음을 편안하게 한다. 이렇게 습관적으로 하는 '마음 풀기' 활동이 있으면 좋다. 꾸준한 '마음 풀기'가 체화되면 긴장과 불안을 낮추는 데 걸리는 시간이 점차 줄어든다.

단, 마음 풀기 활동은 15분 이내로 쉽게 할 수 있어야 하며 강박이 되면 안 된다는 점을 명심하자. 시간이 오래 걸리는 필기구 정리나 재미있는 영화 한 편 보기 등, 많은 시간이 소요되는 활동을 주된 마음 풀기 활동으로 삼으면 일을 시작하기도 전에 지칠 수도 있다.

매일 똑같이 움직이는
기계 같은 삶

권태로운 일상에
빼앗긴 활력

늘 걱정과 불안에 시달리며 일을 많이 하는 사람만이 지치는 건 아니다. 단조로운 일만 반복하는 일상 탓에 삶의 자극이 너무 적은 사람도 지루함과 공허함 때문에 힘들어한다. 활기와 활력을 잃고, 우울에 빠지거나 감정을 잘 느끼지 못하게 되기도 한다. 이런 사람들은 자신을 정해진 틀 안에서만 움직이는 기계 같다고 느낀다. 감정을 느끼고, 의사를 결정하고, 창조적이고 자율적으로 행동하는 주체로서의 자기self의 감각이 희박해지며, 자신과 세상을 냉소적인 시선으로 바라보게 된다. 이는 항상 같은 자리에서 장사하는 상인,

몇 시간이고 자리에 앉아서 매일 비슷한 업무에 같은 양식의 서류를 작성하는 사무직원, 데스크 뒤나 전화기 앞에서 하루 종일 같은 말을 반복해야 하는 서비스업 종사자에게만 해당되는 이야기가 아니다. 한 업계에서 10~20년 일하며 성공한 기업 대표나 의사와 변호사와 같은 전문직 종사자도 비슷한 고충을 겪는다.

"권태는 숙련의 증거다"라는 말처럼, 업무에 숙달되면 일할 때 생기는 긴장과 스트레스가 줄어든다. 하지만 그만큼 매너리즘에 빠지기도 쉽다. 훌륭한 외과 의사인 내 친구는 자조적인 목소리로 수술실이 '공장'이며 자신은 그 공장에서 일하는 '기계'로 느껴진다고 했다. 창문 없는 수술실에서 같은 수술을 하루 종일 반복하다 보니 자신이 이 일을 하는 이유가 희미해졌다고 말이다. 아무리 의미 있고 재미있는 일이라고 해도 몇 년씩 같은 일만 반복하다 보면 매일같이 그 의미를 되새기기 힘들어진다. "이렇게 사는 게 맞을까?"라며 변화와 발전이 없는(혹은 없다고 느껴지는) 자신에게 회의를 품게 된다. 게다가 나이가 들면 육체적으로 점점 더 피로해지기에 익숙한 일도 버겁게 느껴진다.

더 나은 내가 되고픈 마음 vs.
끈기라는 환상

한때 국내 서점가를 휩쓴 알프레드 아들러Alfred Adler의 심리학 이론에 따르면 인간은 '우월성'을 추구하는 존재다. 다시 말해, 누구에게나 자신의 부족한 부분을 보완해 좀 더 나은 사람이 되고자 하는 동기가 있다는 뜻이다. '우월성의 추구'는 단순히 누군가를 경쟁에서 이기려는 욕심이 아니라, 자신의 잠재력을 실현하고 더욱 완성된 모습으로 성장하고자 하는 욕구다. 쉽게 말해 자신을 부족한 '마이너스' 상황에서 좀 더 발전된 '플러스' 상황으로 끌어올리려는 것이다. 그런데 현실에서의 내 삶이 내가 추구하는 방향과 반대라면 어떨까? 시간은 흘러가고 세상은 역동적으로 변화하는데 나는 더 발전된 방향으로 나아가기보다 5~10년 전과 같은 모습에 그대로 머물러 있다는 느낌, 오히려 역행하고 있다는 느낌만 든다면 어떠하겠는가? 이럴 때 우리는 깊은 무력감과 좌절을 느끼며, 스스로에게 실망하거나 나라는 존재(혹은 자아, 혹은 존재 가치)에 의문을 품는다. 내가 내 삶에서 소외된 듯한 느낌이 들고, 심각해지면 발전하고자 하는 의욕 자체를 잃을 수도 있다.

누구나 마음속으로 이 단순한 사실을 알고 있지만, 많은 사람이 이를 무시하고 '반복적인 일이야말로 쉽게 할 수 있는데 힘들 게 뭐가 있느냐'라고 반문한다. 요즘 사회는 청년들에게 활력·자극·성취감을 주지 않는 일도 버티며 해내는 끈기인 '그릿grit'이 있어야 성공할 수 있다고 한다. 그래서 싫고 괴로운 일을 끝까지 버텨낸 사람에게 '성실성 하나만큼은 인정한다'라고 긍정적인 평가를 내린다. '지루해서 힘들어요'라는 말은 용납되지 않고, '배부른 얘기'를 한다고 비난한다.

이렇듯 익숙함이나 끈기에 대한 맹목적 환상에 붙들려 예전부터 해왔거나 과거에 잘했던 특정 역할에만 매몰되면 현재의 내 마음, 욕구, 내면의 잠재력을 들여다보지 못한다. 하지만 우리의 마음은 늘 역동적으로 변화한다. 과거의 나와 현재의 나는 각자 다른 욕구를 가질 수 있고, 삶의 의미를 달리 생각할 수도 있으며, 새로운 방식으로 행동할 수도 있다. 이 사실을 외면하면 하루하루를 숨 가쁘게 보내지만 정작 자신은 사라진다는 느낌, 진짜 '나'는 다른 곳에 있을 것만 같다는 느낌으로 고통받게 된다.

새로운 자극과 흥분을 찾다

이렇게 내게 활력을 주고 새로운 동기를 끌어내는 자극이 부족한 상태가 오래 지속되면 어떻게 될까? 일에 열정을 잃고 무기력해지며 수동적으로 변한다. 스스로 감정이 무뎌졌다고 느끼고, 주변 사람들도 나를 재미없고 감정도 없고 냉소적인 사람이라고 여기게 된다. 인간의 마음은 삶이 무너질 듯한 위기에서 불안을 느끼면, 자동적으로 위기를 방어하려는 행동을 취한다. 바로 텅 비어가는 나를 채워줄 새로운 자극을 찾는 것이다.

나는 전문의 자격증을 딴 후 3년간 같은 대학병원에서 임상 강사를 했는데, 그중 2년은 병원과 떨어진 외딴 건물의 연구실에서 거의 혼자 지냈다. 처음에는 번잡하고 소란스러운 병원 건물을 떠나 혼자 자유롭게 일할 수 있어서 좋았지만, 점차 고요한 연구실과 똑같이 반복되는 하루가 두려워졌다. 혼자 출근해서 쌓여 있는 메일을 읽고 답장을 쓰고, 연구 관련 일들을 묵묵히 처리하고, 혼자 밥을 먹고 논문을 쓰며 퇴근 시간이 되기를 기다리다가 집에 갔다. 내게 연구는 언제나 머리를 쥐어짜는 느낌이 들 정도로 어렵고 긴장되고 스트레스를 받는 일이었는데도, 매일 혼자서 자료만 들여다보고 있으니 연구가 힘들다기보다 오히려 지루하게 느껴졌다. '차라리 더 어려운 업무를 맡았으면 나았을까' 하는 놀라운 생각도 들었다. 이전에 다니던 직장보다 퇴근도 빨리 했고, 쉴 시간도 많았고, 몰래 늦잠을 자거나 점심시간에 출근해도 뭐라 하는 사람은 아무도 없었다. 그러나 나는 지쳐갔다. 아무리 오랫동안 플러그를 콘센트에 꽂아놔도 충전되지 않는 배터리가 된 듯했다.

아무리 업무를 해도 활력이 생기지 않으니, 직장 밖에서 활력을 얻을 만한 곳이 있을지 이곳저곳에 눈길을 돌리게 되었다. 그 당시에는 '내가 지쳤으니 다른 곳에서라도 활력을 얻어야겠다'라고 일부러 생각한 것은 아니었지만 자연스럽게 그럴 만한 곳을 찾고 있었다. 주말마다 아로마 테라피 수업을 듣고, 퇴근하고 새벽까지 비누와 화장품을 만들었다. 와인 냉장고에 아로마 오일을 채워 넣고 실험실 수준의 도구를 사들였다. 새벽 3시에 비누를 만들고 있는 나를 목격한 남편이 우스갯소리로 "섬뜩하니 제발 잠을 자라"라고 할 정도였다. 재봉틀을 사서 사용하지도 않을 파우치나 에코백 따위를 만들고, 엉뚱하게도 '소설 쓰는 법'이나 '개와 대화하는 법'을 다루는 책을 읽으며 직업을 바꾸는 상상을 하기도 했다. 술도 자주 마시러 다니고, 매일 조금이라도 흥분과 활기를 느껴보려고 발버둥을 쳤다.

이렇듯 권태로울 때 과거의 나처럼 업무와 관련 없는 취미 활동이나 새로운 흥분을 줄 만한 활동을 찾아 거기에 빠져드는 이들이 많다. 물론 이런 활동이 인생의 새로운 전환점을 찾는 계기가 되기도 하지만 말이다.

해로운 일로
도피하는 사람들

자신에게 별로 도움이 되지 않거나 결과적으로 후회만 일으키는 방향으로 자극을 추구하는 사람도 있다. 인터넷 쇼핑으로 사고 싶은 물건을 결제할 때의 흥분, 야식이나 단 음식을 먹으면서 일어나는 뇌의 각성 같은 짜릿한 감각을 찾는 이들이다. 한 대학원생은 1년 넘게 연구만 하다 보니 연구가 너무 재미없고 인생도 지루해져서 다 그만두고 싶다고 하며, 유일한 취미인 중고 거래에 몰두했다. 그는 '물건을 잘 팔았다', '잘 샀다'라는 성취감과 뿌듯함을 맛보기 위해 대출까지 받아가며 매일 중고 거래를 했다.

영·유아기에 양육자와 적절한 자극과 반응을 주고받지 못하고 성장한 사람은 만성적으로 공허한 느낌에 시달릴 수 있다. 이들은 타인보다 일상에서 더 쉽게 권태를 느끼고 더 극단적인 자극을 찾는다. 그래서 알코올·약물·도박처럼 쉽고 빠르게 자극과 흥분을 느낄 수 있는 물질과 활동에 의존한다. 성적 흥분 추구를 통제하기 어려워 진료실을 찾는 사람도 많다. 이들은 스스로 고통스러울 정도로 자위행위에 강박적으로 몰두하거나 여러 상대방과 성적인 만남을 하는 등 위험한 행동을 한다.

업무로 바쁜 생활을 하면서도 각종 사적 모임, 동호회 활동, 자기계발 활동 등 사회적 활동을 지나치게 병행하는 사람도 있다. 이들은 얼핏 보기에 활기에 가득 찬 삶을 사는 것처럼 보이지만, 대화를 나눠보면 사실 마음이 몹시 공허하고 결핍되어 있는 경우가 많다. 밖에서 다른 사람들과 활동할 때는 즐거움과 흥분을 느끼지만 일상으로 돌아오거나 혼자가 되면 외롭고 마음이 텅 빈 듯한 느낌에 빠진다. 그래서 혼자 있을 때의 공허감을 메우려고 자꾸 밖으로 나도는 것이다.

'헤어질 결심'보다 '변화할 결심'

우리는 권태로운 일상에서 탈출하는 영화와 소설에 열광하지만, 현실에서 일탈은 대부분 유효하지 않다. "그럼 다 때려치우고 마음이 가는 대로 하세요!"라고 말할 수도 없는 노릇이니까 말이다. 한여름 새벽에 땀을 삘삘 흘리며 뜨거운 비누 반죽을 틀에 부어대던 내게 "그렇게 일이 재미없으면 직업을 바꿔보시죠!"라고 쉽사리 말할 수는 없다. '시간을 되돌리고 싶다', '다 때려치우고 떠나고 싶다'라고 외치기만 하면 답을 얻을 수 없다. '매일 똑같은 일만 하고, 똑같은 하루를 보내고 있으니 정말 지친다. 그러나 먹고 살려면 이런 삶에서 벗어날 방법이 없다'라는 생각도 마찬가지다.

그보다는 내게 어떤 변화가 필요한지 모색하는 게 좋다. 구체적으로 어떤 변화가 필요한지는 사람마다 다르지만, 변화의 방향을 잡는 기본 원칙은 같다. 먼저 내가 권태로 지쳐간다는 상태를 자각하고, 좀 더 건강한 방식으로 즐거움과 흥분을 느낄 수 있는 활동을 찾는다. 그 다음 지금의 삶에서 '옆으로 한 발짝만' 가본다고 생각하자. 삶의 우선순위를 기존에서 조금만 조정하고, 성취감을 느낄 수 있는 활동을 찾아 단기적 목표를 세워보자. 먼저 다음 문장을 참고해 과거 · 현재 · 미래를 연결하며 내가 원하는 바를 구체화해보자.

- 내가 _____를 원해서, 혹은 _____ 필요에 의해서 _____ 일을 선택했다.
- 과거에는 _____한 측면에서 _____를 느꼈다.
- 이제는 _____한 측면에서 내가 정체되어 있거나 의미를 상실하고 있다고 느낀다.
- 나는 좀 더 _____을 느끼는 활동이 필요하다(혹은 하고 싶다).

앞서 이야기했던 외과 의사 친구의 경우를 예로 들면, '나는 '환자를 돌보는 일에 열정'이 있어 '의사'라는 직업을 선택했다. 과거에는 '타인의 생명을 돌보면서 돈도 벌 수 있는 일'이라는 측면에서

'보람'을 느꼈지만, 이제는 '매일 똑같은 업무와 피로'로 내가 정체되어 있다고 느낀다. 나는 좀 더 내 '자율성과 창조성을 느낄 수 있는' 활동을 하고 싶다'라고 명확하게 이야기할 수 있다.

많은 부모가 아이를 돌보며 겪는 '육아 번아웃'도 마찬가지다. 좋은 엄마라면 아이를 사랑하고 물심양면 육아에 헌신하는 데 뿌듯함을 느껴야 하는데 정작 자신은 육아에 점점 무심해지고 집안일에 손을 놓게 된다고 이야기하는 부모가 많다. 이때 의욕을 잃은 자신을 냉소적으로 바라보는 태도는 해결책이 되지 못한다. 그 대신 '육아는 내게 중요하고 꼭 해야 할 일이지만 아이만 돌보고 있으니 내 개인의 삶에는 발전이 없는 것 같다. 나는 이런 정체된 상황에 지쳤고 생기를 잃었다. 내가 중심이 되는 활동을 통해 즐거움과 성취감을 느끼는 활동을 하고 싶다'라고 말해보자. 내면의 욕구를 명확하게 자각하지 못한 채 단조로운 삶에 떠밀리듯 살면, 앞에서 언급했던 위험하거나 후회할 만한 자극 추구 활동에 빠져들거나 무모한 선택을 하게 될 수도 있다.

잠깐이라도 새로움을
채워줄 시간

내면의 욕구를 파악했다면 그 다음에는 좀 더 '살아 있다'라는 느낌, 자극과 성취감을 느낄 수 있을 활동을 찾아본다. 먼저 쳇바퀴처럼 쉬지 않고 돌아가는 일상을 잠깐이라도 멈춰보자. 하루 30분이라도 시간을 내어 온전히 내게 몰입해 나라는 사람을 탐구하는 시간을 가져보자. 과거를 돌아보고 내가 좋아하는 사람들을 생각해보며, 언제 내가 즐거움을 느끼고 어떤 활동을 하며 성취감을 느꼈는지 되짚어본다.

과거에 긍정적인 감각을 느꼈던 활동을 하는 시간을 일상에서 조금씩 늘리면서 기존의 정체된 삶에서 방향을 살짝만 틀어보자. 과거에 잠깐 즐겼던 취미 활동을 해도 좋다. 운동을 하며 오롯이 나만을 위해 몸을 움직이면 생각보다 큰 활력과 성취감을 얻을 수 있다. 나처럼 지적 노동을 하는 사람은 몸을 쓰며 눈에 보이는 결과물을 만들어내는 활동으로 큰 기쁨을 얻을 수 있다. 배움에 목말랐던 사람은 어학 공부나 독서 모임 참여 등 지식을 추구하는 활동이 새로운 자극을 찾는 데 도움이 된다. 직장에서 업무가 너무 단조로워 일에 흥미를 잃은 이들은 용기를 내어 새로운 업무나 도전적인 과제에 지원해보면 좋다.

처음부터 장기적이고 어려운 과제를 설정하기보다는 짧은 시간에 성취할 수 있는 단기적 목표를 차근차근 세우는 편이 더 효과적이다. 나는 에너지가 떨어질 때 쿠키를 굽는 등 뭔가를 만드는 활동을 하거나 요리를 배우러 간다. 그러다 보니 새로운 인연을 만나고, 다양한 사람들의 삶을 접하고, 발달장애를 가진 내 아이와 함께 훗날 카페를 차리는 꿈을 꿀 수도 있게 되었다. 이렇게 하루 10분, 일주일에 1~2시간이라도 삶의 방향을 조금씩 틀다 보면, 스스로도 몰랐던 새로운 잠재력을 발굴하거나 예상치 못한 기회를 얻을 수도 있다. 우연히 다른 직종에 있는 중요한 사람을 만나 새로운 직업을 찾을 수도 있다.

어제의 나와 오늘의 나는 같기도 하고 조금 다르기도 하다. '뭐라도 시작하면 세 달은 제대로 해봐야 한다'라는 생각 때문에 일상에 작은 변화조차 시도하지 않고 있는가? 그런 생각은 나중에 후회하거나 남한테 훈수를 둘 때나 하는 말이다. 잠깐 해보고 바로 그만둬도 좋으니, 보물찾기를 하는 설레는 어린이의 마음으로 최대한 이것저것 시도해보자. 그러다 보면 일상의 작은 변화를 통해 나만의 새로운 긍정 자원을 찾아내고, 삶을 새로운 방식으로 살아가는 구체적인 방법을 발견할 수 있다. 이 내용은 이어지는 3부에서 본격적으로 탐구해보자.

어떻게 해야 할지 몰라
좌절하는 사람

빨리 태어나지
않은 것이 한이다

요즘은 한 가지 영역에서 전문가가 되려면 과거보다 훨씬 더 많은 지식을 습득하고 더 오랫동안 기술을 갈고 닦아야 한다. 내가 의과대학에서 공부했던 20여 년 전보다 지금 의대생들이 공부해야 할 의학 지식의 양이 훨씬 많다. 몇 년 전에 우연히 요즘 의사국가고시 교재의 양이 놀랍게도 내가 고시 준비를 하던 시절의 두 배가 되었다는 것을 알게 되었다. 의과대학에 입학하기도 예전보다 몇 배나 어려워졌는데 공부할 양도 많아졌다니, 일찍 태어나서 졸업한 것이 어찌나 감사하던지!

내 진료실에 찾아오는 학생들도 하나같이 취업 요건이 점점 빡빡해지고 경쟁도 치열해지니 무조건 빨리 졸업하고 유망한 분야를 선택해서 경력을 쌓아야 한다고 이야기한다. 원래 대학생 시절은 사회인이 되기 전 '유예기'로, 특정 분야에 헌신하지 않고 여러 분야를 탐색하며 생산적인 활동을 하지 않는 것이 '공식적으로' 허용되는 시기다. 그러나 이런 의미는 퇴색된 지 오래다. 많은 학생들이 '이 거나 한번 해볼까' 하는 마음가짐으로 여기저기 기웃거리며 시간을 보내다 마지막 학년이 다가오고 취업할 때가 되면 패닉에 빠진다. 이미 준전문가 수준으로 스펙과 기술을 갖춘 친구들이 저만치 앞서 가고 있고, 뒤늦게 시작하려니 취업 진입 장벽은 높고 멀게만 느껴진다.

내가 진료실에서 학생들에게 수없이 듣는 말이 "이미 늦었어요", "무엇을 해야 할지 모르겠어요", "선생님이라면 어떻게 하시겠어요?"다. 충분히 고민할 긴 시간도 없이 인생의 행로를 결정지을 무거운 선택을 해야 한다는 압박에 짓눌리는 젊음이 애처롭다. "하고 싶은 것을 두루두루 경험하고 탐색하는 시간이 필요하다", "해보다가 안 되면 바꾸면 된다", "타인의 속도와 결정을 따라가며 살다가 더 크게 후회할 수 있다", "몇 달 후에 일을 시작한다고 인생이 망하거나 큰일이 생기지는 않는다"라고 말하는 내가 세상물정 모르는 소리나 하며 오히려 그들에게 상처만 주는 것은 아닌지 걱정될 때도 있다. "선생님은 의사니까 그런 걱정을 해본 적이 없으셨을 테죠!"
라고 말하는 학생에게는 말문이 막히기도 한다.

죽을 때까지
배워야 하는 피곤한 삶

이미 사회에 자리 잡은 사람이라 해도 앞으로 어떻게 살아야
할지 막막하기는 비슷하다. 얼떨결에 100세 시대를 맞긴 했는데, 이
토록 빠르게 변화하는 사회에서 한 분야에서 꾸준히 일한다는 게 가
능할까? 요즘에는 자의든 타의든 기존에 했던 일과 전혀 상관없는
분야로 직업을 바꾸는(그래야만 하는) 경우가 흔해졌다. 이런 시대에
서 살아남으려면 나이 들면서도 새로운 분야를 탐색하고 배우며 계
속 도전해야 한다.

게다가 이제는 새로운 기술을 계속해서 익히지 않으면 평범한
일상도 영위할 수 없는 시대가 되어가고 있다. 한번은 50대에 서울
대학교로 이직하신 교수님이 이직 후 우울증에 걸린 것 같다며 내게
상담을 요청한 적이 있었다. 그분은 집 앞에 걸어서 갈 수 있는 시장
이 없어 '새벽배송'이나 인터넷 결제를 이용해야 하는데, 그런 시스
템에 적응하기조차 힘들어 일상이 무너진 느낌을 받았다고 이야기

했다. 코로나19 팬데믹 기간에도 교수님들이 온라인 강의 시스템을 새롭게 익혀 사용하느라 받는 스트레스가 대단했다. 나 또한 마음속으로 '새로운 기술은 이제 그만!'이라고 외치곤 한다. 혼자 이리저리 독학하고 온라인 강의 운영 방법을 알려주는 워크숍도 들어보았지만, 부끄럽게도 나는 아직도 온라인 강의 관련 기능을 온전히 익히지 못했다.

이렇게 사회가 복잡해지고 전문화된 영역이 많아질수록, 소소한 생활 정보부터 업무 기술 익히기, 진로 선택 같은 인생의 중요한 결정까지 방향을 찾기 어려운 상황이 점점 많아진다. 경쟁률이 높은 사회는 구성원에게 한치의 실패나 착오 없이 더욱 완벽해지라고 요구한다. 이 때문에 역설적이게도, 사회가 고도화될수록 인간은 점점 불완전함을 느낀다.

험난한 세상에서 살아남는 법, 도움 주고받기

이런 세상에서 좌절에 빠지지 않고 살아가려면, 사회 구성원끼리 서로 돕고 협력해야 한다. 여럿이서 앞에서 끌어주고 뒤에서 밀어주며, 함께 집단 지성을 발휘해 문제를 해결해 나가는 힘이 필요하다. 내가 쉽게 하는 일을 잘하지 못하는 타인을 '노력이 부족한 사람'이나 '무능한 사람'이라고 생각하거나, 반대로 내가 잘하지 못할 때 자신을 뒤처진 사람이라고 탓하는 태도는 지양하는 게 좋다. 사람마다 가지고 태어난 능력은 모두 다르며 성장 환경에서 주어지는 기회에도 큰 차이가 있다. '노력과 의지'로만 누군가의 능력을 판단하는 건 매우 비현실적인 관점이다.

최근 학계에서는 조직 문화를 서로 돕는 관계helping relationship라고 정의한다. 다른 사람과 도움을 주고받지 못하는 사람은 시행착오와 실패를 더 많이 겪게 된다. 그 결과 좌절이 누적되어 일할 의욕이 사라지고, 내가 성장할 수 있다는 믿음과 자신감을 상실한다. 그래서 자기 같은 사람은 끊임없이 학습·도전·적응을 요구하는 삶을 감당할 수 없다고 느낀다. 극단적으로 부정적인 상태에 몰린 사람은 "저는 어차피 못 해요"라며 작은 변화도 거부한다.

이런 체념이 장기간 지속되면 스스로 해결할 수 있는 일도 방법이 없다며 포기해버리는 '학습된 무기력' 상태가 된다. 적절한 지도 없이 버거운 선행 학습을 따라가다가 공부를 포기해버리는 학생, 아무 도움 없이 맨땅에 헤딩하듯 갑자기 자립하기를 요구받는 청년, 전문 지식이 전혀 없는 부서에 배치 받아 자신감을 잃는 직장인, 가게에서 키오스크를 사용하지 못해 외출을 피하고 고립되는 노인 모두 이런 어려움을 겪는 이들이다.

도움을 요청하기
어려워하는 사람들의 특성

생각보다 다른 사람들과 도움을 주고받지 못해 적응 문제를 빈번하게 겪는 사람들이 많다. 자신에게 현실적인 도움이나 조언을 제공할 수 있는 사람들이 분명 주변에 있는데도, 비밀을 털어놓듯 진료실까지 찾아와서 어떻게 해야 할지 갈피를 못 잡겠다고 이야기한다. 주변 사람에게 한마디만 건네면 해결될 일인데 속으로만 앓고 있으니 그 모습이 의아하게 보이기도 한다. 이들이 좀처럼 도움을 요청하지 못하는 이유는 무엇일까?

이들은 타인이 나를 도울 의지가 없거나, 바빠서 시간이 없거나, 도울 능력이 없을 것이라고 속단하고 도움 요청을 포기하는 경향이 있다. 즉, 타인에 대한 신뢰가 부족하다. 이렇게 불신이 커진 데는 불안정 애착으로 대인관계 어려움을 겪는 사람이 많아지고, 경쟁적인 사회 분위기로 타인에 대한 경계심이 확산된 탓도 있다. 혹은 도움을 요청했다가 거절당할까 봐 두려운 마음도 있을 수 있다.

그러나 사람들은 도와달라는 요청을 받으면 생각보다 흔쾌히 손을 내민다. 이뿐만 아니라 자신에게 도움을 부탁한 사람을 이전보다 더 친밀하게 느끼며, 심지어 전혀 모르는 사람이나 몇십 년만에 연락한 오래된 지인의 부탁도 기꺼이 들어준다는 보고도 있다. 대부분의 사람들에게 누군가를 돕는 일은 자신의 가치·능력·선한 의지를 증명할 수 있는 좋은 방법이기 때문이다. 실제로 해결하기 어려운 문제 때문에 고민이라는 대학생들에게 선배·교수님·부모님께 도움을 요청해보라고 조언하자, 몇 달이나 고민했던 문제가 의외로 쉽게 풀려 더 이상 진료실을 찾지 않는 경우가 많았다.

지나치게 '자립'과 '독립'을 추구하고 '의존'을 나약함의 징조로 여기는 사람도 도움 요청에 갈등을 느낀다. 일과 육아를 혼자서 다 해내려고 애쓰는 워킹맘, 경제적으로 독립하려고 아르바이트를 무리하게 하다가 학업 실패로 자신감을 잃는 학생이 그 예다. '스스로 알아서 잘하지 못하는' 무능한 사람으로 비춰질까 봐 직장에서 같은 실수를 반복해도 어려움을 나누는 대신 홀로 끙끙대다 업무에 관해 지적을 받으면 조용히 일을 관둬버리는 사람도 있다. 이런 사람들은 순식간에 요령을 익히고 일에 적응하지 못하는 자신을 탓하고, 무언가를 할 줄 모른다는 사실에 수치심과 죄책감을 느낀다. 그러나 만사를 홀로 해내는 '독립'은 애초에 불가능하다. 우리에게 정말로 필요한 것은 성숙한 '의존'이다.

자신에게 무엇이 필요한지 몰라서 도움을 요청하지 못하는 사람도 있다. 일이 풀리지 않아 누가 좀 옆에서 도와줬으면 한다고 하면서도, 정작 "구체적으로 어떤 도움이 필요한데요?"라는 질문을 받으면 대답하지 못한다. 자신의 목표가 무엇이고 어디서 무슨 도움을 받으면 좋을지 분명히 표현하기 어려운 것이다. 이 경우에는 막연하게 도와달라는 말이 자칫 잘못하면 일이나 문제를 대신 해결하거나 결정해달라는 식으로 비춰지기 쉽다. 이런 도움 요청은 내가 아닌 상대방이 문제 해결의 주체가 된다. 어려움만 호소하면서 부탁이나 요청의 내용이 모호하면 상대방은 그 어려운 상황을 대신 해결해야 할 것 같은 압박감을 느끼고 돕기를 피하고 싶어진다. 때문에 도움이나 조언을 요청할 때는 구체적이고 명확하게 원하는 내용을 밝히는 것이 중요하다.

실질적인 도움을 요청하는 기술

나는 가끔 환자들과 누구에게 무엇을 어떤 방식으로 도와달라고 요청할지 함께 고민하기도 하고, 도움을 요청하는 메일을 같이 써볼 때도 있다. 그러다 보면 아주 똑똑한 이들도 상대방이 '개떡같이 말해도 찰떡같이 알아듣고' 자신에게 무엇이 필요한지 다 알고 도와줄 거라 기대한다는 사실을 알고 깜짝 놀랄 때가 많다. 이들은 자신의 요청 사항을 명료하게 말하기를 소홀히 하고도 "말해봤는데 도움을 받지 못했다. 소용없다"라며 한숨을 쉰다.

어떻게 도움을 요청해야 효과적일까? 도움을 요청하는 기술에는 여러 가지가 있지만, 여기서는 조직경영학 전문가인 웨인 베이커[Wayne E. Baker] 교수가 제시한 '스마트[SMART] 도움 요청 기술'을 소개한다. 다음 내용을 살펴보며 효과적인 도움 요청법을 알아보자.

도움을 요청하는 기술	내용	예시
구체적으로 specific	광범위하기보다 구체적인 요청일수록 실질적인 도움을 받을 확률이 더 높아진다.	**제 적성에 맞는 일을 하고 싶어요.** ⇨ 제 적성과 전공 분야를 살릴 수 있는 업무를 하고 싶습니다. 내년 상반기 인사 이동 때 마케팅 부서로 이동하고 싶은데, 좋은 방법이 있을지 의견을 여쭙고 싶습니다.
의미 있게 meaningful	요청 내용이 내게 얼마나 중요한지, 상대방의 목표나 가치관에 얼마나 합당한지 등 상대방이 보람을 느낄 만한 이유를 제시한다.	**교수님, 이 이론이 어려운데 설명 좀 부탁드립니다.** ⇨ 이 이론이 제 연구 결과 해석에 핵심적인데(내게 중요한 이유) 아직 제대로 이해하지 못하고 있습니다. 이 이론이 제 연구를 확장하는 데 많은 도움이 될 거라고 생각합니다(상대방의 공감을 살 수 있는 이유). 제가 이해하는 데 필요한 자료나 간단한 설명을 부탁드려도 될까요?

행동 지향적으로 action-oriented	요청의 명확한 목적과 더불어 상대방에게 어떤 행동을 요청하는지, 어떻게 나를 도울 수 있는지 그 행동을 구체적으로 말한다.	**이직하는 데 도움을 받고 싶어요.** ⇨ 동종 업계에서 이직해 안정적으로 자리 잡은 분들에게 조언을 듣고 싶습니다(목적). 지인을 소개받을 수 있을까요(행동)?
현실적으로 realistic	요청 내용이 현실적이어야 한다. 상대방이 대답하거나 받아들이기 불가능한 요청은 하지 않는 것이 좋다.	**선배님은 ○○회사에서 인정받고 있으니 저를 그 회사에 취업시켜주세요.** ⇨ 선배님이 다니는 회사에 취업하고 싶습니다. 성공 확률을 높이려면 어떤 점을 보강하면 좋을지 조언해주시면 감사하겠습니다.
기한과 함께 time-bound	부탁할 때는 마감 기한도 정해두자. '연말까지'나 '시간될 때'처럼 막연하게 부탁하면, 한없는 미루기로 서로 마음의 부담만 쌓여가다가 인연이 끊기는 수도 있다.	**시간될 때 이 보고서 좀 검토해주시겠어요?** ⇨ 오늘 저녁 6시까지(구체적인 기한) 보고서를 검토해주시겠어요?

이렇게 요청문을 구체적으로 표현하는 것 외에도 고려해야 할 요소가 한 가지 더 있다. 바로 상대방이 부정적이거나 무례하게 반

응해도, 혹은 내 도움 요청을 아예 거절해도 그 결과를 받아들일 마음의 준비다. 내게 상대방에게 도움을 요청할 자유가 있는 만큼 상대방이 내 요청을 거절할 자유도 있음을 수용하자. 이렇게 상대방의 의사를 존중해야 서로 부담 없이 지속적으로 도움을 주고받을 수 있다. 만약 도움을 받았다면 반드시 감사하는 마음을 표현하고, 향후 도움을 토대로 얻은 성과를 상대방에게 알려주자. 상대방에게 도움의 보람을 느끼게 하는 것도 도움의 순환을 이어가는 데 큰 역할을 한다.

꿈꾸지만 행동하지 않는
내게 지치다

높은 꿈과
초라한 현실 사이

"저는 지금 다니는 직장에서 개발자로서 경험을 쌓고, 최종적으로는 외국계 기업 엔지니어로 일하고 싶어요. 지금 회사가 너무 규모가 작기도 하고요. 저는 인공지능 관련 프로그램을 개발하고 싶은데 한국에서는 그런 일을 할 수 없거든요. 무엇보다 한번쯤 외국에서 살아보고 싶고요. 그런데 실제로는 아무런 노력도 하지 않아요. 외국에서 일하려면 많은 준비가 필요한데 말이죠. 이러는 제 모습이 답답하고, 자꾸 우울해지고 화가 나요. 아마 회사에서 제 평판도 나쁠 거예요."

IT 분야 스타트업 기업에서 일하고 있는 영훈 씨는 매일 출근하기가 괴롭고 지친다. 가끔 야근이 잦아 피곤할 때도 있긴 하지만, 그렇지 않은 시기에도 거의 매일 30분 이상 지각하거나 회의에 늦곤 한다.

그는 스스로를 사회 부적응자라고 여기며 삶에도 점점 자신감을 잃어갔다. 매일 밤 '내일은 일찍 출근해서 알찬 하루를 보내겠다'라고 결심하지만 막상 다음 날 아침이 되면 눈을 뜨고도 한참 후에야 겨우 몸을 일으킨다. 직장에서는 최소한의 주어진 일만 한다. 아침에 충동적으로 아프다거나 가정사가 있다는 핑계를 대고 결근한 적도 있다. 이런 자신이 수치스러우면서도, 직장이 변변치 못하고 자신이 진짜 하고 싶은 일을 하는 게 아니니 어쩔 수 없다는 생각도 들었다. 퇴근 후 프로그래밍 공부를 시도하고 관련 분야 책도 사봤지만, 막상 컴퓨터 앞에 앉으면 게임만 하게 되어 최근에는 이마저도 포기했다.

영훈 씨는 상상 속에서 글로벌 IT 회사에서 최고의 연봉을 받으며 자신처럼 유능한 동료들과 즐겁고 바쁘게 살아가지만, 현실에서는 하루 일과도 버거워 허덕이고 있었다. 꿈과 일상의 괴리가 커질수록 그의 마음속에는 절망감이 쌓여갔다.

영훈 씨처럼 마음속으로 목표를 품고 있지만 현실에서는 무기력한 상태에서 벗어나지 못하는 사람들이 많다. 본인이 바라는 미래가 있지만, 그에 합당한 현실적인 노력을 하지 못하는 자신 때문에 마음이 지치는 사람들이다. 꿈에 대한 공상에 빠져 순간적으로 의욕과 열정이 샘솟을 때도 있지만 잠시뿐이고, 이상에 비해 왜소한 자신의 모습에 끊임없이 자책한다.

이는 '꿈'의 기준이 너무 이상적이고 높거나, 꿈이나 목표 자체가 비현실적이고 자기과시적이기 때문이다. 어린아이가 '대통령'이나 '노벨상 수상자', '최고의 운동선수'처럼 이상적이고 다소 모호하거나 허황된 꿈을 품고 있더라도 이는 자연스러운 일이다. 그러나 성숙한 성인의 꿈과 목표는 명확한 현실과 자기인식에 기반해야 한다. 스스로에게 과대한 기대와 이상을 품으면 현실의 자신을 무력하고 별 볼 일 없는 존재로 여기게 된다. 또한 일상에서 작은 노력을 해봤자 높은 이상을 이루는 데 별 도움이 되지 않는다는 생각에 더 큰 무력감에 빠지기 쉽다.

꿈과 야망은 공감에서 태어난다

그렇다면 꿈과 이상은 어떻게 생겨나고, 꿈을 향해 나아가는 힘은 어떻게 자라날까? 이런 과정은 우리가 아주 어릴 때, 신생아일 때부터 시작된다. 갓 태어난 아기는 혼자서 생존할 수 없다. 아기가 울면 부모는 아이가 원하고 필요로 하는 것을 수용해주고 불안한 아이의 마음을 진정시켜준다. 아이는 마음껏 자신의 감정·욕구·소망을 드러내고 부모의 '공감적 반응'을 받으며 자기애적 욕구를 충분히 채운다. 정신분석학자 하인츠 코헛Heinz Kohut은 이런 부모의 역할을 **자기대상**^{selfobject}이라고 명명했다. 부모가 아이의 감정이나 욕구를 무시하지 않고 공감해주는 자기대상 반응을 충분히 할 때 비로소 아이의 '자기'가 형성되기 시작한다.

만 2세 무렵 어린아이의 '자기'에는 완벽하고 대단한 자신을 뽐내고 싶은 '과대 자기' 욕구와, 완벽한 존재(부모)와 함께하며 나도 그런 사람이 되고 싶다고 느끼는 '이상화' 욕구가 생긴다. 이 두 가지 욕구에 부모가 호의적으로 공감해주어야 건강한 자기 발달이 지속될 수 있다. 보호자에게 과대 자기의 욕구가 공감받으면 더 나은 사람이 되고자 하는 '야망'이 생기고, 이상화 욕구가 충분히 공감받으면 자신만의 건강한 '이상'이 형성된다. 건강한 야망과 이상은 자기실현과 성장에 꼭 필요하다. 야망은 좌절하지 않도록 우리를 뒤에서 밀어주고, 이상(꿈)은 앞으로 이끌어준다.

나를 뒤에서 밀어주는 힘, 야망

한 아이가 아빠에게 "나는 하늘을 나는 슈퍼맨이에요!"라며 자신을 과시하고 싶어한다. 이때 아빠가 "위험해서 안 돼!"라고 아이의 행동을 금지하거나 "네가 어떻게 날아"라고 무시하는 대신, 아이를 번쩍 들어주면서 "와! 멋지다. 슈퍼맨이 되었네. 최고!"라고 말해주었다고 해보자.

아빠는 아이의 과시적 욕구를 수용하고, 그 욕구가 가치 있고 좋은 것이라고 공감해주었다. 이때 아이는 양육자의 공감 어린 긍정적 반응 덕에 수치심이나 죄책감 없이 자기애적 욕구를 자연스럽게 표현하고 만족감을 누릴 수 있다. 이렇게 성장 과정에서 과대 자기에 대한 욕구가 양육자에게 적절히 공감받을 때 아이의 유아적인 자기과시적 욕구는 성숙한 자기애로 발달한다. 이러면 성인이 되면서 현실적인 자기주장과 야망을 키우고 즐길 수 있게 된다.

나를 앞에서 끌어주는 힘, 이상과 목표

아이는 부모를 언제나 나를 진정시키고 보호해주며, 엄청난 지혜·지식·친절함·강인함을 가진 완벽한 존재로 여긴다. 부모는 아이에게 미래의 이상이자 인생의 지침이다. 그래서 어린아이들은 아프거나 힘들 때 부모가 옆에 있지 않아도 '엄마'를 찾으며 울고, 부모가 모든 것에 대해 답을 안다고 여겨 부모에게 온갖 질문을 던진다. 이때 부모가 우는 아이를 품고 달래주고, 강인한 모습으로 안전하다고 느끼게 해주며, 지혜와 친절함으로 호기심에 반응해 아이의 이상화 욕구를 수용하고 공감해주면 아이는 그런 이상적인 부모와 함께하는 자신도 강하고 안전하다고 느낀다.

그러나 이렇게 부모를 따르던 아이도 성장하면서 점차 부모의 현실적인 한계를 경험할 수밖에 없다. 부모도 모르는 것이 있고, 아이가 아무리 이리 와달라고 불러도 언제나 아이 곁에 올 수는 없으며, 아이가 원하는 것을 다 해줄 수도 없고 문제를 다 해결해줄 수도 없다. 아이는 자연스럽게 부모가 예전에 자신이 생각했던 것만큼 이상적인 존재가 아니라는 사실을 깨닫고 점진적인 실망과 좌절을 겪는다. 대신 부모에게 기대했던 이상적인 특성(강인함, 현명함, 친절함, 진정시켜주는 힘 등)을 자기 것으로 받아들인다. 그리하여 성인이 되면서 타인에게 과도하게 기대지 않고도 스스로를 진정시킬 줄 아는 사람이 된다. 또한, 부모가 삶의 목표나 방향, 지침을 제시해주지 않아도 자신만의 건강한 이상과 목표를 찾을 수 있게 된다. 이처럼 이상화 욕구가 충분히 공감받으면서 점진적인 실망과 좌절을 겪을 때 건강한 이상이 형성된다.

최적의 좌절,
실패를 견디는 힘

이처럼 건강한 이상과 야망이 있는 자기가 발달하기 위해서는, 성장 과정에서 부모와 끊임없이 상호작용하면서 '나를 과시하고 싶은 욕구'와 '(부모처럼) 완벽한 대상과 함께하고 싶은 욕구'가 충분히 공감받아야 한다. 그러나 어떤 부모도 언제나 완벽할 수 없고 모든 걸 다 해낼 수는 없다. 때문에 아이들의 욕구는 필연적으로 좌절을 겪는다. 이때 비록 좌절이긴 하지만 아이가 감당할 수 있어 상처로 남지 않는 좌절을 **최적의 좌절**optimal frustration이라고 한다. 아이가 성장 과정에서 겪을 수 있지만, 부모의 적절한 수용과 반응으로 마음에 깊은 상처로 남지 않는 좌절이다.

예를 들어, 아이가 물건을 사달라며 분노발작을 할 때 부모가 더 크게 소리치며 아이를 때린다면 아이의 마음에 공포와 분노가 감당할 수 없는 상처로 남을 수 있다. 반면, 부모가 흥분한 아이를 품에 안고 따뜻하지만 엄격하게 훈육한다면 아이의 마음에는 물건을 갖지 못했다는 좌절감이 남을 수는 있지만 그게 깊은 상처가 되지는 않을 것이다. 오히려 흥분한 자신을 진정시켜주는 부모의 품 안에서 안전함을 느끼며, 원하는 것을 모두 가질 수 없다는 현실적인 한계도 좀 더 수월하게 받아들일 수 있다. 비슷한 다른 예로, 집안에 큰 경제적 위기가 닥치더라도 부모가 현실을 받아들이고 비교적 긍정적인 모습으로 새로운 삶을 시작하는 모습을 보인다면 아이도 경제적 어려움을 자기 나름대로 감당하며 어려운 시기를 견딜 수 있다. 그러나 같은 상황에서도 만약 부모가 술로만 세월을 보낸다거나 극심한 갈등이나 무기력한 모습을 보인다면 아이는 이 경험을 감당하기 어려운 좌절로 받아들일 것이다.

감당할 수 없는 좌절을 반복적으로 겪은 아이는 건강한 자기의 발달이 멈추고, 작은 실패나 좌절에도 쉽게 '멘탈이 부서지는' 사람

2부 유독 지치는 데는 이유가 있습니다

이 된다. 반대로 최적의 좌절을 겪은 아이는 크게 상처 입지 않는 건강한 자기가 지속적으로 발달한다. 즉, 자신·타인·사회의 현실적인 한계로 인한 적절한 좌절이 있어야 이를 극복하며 더욱 단단하고 현실적인 자신감과 자존감을 키울 수 있다. 이렇게 성장한 이들은 수없는 좌절의 연속에서도 현실적인 목표를 추구하고 야망을 잃지 않으며 앞으로 나아간다.

현실적인 이상과
미성숙한 이상

이렇듯 한 사람의 자기는 어린 시절 품고 있던 잠재력의 씨앗이 부모의 기대와 만나며 싹트고, 자기대상의 **공감**과 **최적의 좌절**을 겪으며 자라난다고 할 수 있다. 이 두 가지 요소가 부족하거나 불균형한 상태에서 성장했을 때 이상과 현실의 괴리가 생기기 쉽다. 성장과정에서 보호자의 공감 반응이 충분하지 않거나, 갑작스럽게 자기대상을 상실하거나, 학대나 방임처럼 심각한 수준의 좌절을 겪으면 자기가 취약해진다.

반대로 부모가 과도한 자기대상 반응을 보일 때도 문제가 된다. 아이를 과잉 칭찬·보호하며, 아이가 자기를 과시하려는 욕구나 과도한 이상과 가치를 드러낼 때만 반응하는 경우다. 이런 부모는 현실적인 고려 없이 아이의 모든 요구를 무리하게 수용하고, 아이에게 언제나 '대단하다', '네가 맞다', '원하면 다 가져야 한다'라고 이야기한다. 아이의 능력과 재능을 고려하지 않고 '무조건 성공'해야 한다는 이상을 제시하기도 한다. 또한, 아이들이 성장하면서 감당해야 할 실패와 좌절의 경험을 막고자 부모가 중요한 결정과 아이가 해야 할 일을 대신한다. 아이의 이력에 오점을 남기지 않으려고 잘못해도 책임을 회피하라고 가르치기도 한다. 이런 양육자 손에 자란 아이는 최적의 좌절을 겪지 못한다.

이렇게 공감을 받는 자기대상 경험이 부족하거나 과도해도 건강한 자기가 발달하지 못한다. 이들은 완벽한 '과대 자기'와 비현실적인 '이상'에 대한 유아적 욕구를 그대로 가지고 성인이 된다. 그래서 미성숙한 자기과시적 욕구나 허세, 비현실적인 목표와 기대를 버리지 못하고, 이상과 다른 현실 앞에서 쉽게 좌절감을 느낀다. 냉혹한 현실에 부딪히면 공포를 느끼고 무력해지며, 사소한 좌절에도 쉽게 자기가 사라지는 듯한 감각을 느낀다. 이들은 현실을 수용하면서 목표와 이상을 유연하게 조정하기도, 불안한 자신을 스스로 진정시키고 위로하기도, 좌절을 견디기도 어려워한다. 이 지난한 과정을 견디며 자존감에도 계속 상처를 입는 건 말할 것도 없다.

'포기'가 아니라
'거절'하는 법

이상과 현실의 괴리로 마음이 지친 이들은 보통 자신을 단순히 '게으른 사람'이라고 여기고, 목표를 이루게 해줄 마술 같은 해결책을 기대하며 진료실에 온다. 이들은 이미 '목표를 포기하고 네 능력에 맞는 꿈을 꿔라'는 식의 냉정한 조언에 마음에 상처를 많이 입은 상태다. 주변에서 이런 조언을 해줘도 생각보다 효과가 없다. 본인도 그 사실을 머리로는 알고 있기 때문이다.

이들에게 무엇보다 가장 필요한 것은 취약한 자기에 대한 자각이다. 내가 자신·타인에게 무엇을 바라고 있는지, 그러한 비현실적인 기대가 어떻게 일상에서 자신을 더 무기력하고 불안하게 하는지 먼저 살펴볼 필요가 있다. 다음 질문을 참고하며 내 마음을 조금씩 들여다보자.

- 내 진짜 두려움이나 취약점은 무엇인가?
- 내가 되고 싶은(꿈꾸는) 내 모습은 무엇일까?
- 지금 현실에서 내가 가진 목표는 무엇인가?
- 이 목표를 달성하기 위해 필요한 자원과 능력이 내게 있는가?
- 이 목표는 현실적으로 실현 가능한가? 아니면 공허한 마음, 열등감, 불

안을 피하거나 나를 과시하고 인정받고 싶은 마음에 가까운가?

- 이 목표를 생각하면 지속적인 열정과 의욕이 느껴지는가, 아니면 마음이 짓눌리거나 불안하거나 무력한 느낌이 드는가?

- 무엇이, 어떤 경험이 나를 비현실적인 목표와 이상으로 이끌었는가?

- 내가 진정으로 현실에서 원하는 것은 무엇인가?

이처럼 나를 향한 따뜻한 시선으로 고통스러웠던 내면과 취약한 자신을 들여다보고 수용하는 과정이 필요하다. 그러다 보면 내게 맞지 않는 꿈을 '포기'하는 게 아니라 '거절'하고, 좀 더 편안하게 현실적인 목표를 추구할 용기가 생긴다.

나를 수용하고
내 마음에 공감해주기

'어린 시절에 자기 성장이 다 끝났을 테니 이제 더 이상 변화의 여지가 없는 건 아닐까?'라고 지나치게 걱정할 필요는 없다. 성인이 되어서도 건강한 자기대상의 공감과 수용을 충분히 경험한다면 어린 시절에 중단된 자기 발달이 다시 시작될 수 있다. 코헛은 인간이 태어나면서부터 죽을 때까지 자신에게 공감하고 존재를 수용해주는 자기대상을 필요로 한다고 설명했다. 숨을 쉬려면 산소가 항상 필요하듯, 자기대상이 항상 곁에 있어야 자신의 정체성을 확인하고 건강한 자존감을 유지할 수 있다는 뜻이다. 특히 영훈 씨처럼 취약한 자기로 고통받는 사람의 경우는 자존감을 유지하기 위해 공감적인 자기대상 경험이 더욱 필요하다.

자기대상 경험은 바로 나를 아껴주는 가까운 친구, 서로를 인정해주는 직장 동료, 동고동락하는 가족 등 내 주변에 있는 사람들에게서 얻을 수 있다. 이들은 일시적·지속적인 자기대상으로서 기능한다. 힘든 유년 시절을 겪었다 해도 수용적이고 공감적인 인간관계가 충분히 있다면, 자기를 응집하고 더욱 성숙하고 단단한 사람으로 거듭날 수 있다. 그러면 이상에 미치지 못하는 자신을 좀 더 편안하게 받아들이고 좌절의 무게는 덜어낼 수 있다. 비현실적인 꿈만 쫓으며 괴로워하기보다 자신이 할 수 있는 것을 하면서 만족감을 느끼는 사람이 될 수 있다.

어린 시절 부모가 바로 옆에서 나를 돌봐주었듯, 꼭 특정한 타인이 항상 내 옆에서 자기대상의 역할을 해주어야 할까? 간혹 배우자나 연인에게 그런 역할을 요구하는 사람도 있지만, 성인의 삶에서 이런 관계는 현실적으로 적절하지 않다. 인간관계의 어려움 등 여러 현실적인 이유로 자기대상 경험이 막막하게 느껴진다면 전문가에게 심리 상담을 받는 것도 좋다. 나는 정신건강의학과 진료실에 찾아올 정도로 고통스럽지만 자신을 이해하고 좀 더 나아지고자 하는 의지가 있는 분들에게는 꼭 상담을 받으라고 권유한다.

성숙한 자기를 갖고 있는 사람은 특정한 인물이 아니더라도 일상 곳곳에서 다양한 자원을 찾아 자기대상으로 활용한다. 어떤 이들은 음악을 듣거나 미술 활동을 하면서 감정을 수용하고 편안함을 느낀다. 종교·봉사 활동을 하며 자신이 있는 그대로 소중하고 가치 있다는 느낌, 온전히 사랑받는 느낌을 만끽하는 사람도 있다. 머리를 어지럽히는 공상과 불안에 사로잡히는 대신 명상을 통해 현존하는 내 몸과 마음에 주의를 기울이며 현실을 살아가고 있다는 느낌을 회복하는 것도 좋다. 이를 통해 좀 더 쉽게 자기대상 욕구를 충족하고 세상을 더욱 만족스러운 곳으로 인식할 수 있다.

하고 싶은 것이 없어
삶이 공허하다면

인생의 방향을 잃고
표류하는 청년들

"저는 목표가 없어요. 이루고 싶은 것도 없고, 사는 의미가 뭔지 모르겠어요."

외모를 반듯하게 가꾼 대학원생 민희 씨는 '목표가 없어서 너무 힘들다'라며 진료실을 찾았다. 그가 대학원에 진학한 이유는 딱히 취업하고 싶은 마음이 없었기 때문이었다. 대학원생이 되기 전까지 그의 삶은 물 흐르듯 흘러가는 듯했고, 그는 막연히 앞으로도 자신의 삶이 그럴 거라고 여겼다. 그러나 정해진 공부가 아닌 자신만의 연구를 진행해야 하는 시기가 오자 난관에 부딪혔다. 그때서야 자신에게 관심 분야가 있기나

한 것인지, 애초에 왜 대학원에 왔는지 의문이 들었다. 돌이켜보니 그는 살면서 진정 하고 싶은 게 무엇인지 생각해본 기억이 없다고 했다. 어렸을 때는 좋은 성적 받기, 청소년기에는 대학교 입학을 목표로 했지만, 어디까지나 학교 선생님이나 부모님이 그래야 한다고 하는 말에 그대로 따른 것이었다. 그는 학부 전공을 선택할 때도 부모님의 권유를 따랐다.

민희 씨는 실험실에 습관처럼 출근은 하지만, '이 실험이 도대체 내게 무슨 의미가 있을까?', '이걸 왜 이렇게까지 열심히 해야 하지?'라는 생각에 의욕을 잃고 연구에 집중하지 못했다. 하기 싫은 마음과 다투느라 조금만 일해도 쉽게 지쳤다. 결과가 좋게 나오지 않아도 '아무 상관 없다, 어차피 다 관두고 싶다'라는 생각만 했다. 처음에는 연구를 힘들어하는 민희 씨를 최대한 도와주려 하던 동료들도 늘 찌푸린 표정에 수동적인 태도만 보이는 그를 점차 외면했다.

결국 그는 휴학하고 2년 넘게 집에서 지냈다. 아르바이트도 해보았지만 두 달을 넘기지 못했다. 그는 대학원 과정은 이미 실패했으며 대학원생 시절로 다시 돌아갈 수는 없다고 이야기했다. 하지만 앞으로 가고자 하는 방향을 몰라 그저 그 자리에 있을 뿐이었다.

경쟁이 치열해지면서 사회는 나날이 양극화되고 있다. 한쪽에는 과로사할 정도로 성공과 부를 차지하기 위해 맹렬하게 달려가는 사람들이 있는가 하면, 반대편에는 삶의 의미나 목표를 잃고 그저 표류하면서 사는 이들이 있다. 이런 현상은 경쟁은 치열해지고 기회는 축소되는 저성장 사회(미국·유럽·일본과 같은 고도 산업 사회 국가)에서 더 뚜렷하게 나타난다. 2023년 국제노동기구International Labour Organization, ILO는 전 세계 15~24세 청년(일명 'Z세대') 다섯 명 중 한 명이 니트NEET족에 해당한다고 밝혔다. 니트란 'Not in Education, Employment or Training'의 줄임말로, '교육받지 않고, 고용되지 않고, 직업 훈련을 받지 않는다'라는 뜻이다. 즉, 일하지 않고 일할 의지도 없는 이들을 가리킨다.

한국 사회에서도 요즘 초등학생들이 "하고 싶은 것이 없다"라거나 "아무것도 하지 않는 것이 목표다"라는 말을 아무렇지도 않게 한다. 부모들은 "시키는 것도 별로 없고 하기 싫으면 그만해도 된다고 하는데도 아이들은 항상 힘들다고 한다"라고 억울한 표정을 지으며 푸념한다. 통계에 따르면 부모에게 의존하며 사는 자녀('캥거루족')가 30~34세 인구의 50퍼센트 이상이며, 이 인구수는 매년 가파르게 증가하는 추세라고 한다. 이들 중 상당수가 니트족이 될 가능성이 있다.

요즘 부모들은 과거 어느 시대보다 양육에 관심이 많다. 그래서 어떻게든 아이에게 진로에 관한 흥미를 유발하고, 재능을 발굴하고, 미래를 향한 야망과 목표를 갖게 하려고 물심양면 노력한다. 그런데 왜 정작 아이들은 이른 나이에 저런 냉소적인 말을 쏟아내는 것일까? 과거보다 좋은 교육을 받고 더 풍요로운 환경에서 자랐는데도, 왜 사회적 정체성을 찾거나 의미 있는 목표를 추구하는 일을 두려워하고 거부하게 되었을까?

감당할 수 없는
실패의 충격

우리 사회에서는 대부분의 사람들이 아주 어릴 때부터 '돈을 잘 벌 수 있는, 사회적으로 인정받는 안정적인 직업'을 목표로 삼고 달려간다. 그런 모습이 마치 적진을 향해 무섭도록 돌진하는 군인들처럼 보일 때도 있다. 그러나 '안정적 직업'으로 가는 길은 애초에 매우 좁고 어렵다. 때문에 운 좋은 극소수를 제외하고 대부분의 청년들이 사회에 진출하는 과정은 혼란과 좌절의 연속일 수밖에 없다. 이 과정은 좋게 말하면 '방황'이고 조금 과장하면 '트라우마'다. 학업·대학 입시·취업·직장 생활 등, 청년들은 수많은 사회적 실패를 생애 초년기에 겪는다.

실패의 경험은 어떤 이들에게는 목숨을 앗아갈 뻔한 교통사고나 뼈아픈 상실보다 더 큰 공포과 고통으로 몸과 마음에 남는다. 많은 이들이 좌절을 경험하고 그 속에서 성장하지만, 어떤 이는 더 이상의 좌절을 겪고 싶지 않아 제자리에 웅크리고 아무것도 하지 않으려 한다. 이들에게는 불확실성 속에서 인생의 중대한 선택을 하는 것이 그 무엇보다 위험하게 느껴지기 때문이다. 그렇게 가족에게 의존하며 되는 대로 살거나, 자기도 모르는 사이 은둔 생활을 시작한다. 실제로 급증하는 은둔 청년들의 이야기를 들어보면, 대부분 사회와 집단에서 낙오되거나 버려진 사회적 실패 경험이 있다고 이야기한다.

내 것이 아닌
목표를 좇다

자신이 어디로 가는지도 모르고 남들이 하라는 대로 떠밀리듯 살다 지치는 이들도 많다. 그러다 문득 '내가 무엇을 위해 이러고 있지?'라는 생각이 들고, 이때까지 진정한 자신의 의지대로 살아오지 않았다는 사실을 깨닫고 삶의 방향을 상실하기도 한다. 심각한 연구실 근태 때문에 지도 교수 권유로 내 진료실에 왔던 한 학생은 일에 어떠한 흥미도 느끼지 못하고 공허함과 무기력함에 시달렸다. 내가 '학생이 정말 하고 싶은 것이 무엇인가요?'라고 묻자 그는 아예 다음 진료에 오지 않았다. 그 질문이 그에게 너무 낯설고 비현실적으로 느껴져 불안했던 모양이었다. 그는 2년 후 부모의 권유로 다시 진료실을 찾았지만, '아무것도 하고 싶지 않은 상태'에 대해 약 처방을 해달라고 하면서도 상담은 원치 않는다고 했다.

특히 민희 씨처럼 어릴 때 부모님이나 사회가 제시하는 목표대로 성취를 이어온 경우 이런 문제를 더욱 크게 겪는다. 이른 나이에 무언가를 시도했을 때 성공한 경험이 있으면, 그 일이 정말 내가 원하는 일인지 제대로 생각해볼 여유 없이 그 분야가 자신에게 맞는다고 생각하며 성장하기 쉽다. 즉, 그럭저럭 잘하니까 그 일이 내 적성에 맞고 내가 그 일을 원한다고 착각하는 것이다. 그러다 뒤늦게 내가 정말로 원하는 것, 하고 싶은 것을 진지하게 생각해본 적이 없다는 사실에 놀라 머릿속이 백지가 된다. 그러면서도 이때까지 왔던 길에서 방향을 쉽게 틀지 못한다. 그 길에서 벗어나면 과거에 이룬 성취의 의미가 없어지거나 자신이 무가치한 사람이 될까 봐 두렵기 때문이다. 이른 성취의 경험이 오히려 족쇄가 된 셈이다.

부모의 대리 선택 역시 자녀의 삶을 공허하고 무의미하게 만드는 심각한 문제다. 안전하고 가장 좋은 선택을 해준다며 자녀의 일상, 대인관계부터 진로까지 자녀가 살아갈 삶의 모든 결정을 대신 내리는 부모들이 있다. 이런 부모의 자녀는 스스로 선택하고 그 결과에 책임을 진 경험이 없어, 본인의 의지대로 결정할 수 있다는 사실조차 인지하지 못한다. 내 주변에는 심지어 자녀가 들어갈 대학과 전공, 수강할 과목, 동아리, 대학원 지도 교수까지 결정해주는 부모도 있었다.

인간은 자신이 타고난 독특한 잠재력을 실현해 정체성을 완성하려는 욕구를 가지고 태어난다. 그런 우리에게 삶의 방향 상실만큼 고통스러운 것도 없다. 인생은 매 순간 선택의 연속이다. 무언가를 선택할 때는 '이것을 하고 싶다', '이렇게 살고 싶다', '이를 위해서는 이것보다 저것이 좋다'라는 식으로 선택의 방향을 잡아줄 나만의 가치와 지침이 필요하다. 그런데 삶의 방향이 없다는 건 곧 나만의 지침이 없다는 뜻이다. 그러다 보면 "이렇게 사는 게 좋은 거예요?", "저는 이제 뭘 해야 하나요?"라고 타인에게 물어보며 그 지침대로 살아가거나, 아예 선택을 포기하기도 한다. 그러면 진짜 '자기'와 멀어지고, 삶을 통제할 수 있다는 자신감을 잃고 공허함과 불안에 시달리며 살아가게 된다.

내가 원하는 것을 알아가며 통제감 되찾기

이런 상태에서 벗어나고 싶다면, 먼저 삶에 대한 통제감을 조금씩 회복하는 것이 필요하다. '내일부터 ○○기업 입사를 목표로 구직 활동을 시작하겠어!'처럼 중요한(그러나 몹시 부담스러운) 결정을 단번에 하거나 거창하고 치밀한 목표를 세우기보다는, 일상의 작은 순간에서부터 **'나'를 기준으로 선택하는 습관**을 들이면 좋다. 다음 목록을 살펴보며 친절한 질문을 스스로에게 건네고 내 욕구에 귀를 기울이는 연습을 시작해보자. 일상의 작은 선택부터 시작해 삶을 바꾸는 선택까지 확장할 수 있는 질문이다.

- 지금 느끼고 있는 감정을 어떻게 표현할 수 있는가?
- 지금 무엇이 먹고 싶고, 어떤 음료가 마시고 싶은가?
- 지금 이 순간 내게 필요한 것은 무엇인가?
- 오늘 내가 입고 싶은 옷은 무엇인가?
- 오늘 내가 가장 좋아할 만한 활동은 무엇인가?
- 오늘 내가 편안함을 느낄 수 있는 공간은 어디인가?
- 오늘/이번 주에 하고 싶은 일이나 목표는 무엇인가?
- 오늘/이번 주에 내 기분을 좋게 하려면 어떤 활동을 하면 좋은가?
- 앞으로 내 일상을 더 편안하고 즐겁게 만들 수 있는 작은 실천으로 무엇이 있는가?

되는 대로 먹고, 집히는 대로 입고, 졸리면 아무 데서나 자면 내 의지대로 일상이 흘러가지 않는다. 오늘 입고 싶은 옷을 떠올려보고, 조금 더 내 취향을 고려해서 점심 메뉴를 고르고, 내가 편안하게 잘 수 있는 환경을 만들어보자. 그러면 나를 존중하는 작은 선택을 하고 행동에 옮기는 과정이 익숙해진다. 이렇게 내가 기준이 되는 선택이 편안해지면, 인생에서 더 크고 중요한 결정을 내릴 수 있는 자신감이 생긴다.

몇 가지 일상의 루틴을 만드는 것도 좋다. 하루 10분이라도 규칙적인 일과를 만들면, 집을 지을 때 기둥을 하나 더 세우듯 삶에 안정감을 주는 요소 한 가지를 더할 수 있다. 이렇게 조금씩 튼튼하게 만든 집은 자연재해처럼 불확실한 위험이 몰아치는 삶에서도 나를 안정적으로 지탱할 것이다. 특히 운동이나 산책과 같은 신체 활동은 10분이라도 꼭 넣자. 몸을 움직이지 않고 잔뜩 웅크린 채 긴장하는 자세는 마음을 더욱 불안하게 하고 위축시킨다. 활력 있는 움직임에 활기찬 마음이 깃들고, 차분한 몸에 편안한 마음이 깃든다. 마음을 바로 다스리기 어렵다면 몸부터 차근차근 다스려보자.

타인과의 관계에서 찾은
삶의 방향과 용기

길든 짧든, 누구나 살다 보면 자신이 부서질 것만 같은 좌절의 시기를 겪는다. 하고 싶은 것도, 할 수 있는 것도 없다고 느껴질 때가 있다. 그렇다고 방 속에서 웅크리고만 있으면 아무것도 해결할 수 없다. 가만히 있기만 하는 사람에게 어느 날 갑자기 삶의 지침이 내려오거나, 없는 능력과 목표가 뚝딱 생길 리 없다. 어떻게 해야 새로운 삶으로 나아갈 힘을 얻을 수 있을까?

역시, 사람이 필요하다. 우리는 타인과의 관계에서 교감하고 공감받으며 내 정체성과 욕구를 확인하고, 마음이 힘들 때 위로를 받고 앞으로 나아갈 힘을 얻는다. 좀 더 정확히 이야기하면 앞에서 설명한 자기대상(자신을 있는 그대로 수용하고 공감해주는 대상)이 필요하다. 특히 삶의 방향을 잃고 이리저리 표류할 때는 더욱 그렇다. 실제 사람이든 소설이나 영화 속 인물이든 관계없이, 내가 위로받고 용기를 얻고 삶의 방향에 대한 영감을 받을 수 있다면 그 사람이 바로 내게 중요한 자기대상이다.

내가 진료실에서 만나는 수많은 환자들도 내게 중요한 자기대상이다. 환자들이 마음의 고통 속에서도 자신을 돌보고, 내면을 들여다보고, 자신의 새로운 모습을 발견해나가는 과정은 의사인 내게도 큰 용기를 준다. 책 속에서 자기대상을 만난 적도 많다. 나는 어렸을 때부터 '내가 지금 뭘 하고 있는 거지? 이 길이 맞나?'라는 혼란스러운 마음이 들 때면 자서전을 읽었다. 내가 좋아하고 존경하는 이들이 우왕좌왕하며 좌절과 결핍으로 고통받는 인생사를 지켜보면,

그것만으로도 혼란과 고통을 겪는 같은 인간으로서 공감받는 느낌이 들었다. 그 덕에 스스로에 대한 수치심과 자괴감, 비탄에 빠지지 않고 '있는 그대로의 나'를 수용할 수 있는 용기가 생겼다. 나아가 이런 내가 진정 무엇을 원하는지 차분하게 생각해볼 수 있는 마음의 여유도 생겼다. 나보다 먼저 세상을 살다 간 수많은 이들이 내 자기대상이 되어준 셈이다.

내가 가진 가치와 이상을 이해하고, 삶의 고비를 헤쳐 나가는 지혜를 가르쳐줄 '멘토'도 꼭 필요한 자기대상이다. 나와 같은 고통을 겪고 있거나 겪어봤던 이들, 나보다 한발 앞서 사회에 진출한 선배나 스승, 내 고민을 이해해주는 상담가들 모두 멘토가 될 수 있다. 나 역시 위기의 순간에 기꺼이 시간을 내어 아낌없이 지혜를 나눠주고 조언해주는 고마운 멘토들이 있다. 이런 멘토를 만나고 싶다면 내 좌절과 방황을 부끄럽게 여기거나 스스로를 비난하지 않고, 내가 먼저 도움을 요청할 수 있는 용기가 필요하다.

꼭 무엇을 가르쳐주거나 정확한 방향을 제시해주지 않아도, 조건없이 나를 지지해주는 타인이 있다면 그 존재 자체만으로 큰 힘을 얻을 수 있다. 이들은 내가 살아갈 가치가 있으며 무엇이든 할 수 있는 잠재력을 충분히 지닌 사람임을 일깨운다. 또한 위기에 처한 영혼에 심폐소생술을 해주기도 한다. 심리학자 에미 워너Emmy E. Werner는 1955년부터 40년간, 실업자와 알코올·마약 중독자 등 사회 부적응자가 넘치고 범죄율도 높았던 하와이 카우아이 섬에서 아이들을 관찰했다. 그 결과 놀랍게도, 가장 열악한 환경에서 자랐던 고위험군 아이 중 3분의 1은 오히려 건강하고 모범적인 성인으로 성장했다. 이들의 공통점은 바로 조부모·친척·성직자·교사·친구 등, 주변 인간관계 중에서 자신을 조건 없이 믿어주고 지지해주는 사람이 최소 한 사람 이상 있었다는 사실이었다. 이들이 극단적으로 혼란스러운 환경에서도 자신의 잠재력을 발휘하고 성장할 수 있었던 것은 바로 주변 사람들과의 따뜻하고 공감 어린 교류 덕분이었다.

과거의 시간과 경험은 어떤 식으로든 몸과 마음에 흔적을 남기고 현재의 삶에 영향을 미친다. 그러므로 몸과 마음이 왜 이토록 지쳐 있는지, 내게 필요한 휴식이 무엇일지, 앞으로 삶의 방향을 어떻게 조정해야 할지 고민된다면 나만의 고유한 과거사와 현재의 의미를 연결하고 이를 깊이 있게 이해하는 과정이 꼭 필요하다. 지금까지 2부에서는 내 몸과 마음의 작동 방식을 이해하는 데 도움을 줄 다양한 사례와 지식을 소개했다.

이제 본격적으로 '잘 쉬고, 잘 노는' 능력을 기를 차례다. 이어지는 3부에서는 쉬는 능력을 점검하고 평범한 일상에서 긍정적인 경험을 늘리는 방법부터, 몸과 마음이 위기에 처했을 때 빠르게 대처해 평온함을 찾을 수 있는 방법까지 실용적인 휴식 방법을 소개하

려 한다. 그 전에 먼저 내가 얼마나 지쳤는지 자각하는 과정부터 시
작해보자.

3부

탄탄한 휴식과 함께, 단단해진 삶으로

4장

마음의
기초체력을 올리는
휴식

일상에서 경험하는 긍정적인 감정의 범위는 사람마다 다르다. 뿐만 아니라 '쉬는 능력', 필요에 따라 스스로를 깊고 고요하게 이완시키거나 즐거움과 활력을 불어넣을 능력도 사람마다 차이가 있다. 따라서 내게 꼭 맞는 휴식을 설계하고 싶다면, 내 쉬는 능력을 점검하는 게 좋다.

이 장에서는 감정과 감각을 자각하는 것부터 시작해 쉬는 능력을 점검할 것이다. 그 다음으로 평범한 일상에서 긍정적인 경험을 늘려 쉬는 능력을 확장하는 방법을 소개한다. 나아가 몸과 마음이 무너지고 흔들릴 때 따뜻하게 자신을 위안할 수 있는 활동도 함께 설명한다. 일상에 휴식을 녹이고 작은 변화를 통한 즐거움을 추구하는 과정을 시작해보자. 나를 지치게 하는 삶의 불필요한 긴장을 줄이고, 좀 더 평온하고 만족스러운 나날을 보낼 수 있을 것이다.

마음챙김,
내 상태를 자각하는 첫걸음

휴식은 내 상태를
알아차리는 데서 시작한다

제대로 쉬려는 노력이 확실한 효과를 발휘하려면 지금 이 순간 몸에서 어떤 감각이 느껴지는지, 마음에 무슨 생각과 감정이 떠오르는지 명료하게 알아차릴 수 있어야 한다. 가능한 말로 표현할 수 있다면 더욱 좋다. 그래야 지금 나에게 무엇이 필요한지 알고 효과적인 대처 방법을 선택할 수 있기 때문이다.

그러나 나를 포함한 대부분의 사람들은 현재의 자신에 주의를 기울이는 대신 미래의 목표와 앞으로 해야 할 행동에 초점을 두고 살아가는 데 익숙하다. 아침에 일어나자마자 하루 일정을 확인하고, 그 다음 해야 할 일들을 떠올리며 하루를 보낸다. 자기 전에는 하루 동안 했던 일을 반추^{rumination}하고 평가하며, 내일·이번 주·올해 할 일을 걱정하고 계획한다. 이렇게 매 순간을 '내가 어떻게 존재하는가(내가 무엇을 경험하고 있는가)'보다 '무엇을 해야 하는가'에만 몰두하며 살아가다 보면, 내 존재 경험(감정이나 감각)은 무시당하기 쉽다. 그래서 많은 이들이 몸과 마음에 적신호가 켜지고 목표 지향적인 활동을 할 수 없는 지경이 되어서야 뒤늦게 자신의 상태에 주의를 기울인다.

안타깝게도 심각한 질병에 걸릴 때까지 몸의 이상 징후를 느끼지 못하거나, 우울증이 악화될 때까지 마음이 얼마나 지친 상태인지 모르는 사람들이 정말 많다. 자신의 몸과 마음을 제대로 보호할 줄 모르는, 그야말로 무방비 상태로 살아가는 것이다. 제대로 쉬고 효과적인 방식으로 자신을 돌보려면 먼저 본인의 상태를 명료하게 자각하는 능력이 꼭 필요하다.

이 장에서는 내게 깨어 있는 방법, 즉 지금 이 순간의 경험(생각·감정·신체 감각 등)을 알아차리는 방법인 **마음챙김**^{mindfulness}을 소개한다. 나아가 마음챙김으로 불편하고 힘든 상황에서 빠져나와 긍정적인 감정과 감각을 불러일으키는 과정도 함께 설명한다. 이렇게 이야기하면 마음챙김이 힘들 때만 활용하는 일종의 치료법이라고 생각할 수도 있다. 그러나 마음챙김은 삶을 새로운 시각으로 보고 새롭게 경험하며, 나와 나를 둘러싼 이 세상의 본질을 더욱 크고 깊게 이해하는 경험이다.

내 마음을 관찰하는 힘,
마음챙김

마음챙김이란 지금 이 순간 느껴지는 감정과 감각에 의도적으로 주의를 기울여, 좋고 나쁨을 판단하지 않고 있는 그대로 자각함을 뜻한다. 현재 상태와 경험을 알아차리는 쉽고 효과적인 방법이다. TV 속 하얀 화면에 내 마음을 투영하며 관찰한다고 생각하면 이해하기 쉽다. '관찰하는 나'는 TV와 일정한 거리를 두고 '경험하는 나(생각·감정·충동 등)'를 주의 깊게 바라본다.

우리는 TV를 보면서 어떤 장면이 인상 깊다고 해서 화면 속으로 뛰어 들어가지 않는다. 그런데 특정한 감정(특히 부정적인 감정)이나 상념(걱정, 후회 등)이 일어나면 그 안에 깊이 빠져들어 몇 시간씩 헤어 나오지 못할 때가 있다. 이는 마치 TV를 보다가 화면 속으로 뛰어 들어가 밖으로 빠져나오지 못하는 것과 같다. 즉, 감정이나 특정 생각에 매몰되어 '관찰하는 나'가 사라진 상태다.

'관찰하는 나'는 '이런 감정은 나쁘다'라거나 '이런 생각을 해서는 안 된다'라는 식으로 떠오르는 감정과 감각을 판단·평가하거나 무시하지 않는다. 대신 마음을 그저 고요하게, 있는 그대로 바라본다. 마치 높은 산에 올라 하늘에 수많은 구름들이 흘러왔다가 사라지는 모습을 바라보는 것과 같다.

이렇게 내면에서 어떤 일들이 일어나고 있는지 넓고 열린 시야로 바라보며 자각하는 자세를 **깨어 있는 알아차림**이라고 한다. 깨어 있는 알아차림은 마음챙김의 핵심이자 본질이다.

마음챙김의 뇌과학

뇌과학 연구에 따르면, 마음챙김을 꾸준히 훈련하면 뇌 기능에도 변화가 생긴다. 마음챙김 명상은 1979년 만성통증 환자들을 위한 스트레스 감소 프로그램으로 개발된 이후, 우울증·공황장애·불면증·섭식장애·강박증 등 다양한 정신 질환의 중요한 치료 기법으로 확장되어 널리 이용되고 있다. 마음챙김은 자기인식을 높이고 공감 능력을 증진할 뿐만 아니라, 마음이 습관적으로 방황하는 빈도를 줄이고 자기중심적인 생각에서 벗어나도록 돕는다. 또한, 전두엽 기능도 활성화해, 집중력과 주의 조절 능력을 향상시키며 목표 지향적인 활동으로 주의를 전환하는 데 효과적이라고 알려져 있다. 마음챙김 명상 훈련은 뇌 노화 방지에도 효과가 있다. 뇌 겉부분에 있는 회백질은 감각·기억·감정·의사결정 등 다양한 인지 기능을 담당하는 부위인데, 노화에 따라 두께가 점차 얇아진다. 그러나 마음챙김 훈련을 꾸준히 하면 이 회백질이 위축되는 속도가 감소한다.

이런 정신건강·뇌건강 증진 효과 덕에 마음챙김은 2000년대 이후로 비즈니스와 교육 분야로 확장되어, 글로벌 기업들의 직장 내 정신건강 관리 프로그램의 핵심 요소가 되었다. 2014년에는 마음챙김이 '마음챙김 혁명: 멀티태스킹과 스트레스로 가득한 문화에서 집중을 추구하는 과학'이라는 제목으로 〈타임〉 표지에 오르기도 했다.

만약 여러분이 스트레스 관리를 위해 비싼 영양제·침구·인테리어·마사지 등에 지나치게 많은 돈을 투자하고 있다면 마음챙김 훈련을 시작해보기를 바란다. 마음챙김 명상에 활용하기 좋은 모바일 애플리케이션도 많고, 훈련에 유용한 책·동영상·강의도 쏟아져 나오고 있다. 처음에는 어색하고 낯설어서 어려운 활동이라고 느껴질 수도 있지만, 두려워할 필요 없다. 마음챙김은 어린이부터 거동이 불편한 이들까지 누구나 연습을 통해 쉽게 익힐 수 있다. 지금까지 익숙했던 방식을 잠깐 내려놓고, 새로운 시선으로 내 마음과 삶을 바라볼 약간의 용기만 있으면 된다.

일상 곳곳에
긍정을 불어넣는 법

여유 시간에 제대로 쉬려면 '놀고 쉬는 능력'이 필요하다. 놀고 쉬는 능력이란 다양한 긍정적인 감정과 감각을 골고루 느끼고 즐기는 능력이다. 이 능력을 통해 우리는 깊은 이완·따뜻함·고요함과 같은 낮은 각성부터 즐거움·활력·열정과 같은 높은 수준의 각성까지 다양한 감각을 경험할 수 있다(이는 이 장의 후반부에서 자세히 설명한다).

2부에서 소개한 지친 이들은 여러 이유로 긍정적인 감정과 감각을 느끼는 능력을 잃었거나 성장 과정에서 그런 느낌을 충분히 경험하지 못한 사람들이다. 이들은 쉬거나 즐길 수 있는 기회와 여건이 주어져도 온전히 쉬기 어려워한다. 만약 늘 조급하고 예민하며 긴장을 풀지 못하는데다 깊은 이완을 느낀 경험도 부족한 사람이라면, 소파에 눕거나 따뜻한 욕조에 몸을 담가도 편안함을 느끼기 어려울 것이다. 아무리 푹신한 침대에 누워도 마음 편히 쉴 수 없었던 20대 때의 나처럼 말이다. 매사에 불안해하며 지나치게 부정적으로 미래를 예측하는 사람이라면, 남들이 재미있다는 것들을 열심히 따라 해봐도 충분한 즐거움과 기쁨을 느끼기 어려울 수 있다. '지금 이렇게 웃고 있을 때야?'라며 자꾸 불안한 생각이 침투해서 즐거움을 앗아가며, 몸을 긴장시키기 때문이다.

이럴 때 마음챙김을 하면 내가 현재 무엇을 경험하고 있는지 명확하게 자각할 수 있을 뿐만 아니라, 내게 필요한 긍정적인 감정과 감각을 유도해 부정적인 상태에서 빠져나는 데 무척 큰 도움이 된다. 6년차 직장인 영호 씨의 사례를 살펴보며, 일상에 마음챙김을 어떻게 접목할 수 있을지 살펴보자.

영호 씨는 일주일에 두세 번 야근하는 삶에 지칠 대로 지친 상태였다. 여러 가지 프로젝트를 한꺼번에 진행하면서도 일 처리에 집중하지 못해 어느 하나 완전하게 마무리하지 못했다. 항상 많은 일을 해야 한다는 생각에 조급해했고 쉽게 화를 냈다. 그는 상담 중에도 자꾸 주위를 두리번거리며 일 이야기에서 아내 이야기, 상사 이야기 등 여러 가지 주제로 대화를 쉴 틈 없이 빠른 속도로 이어갔지만 정작 자신에 대한 이야기는 잘 하지 못했다.

마음챙김 훈련을 시작한 그는 긴장될 때마다 호흡을 가다듬고 차분하게 마음챙김을 시도했다. 그러자 곧 자신이 주로 '말하지 않고 조용히 멈추어 있는 시간'을 불편해한다는 사실을 깨달았다. 편한 친구와 있어도 잠시 이야기가 끊겨 조용해지면, 심장이 두근거리고 어깨가 긴장되며 말하거나 움직이고 싶은 충동을 느꼈다. 그래서 대화에 집중하기보다 '사람들을 즐겁게 해야 해', '저 사람은 무슨 생각을 하고 있지?',

'어떤 대답을 하지?' 등의 생각이 두서없이 떠오른다는 사실도 알아차렸다. 이 때문에 친구와의 만남을 온전히 즐기지 못하고, 아무런 목적 없이 느긋하게 함께 시간을 보내며 쉬기가 어려웠다.

영호 씨는 이완된 감각에 머무르는 마음챙김 훈련을 하기로 했다. 먼저 '5분 동안 소파에 누워 조용히 이완하기'를 시작했다. 나는 그의 이완을 돕기 위해, 촛불을 서서히 끄거나 바람개비를 불듯 깊고 천천히 숨을 내쉬면 좋다고 호흡법을 알려줬다. 그는 호흡에 주의를 기울이며 (호흡을 통한 마음챙김을 하며) 마음에 떠오르는 감각·감정·생각을 알아차리려고 했다. 그러자 문득 어린 시절 저녁마다 "시간 낭비하고 있네"; "할 일 다 했어?"라고 자신을 꾸짖었던 아버지의 목소리가 문득 떠올랐다. 또한 '조용히 각자 일만 하는 숨 막히는 직장'과 '상사의 눈초리'가 떠오른다는 사실도 알아차렸다. 동시에 불안하고 답답한 감각, 손톱으로 손가락 끝을 꽉 누르고 싶은 충동과 몸이 긴장되는 느낌을 함께 자각했다.

이렇게 마음속에서 일어나는 감각·감정·생각을 알아차리면서 그는 성급하게 자기를 비난하는 생각과 초조함에 빠져들지 않을 수 있었다. 대신 천천히 호흡하며 '괜찮아. 지금은 쉬어두어야 해'; '나는 쉴 권리가 있어'라고 스스로에게 말할 수 있었다. 훈련을 거듭하며 그는 점차 더 긴 시간 동안 이완을 즐길 수 있게 되었다. 말하거나 움직이고 싶은 충동이 무심코 일어날 때는 눈에 따뜻한 수건을 살짝 얹는 상상으로 충동을 자제할 수 있었다.

이외에도 그는 휴식 시간에 고요하게 이완하는 감각에 머무르기 위한 다양한 시도를 해보았다. 그 결과 영수 씨는 부드러운 이불에 몸을 감고 따뜻하고 폭신한 촉감에 주의를 기울이며 쉬거나, 공원 벤치에 앉아 자유로이 움직이는 새들을 바라보며 차분한 시간을 보낼 수 있게 되었다.

몸의 감각으로 만드는
고요한 마음속 공간

만약 마음이 폭풍 속에 갇힌 듯 흔들린다면, 어떻게 그 폭풍에서 빠져나와 현재의 자신을 고요히 바라볼 마음의 공간을 만들 수 있을까? 바로 **지금 이 순간 몸에 느껴지는 감각에 주의를 집중**하면 된다. 다음과 같은 신체 감각을 활용할 수 있다.

- **호흡**: 숨을 들이쉬고 내쉬는 감각, 코끝이나 가슴, 배처럼 호흡이 느껴지는 신체 부위.
- **귀로 들리는 소리**: 방안의 소음, 새소리, 바람 소리 등.
- **눈에 보이는 사물**: 화분, 책상 위의 물건 등.

- **코에 느껴지는 향기**: 차나 커피의 향기, 식물의 향기 등.
- **피부로 느껴지는 감각**: 물건의 촉감, 엉덩이가 의자에 닿는 느낌, 발바닥이 땅에 닿는 느낌 등.

이런 신체감각은 좋거나 나쁘다는 감정·생각을 불러일으키지 않는 중립적인 감각이다. 그 감각에 천천히 마음의 닻을 내리고 거기에 주의를 기울여보자. 현재의 감각에 가볍게 집중하면서, 이 순간 일어나는 생각과 감정을 그저 그대로 놓아두고 관찰한다. 이렇게 신체 한 부위에 집중하는 것만으로도, 흙탕물의 흙이 바닥으로 가라앉고 물 전체가 맑아지듯 혼탁했던 마음이 고요해짐을 느낄 수 있다.

신체감각 중 **호흡의 감각**은 '주의를 정박시키는 닻'으로 가장 많이 사용되는 감각이다. 마음챙김을 처음 접하는 이들이 가장 먼저 연습하는 쉽고 기초적인 명상이 바로 호흡 명상이다. 호흡은 생명력의 원천으로, 우리 몸은 24시간 쉬지 않고 호흡 활동을 한다. 때문에 호흡의 감각을 활용하면 시간과 장소에 구애받지 않고 언제든 필요할 때 '마음의 닻'을 내릴 수 있다.

게다가 호흡은 자율신경계를 조절하는 데 매우 효과적인 방법이기도 하다. 들이쉬는 숨에 가볍게 주의를 기울이면 약간의 활력과 각성을 느낄 수 있고, 길게 내쉬는 숨에 주의를 기울이면 부교감신경계가 자극되며 몸이 이완되어 마음의 안정을 찾는 데 도움이 된다. 나도 길고 긴 진료 시간 전에, 긴장되는 발표나 강의를 시작하기 전에, 논문 쓰기처럼 스트레스가 많은 작업을 하는 도중에 언제나 짧은 호흡 명상을 하며 마음을 차분하게 다스린다. 호흡에 가만히 집중하다 보면 마음이 이리저리 방황한다는 사실을 알아차릴 수 있을 것이다. 그러면 다시 호흡에 주의를 기울이며 흩어진 마음을 모은다. 이것이 바로 '깨어 있는 알아차림'이다. 다음 내용을 참고해 간단한 호흡 명상을 연습하며 알아차림의 감각을 일깨워보자.

3분 호흡 명상을 통한 알아차림

편안하게 앉아서 눈을 감습니다. 배에서 턱까지, 위로 지퍼를 올리듯 등과 어깨를 곧게 편 후 몸에 힘을 풀고 부드럽게 합니다. 편안하면서도 위엄 있는 자세입니다.

숨을 들이마시고 내쉬면서 자연스러운 호흡을 느껴봅니다. 호흡이 잘 느껴지는 곳이 코끝일 수도 있고, 입이나 가슴일 수도 있습니다. 그곳에 주의를 집중하며 숨이 들어오고 나가는 것을 느껴봅니다.

숨을 들이마시며 폐를 통해 온몸이 맑고 깨끗한 숨결로 가득 차는 감각을 느껴보세요.

숨을 내쉴 때는 입을 살짝 벌리고 천천히, 길게 내쉽니다. 내쉬는 숨에 나를 괴롭히는 상념과 걱정, 몸의 긴장감까지 함께 내보냅니다.

자연스럽게 호흡하면서, 계속해서 숨이 들어오고 나가는 느낌을 알아차립니다.

'지금 호흡을 잘하고 있다', '못하고 있다'라는 생각이나 평가 없이, 현재 숨 쉬고 있는 그대로 내버려둡니다. 그저 파도가 들어왔다 나가는 것처럼 자연스럽게 말이죠.

이렇게 하다 보면 걱정과 잡념, 못 다 한 일, 공상 등이 시시때때로 떠오를 것입니다. 이럴 때는 '마음'이라는 것이 원래 그렇게 나타났다 사라지는 것임을, 방황하는 것임을 자각합니다. **자신의 마음이 무엇으로 인해 산만해졌는지 알아차리고, 편안하게 호흡으로 주의를 다시 되돌립니다.** 호흡이 우리를 지금 여기, 현재의 순간에 다시 머물게 할 것입니다. 계속해서 부드럽고 자연스럽게 호흡하면서, 들어오고 나가는 숨을 가만히 알아차립니다.

호흡 명상을 하는 동안 무엇을 관찰했는가? 떠올린 내용을 간략하게 써보자. 명상에 대한 의구심·조급함·답답함·체념이 일어날 수도 있고, 편안함·배고픔·통증의 감각이 느껴질 수도 있다. 명상이 끝나면 무엇을 할까 하는 생각이 떠오르는 사람도 있을 것이다. 이 모두가 자연스러운 현상이다. 중요한 건 호흡에만 집중하는게 아니라, 호흡에 주의를 기울이는 동안 이런저런 생각과 감정이 떠올랐음을 알아차리는 것이다. '잡생각을 하지 말아야 해'와 같은 상념을 억누르려 애쓰거나 한 가지 생각에 시간 가는 줄도 모르고 빠져들지 말고, 그 상념들을 '그저', '거리를 두고' 관찰하자. 그렇게

내 안에 일어나는 감각과 감정에 조금씩 익숙해지며 진정한 휴식을
향한 첫걸음을 내디뎌보자.

마음챙김으로 일깨우는
생생한 일상의 감각

내가 '자동 조종 모드'로
살아온 것은 아닐까?

베트남의 승려이자 평화운동가인 틱낫한Thích Nhat Hanh은 마음챙김에 대해 이렇게 말했다.

떠오르는 아침 해를 바라볼 때, 마음을 모으고 의식을 집중할수록 떠오르는 해의 아름다움이 더 잘 보인다. 지금 향기롭고 감미로운 차 한 잔을 손에 들고 있다고 상상해 보자. 마음이 흩어져 있으면 차 맛을 제대로 즐길 수 없다. 차에 마음을 모으고 의식을 집중해야 한다. 그래야만 차가 제 향과 맛을 보여 줄 것이다. 마음챙김과 집중이 행복의 원천이 이유가 여기에 있다. 그렇게, 훌륭한 수행자는 언제 어디서나 행복하고 기쁜 순간을 창조할 수 있다.

이렇게 자신의 감각에 깨어 있고 그 상태를 알아차리는 법을 익히면, 평범하고 익숙한 대상도 특별한 즐거움과 평안함을 주는 대상이 될 수 있음을 깨닫는 힘이 생긴다. 그러면 '바로 지금, 여기'에 존재하는 기쁨과 행복을 온전하게 누릴 수 있다. 뿐만 아니라 나 자신이나 다른 대상을 고요하게 지켜볼 수 있기에 무언가를 바라보는 주의력이 좋아지고, 대상을 지켜보는 순간과 그 본질을 더욱 명료하게 기억하게 된다.

반면, 마음이 방황하며 현재에 대해 깨어 있지 못한 상태에 머무르면 늘 하던 일을 아무 주의력 없이 자동적으로 반복하기 쉽다. 그러면 하루 종일 바쁜 일과를 처리하고도 뭘 했는지 기억하지 못한다. 머리와 몸이 멋대로, 따로 움직이는 **자동 조종**autopilot 상태에 빠진 것이다. 머릿속은 두서없이 과거와 미래를 오가는 각종 상념들로 가득 차 있거나 멍하니 있어서 현재에 주의를 기울이지 못한다. 몸은 그냥 원래 일하던 대로 자동적으로 움직인다. 그래서 어제 몇 시에 퇴근했는지, 아침에 먹었던 음식이 무슨 맛이었는지 떠올리지 못한다. 운전하며 집에 와서도 그날의 날씨나 귀갓길의 풍경을 기억하지 못하고, 책을 다 읽고도 무슨 내용인지 기억하지 못한다. 심지어 다른 사람들과 대화하다가도 방금 자신이 무슨 말을 했거나 하려고 했는지, 상대방이 무슨 말을 했는지조차 잊어버린다. 이렇게 '자동 조종' 상태에서 일상을 살아가면 삶에 대한 만족도가 크게 떨어지며 몸과 마음의 피로가 심해진다.

게다가 연구에 따르면, 마구잡이로 떠오르는 생각은 일부 창조적이고 즐거운 몽상으로 이어지기도 하지만, 3분의 2 이상은 불쾌하고 부정적이거나 중립적인 생각으로 흘러간다. 때문에 내 마음이 방황할 때 이를 알아차리고 현재의 순간에 집중하면, 부정적인 생각과 감정에 빠져드는 시간이 줄어 스트레스를 덜 느낄 수 있다. 그러니 마음챙김을 일상에서 꾸준히 연습해보자. 자동 조종 상태에서 벗어나 일상의 피로를 줄이고 좀 더 온전한 휴식의 감각을 느낄 수 있을 것이다.

언제 어디서든 쉽게
일상에서 마음챙김 연습하기

마음챙김을 특정 환경에서 엄숙한 자세로 하는 종교적 명상이라고 오해하고 어려울 거라고 생각하는 이들이 많다. 하지만 마음챙김은 특정 '행위'라기보다는 '지금, 여기'에서 내가 느끼는 경험에 열린 마음으로 주의를 기울이는 '태도'에 가깝다. 무엇을 하든 우리가 온전히 그 순간에 주의를 기울이며 떠오르는 생각·감각·감정을 알아차리려고 한다면, 그게 곧 마음챙김이다. '먹기'처럼 일상적인 단순한 행위라도 그 앞에 마음챙김을 넣어 **마음챙김** ○○**하기**라고 이름을 붙이고('마음챙김 먹기' 등) 그 행위를 하며 느껴지는 감각에 집중하면 그 행동이 곧 마음챙김이 된다. 이런 식으로 일상에서 언제 어디서든 쉽게 마음챙김을 연습할 수 있다.

예를 들면, 나는 음료를 마시는 걸 좋아해서 커피나 차를 자주 마시는데, 이때 짧게라도 감각에 주의를 기울이며 마음챙김을 한다. 먼저 천천히 찻물을 따르며 그 물줄기를 바라본다. 찻물의 색이 시시각각 달라지는 모습을 눈으로 보고, 향을 맡고, 살짝 입술과 혀로 맛을 본다. 입안이 따뜻해지면서 목 안으로 차가 흘러 넘어가는 느낌에 주의를 기울인다. 답답하고 무기력할 때는 차가운 자몽에이드를 삼키고, 외롭고 허전할 때는 따뜻한 코코아를 홀짝인다. 물론 음료를 벌컥벌컥 마시는 재미도 있지만, 맛도 제대로 보지 않고 너무 빠르게 들이켜고 나면 언제나 아쉬움이 크다. 그래서 음료를 천천히 보고, 듣고, 맛보고, 향을 맡으며 그 순간 느껴지는 몸의 감각에 주의를 기울인다.

이렇게 즐겁게 음료를 마시다가도 '지금 몇 시지?', '다음에 해야 할 일이 뭐지?'라는 생각이나 조급하고 초조한 느낌이 반갑지 않은 친구처럼 찾아올 때도 많다. 그러면 '방금 이런 생각이 떠올랐네', '심장이 살짝 두근거리는구나' 하고 내 몸과 마음에서 일어나는 일을 그대로 알아차린 후, 다시 마시던 차에 주의를 기울이면 된다.

이런 식으로 마음챙김을 일상 곳곳에서, 언제 어디서든 할 수 있다. 걸으면서, 운동하면서, 산을 오르면서, 밥을 먹으면서, 양치질이나 샤워를 하면서, 운전하면서, 대화하면서 그 순간 몸에 느껴지는 감각에 주의를 기울이자. 짧게라도 온전히 그 감각에 집중해보자. 내 몸과 마음이 무엇을 경험하고 있는지 깨어 있는다면, 바쁜 일상 속에서도 나를 온전히 챙기는 작은 틈을 얼마든지 발견할 수 있다.

마음챙김 기다리기:
일상의 지루함을 작은 즐거움으로

우리가 일상 속에서 가장 힘들어하는 순간, '기다림'의 순간을 떠올려보자. 우리 대부분은 '기다리다 지친다'는 느낌을 경험해본 적이 있다. 특히 한국 사회에서는 시간을 낭비하지 말아야 한다는 믿음, 빠름과 바쁨에 대한 신봉이 크기 때문에 서두르는 습관이 체화된 사람이 많다. 그래서 약속 장소에서 누군가를 기다릴 때, 버스정류장·매표소·상점에서 줄을 설 때, 메시지나 메일 회신을 기다릴 때 쉽게 불안해지고 화가 나기도 한다. 기다림이 길어질수록 기다려서 얻는 결과에 대한 만족스러움도 작아진다. 기다리는 시간을 쪼개서 메일을 확인하고 미뤄둔 일을 처리하기도 하지만, 이렇게 대처하면 순간적으로는 안도감이나 뿌듯함을 느낄 수 있어도 긴장감은 누적된다.

이때 스마트폰으로 무의미한 딴짓을 하거나 초조해하는 대신 그 순간을 좀 더 편안하고 즐겁게 보내는 방법이 없을까? 바로 이럴 때가 마음챙김으로 지금의 아름다움을 알아차리는 연습을 해볼 최적의 기회다. 즉, 이 시간을 활용해 **마음챙김 기다리기**를 해보는 것이다. 먼저 호흡에 집중하며 몸과 마음을 고요하게 한다. 그리고 주변에서 주의를 기울일 대상을 하나 선택해 내 마음과 주변에서 일어나는 현상을 있는 그대로 관찰한다. 다음 내용을 참고해 '마음챙김 기다리기'를 시작해보자.

마음챙김 기다리기

편안하게 앉아 척추를 세우고 몸의 긴장을 풉니다. 만약 서 있다면, 천천히 팔을 앞뒤로 흔들면서 제자리걸음을 걸으며 몸의 긴장을 풀어봅니다. 눈을 천천히 여러 번 감았다 뜨며 눈 주위 근육과 얼굴을 부드럽게 합니다. 조용히 자신의 호흡을 느껴봅니다.

이제 바라보았을 때 편안하고 긍정적인 느낌을 주는 대상을 주변에서 하나 선택합니다. 가로수의 나뭇잎, 지평선이나 창문 밖 풍경, 하늘 위 구름, 새, 화분, 어항 속 물고기, 그림이나 사진, 좋아하는 소지품 등 무엇이든 좋습니다.

그리고 그 대상을 지긋이 응시해보세요. 대상의 색깔, 향, 소리, 움직임, 빛에 따른 변화, 촉감 등 모든 감각을 관찰합니다. 마치 세상에 태어나서 처음 접하는 것처럼, 편견 없이, 호기심을 가지고 바라봅니다.

이때 마음에서 어떤 생각이 불쑥 떠오를 수도 있고, 아무런 생각이 없을 수도 있습니다. '잘 집중하고 있나?', '지루해', '빨리 내 순서가 왔으면……'과 같은 생각들이 떠오를 수도 있겠죠. 그 생각을 그냥 내버려두세요. 그 생각 자체에 몰두하지만 않으면 이런 생각들은 그저 떠올랐다가 사라질 것입니다. 이렇게 생각이 생겨났다가 사라지고 때로 흩어지기도 하는 것은 자연스러운 일입니다. 그저 마음이 어디에 가 있는지 알아차리고, 다시 원래의 대상에 부드럽게 주의를 기울이세요.

또다시 마음이 흩어진다는 사실을 알아차렸나요? 아주 잘하고 있습니다. 바로 이것이 '깨어 있는 알아차림'입니다. 다시 부드럽고 천천히 처음 대상으로 주의를 돌리면 됩니다.

명상을 끝냈다면, 다음 질문에 하나씩 답해보며 명상하는 동안 떠오른 생각·감정·감각을 말이나 글로 정리해보자.

• 무엇을 바라보았는가?

- 마음챙김을 하기 전과 후, 주변이 조금 전과 비교했을 때 그대로인가? 아니면 변화가 있는가?
- 변화가 있다면, 어떤 변화가 있었는가?
- 관찰하던 대상에서 새롭게 발견한 속성이 있는가?
- 어떤 생각들이 주로 떠올랐는가?
- 몸에서 어떤 감각이 느껴졌는가?
- 감정은 어떻게 변화했는가?
- 시간은 더디게 흘러갔는가, 평소보다 빠르게 흘러갔는가?

마음챙김으로 알아차린 점을 표현하고 정리하는 과정은 자동적으로 떠오르는 사고의 패턴을 인식하고 감정을 조절하는 데 큰 도움이 된다. 사람마다 마음챙김을 하면서 습관적으로 일어나는 고유한 생각의 패턴이 있다. 나는 어떤 종류의 마음챙김을 하든 매번 '내가 잘하고 있나?'라는 생각이 떠오르고, 이를 잘 알아차리지 못하면 '얼마나 연습을 더 해야 하지? 과연 효과가 있을까? 왜 나는 이것도 못할까?'와 같은 생각이 꼬리를 물고 이어지는 패턴이 있다. 어떤 사람은 '이게 언제 끝나지? 끝나면 뭘 하고, 그 다음에는…… 내일은……'과 같은 흐름으로 생각을 떠올린다. 바로 이런 생각의 흐름이 '자동 조종 모드'에서 활성화되는 사고 패턴이다. 마음챙김을 하는 도중 이런 생각 패턴이 일어났을 때 그 사실을 재빨리 알아차리면, 방황하는 마음에 빠져들지 않고 다시 현재의 감각에 집중하며 몰입하기가 점점 수월해진다.

또한, 마음챙김을 하며 느낀 감정의 변화를 언어로 표현해보는 활동을 시도하면 감정에 거리를 두고 관찰하기에 점차 익숙해진다. 즉, 감정이나 감각을 언어로 표현하는 것 자체가 (보통은 부정적인 생각과 감정을 불러일으키는) 습관적인 사고 패턴과 감정을 관찰하는 능력을 향상시킨다. 자연히 마음챙김의 효과도 훨씬 커지고, 감정에 휘둘리지 않고 평온한 마음을 유지하기 수월해진다.

마음챙김 일하기: 성과 때문에 불안해하는 나를 다스리기

일을 둘러싼 우리의 상념은 참으로 복잡다단하다. 맡은 일을 잘하고 싶으면서도 한편으로는 하고 싶지 않기도 하다. '내가 들인 노력이 무용지물이 되지 않을까', '결과가 좋지 않으면 어쩌지', '내가 계획대로 잘할 수 있을까' 하는 불안과도 싸워야 한다. 일의 결과나 보상이 충분할까 하는 걱정에 사로잡히면, 일을 시작하기도 전에 화부터 나며 의욕이 꺾이거나 조급해지기도 한다.

만약 이런 걱정이 일하는 내내 마음을 어지럽힌다면 어떨까?

이는 마음이 일에 머무르지 못하고 일의 바깥만 맴도는 상태다. 습관처럼 하던 일을 하고 회의에서 발언도 하지만, 집중력이 평소의 절반 이하로 떨어지는 바람에 상세한 업무 내용이 생각나지 않거나 실수가 많아진다. 회의에 누가 참석했었는지, 내가(혹은 다른 참석자가) 무슨 말을 했는지, 추후 계획을 어떻게 잡았는지 기억하지 못할 수도 있다. 이런 상태가 바로 **자동 조종 일하기** 상태다.

이 일을 할 가치가 있는지, 나는 이 일을 할 수 있는 능력이 있는지, 대가가 정당한지, 이 일이 내게 맞는지 등 내가 하는 일의 가치를 평가하는 건 일을 시작하기 '전'이나 '후'에 신중하게 판단해야 할 문제다. 일단 일을 시작했다면, 그리고 그 일을 반드시 해야 한다면, 일 그 자체에 온전히 주의를 기울이며 몰입해야 한다. 바로 **마음챙김 일하기**가 필요한 때다. 다음 내용을 살펴보고 일하다 집중하기 어려울 때 마음챙김 일하기로 주의력을 다스려보자.

마음챙김 일하기

앉은 상태에서 몸을 좌우로 천천히 움직이며 편안하면서도 바른 자세를 취해봅니다. 그 다음 깊게 숨을 들이쉬고, 천천히 내쉽니다.

몸의 긴장이 풀리면, 호흡을 의식적으로 조절하지 않고 자연스럽게 내쉬면서 호흡의 감각에 주의를 기울여봅니다. 코끝·입·가슴·배 등 신체 여러 부위 중 호흡이 잘 느껴지는 한 곳에 주의를 기울입니다.

이제 일을 시작합니다. 일하는 중에 초조함·불안·두려움·분노 등 여러 감정이 떠오를 수 있습니다. 그때마다 그 감정을 알아차리고, '이런 감정이 떠올랐다'라고 마음속으로 말하며 잠시 멈추었다가, 다시 하던 일로 주의를 돌립니다.

일의 가치를 평가하거나, 남의 일과 내 일의 성과를 비교하거나, 결과에 대한 걱정하거나 불평하는 생각이 떠올라도 그런 생각에 집착하지 않습니다. 그저 '이런 생각이 떠올랐다'라는 사실을 알아차린 후 가만히 흘려보냅니다. 마치 구름이 하늘을 지나가는 것처럼, 새가 날아왔다가 하늘을 가로질러 사라지는 것처럼 자연스럽게 지나가도록 합니다.

그런 후 다시 현재의 작업에 부드럽게 주의를 기울입니다. 이 일을 시작한 나를 믿고, 일 자체에만 전념합니다. 일을 둘러싼 생각·판단·감정 등 일 바깥에서 맴도는 마음을 거두고 오로지 작업의 과정에 몰두합니다.

특히 멀티태스킹을 많이 하는 사람일수록 마음챙김 일하기가 필요하다. 내가 일하면서 가장 괴로운 순간은 읽은 내용이 기억나지 않는 때였다. 교수라는 직업상 연구를 하느라 논문이나 책을 읽어야 할 때가 많은데, 항상 시간을 10~20분 단위로 쪼개 급하게 읽거나 그마저도 중간에 다른 일을 처리해가면서 읽어야 했다. 그러다보니 읽는 순간은 내용을 이해하는데 며칠만 지나면 읽었다는 사실조차 기억하지 못하기도 했다. 창피하기도 하고, 걱정도 됐다. 내용을

모니터로 빠르게 훑으며 보는 것이 문제인가 싶어 종이에 논문을 출력해서 보기도 하고, 문장에 밑줄을 치며 읽기도 했다. 독서법에 대한 책도 사서 읽고, 아예 체념하고 '필요할 때마다 다시 읽지 뭐'라고 생각하기도 했다.

그러던 어느 날 **마음챙김 읽기**를 해보자는 생각이 번뜩 떠올랐다. 이후 일할 때 필요한 글을 읽으면서 마음챙김을 해보았다. 그러자 '내용을 머리에 넣어야 해', '집중 잘하고 있나?', '빨리 읽고 다음 일을 해야 해', '피곤해'라는 생각이 뒤죽박죽 떠오른다는 것을 알아차렸다. 초조함, 머리와 어깨가 조이는 느낌, 심장이 조금씩 빨리 뛰고 숨을 참고 있는 느낌도 들었다. 눈으로 글자를 빠르게 훑어보고 '그렇구나' 하고 넘어갈 뿐, 긴장된 몸과 산만한 마음 때문에 내용을 숙고하기 어려웠다.

나는 느린 음악을 들으며 의식적으로 심박수와 호흡을 조절하고, 주기적으로 몸의 감각에 주의를 기울이며 자세를 편안하게 했다. 불안·초조함·잡념이 떠오르면 '안 돼'라고 부정적으로 평가하거나 나를 비난하기보다, 몇 초간 호흡의 감각에 집중한 후 다시 읽기로 주의를 돌렸다. 그러자 이전보다 집중이 잘되고 기억에 남는 내용이 많아졌고, 긴장과 피로감은 줄었다. 이제는 산만한 생각이 들면 '어떤 생각이 떠올랐다'라고 알아차리고 호흡과 자세를 가다듬은 후 '다시 집중'이라고 속으로 되뇌며 몰입하기가 수월해졌다.

환자와의 대화에도 더 집중할 수 있는 것은 물론이고, 하기 싫은 잡다한 일처리를 할 때도 꾸물대는 일이 줄었다.

덜 스트레스 받고, 더 집중하며, 더 건강하게

우리는 이제 어떤 행위를 할 때, 마음을 챙기며 '깨어 있는' 상태로 하면 그 일에 더 집중할 수 있을 뿐만 아니라 편안함이나 기쁨과 같은 긍정적인 감정과 감각을 느끼기도 쉬워진다는 사실을 알았다. 잘해내고 싶은데 집중하지 못하고 엉뚱한 데 마음을 빼앗긴 채 오랫동안 일을 붙들고만 있는가? 하기 싫거나 두려워하는 일을 해야 하는 순간이 있는가? 어차피 해야 하는 일이라면 스트레스를 조금이라도 덜 받으면서 집중하고 싶은가? 그렇다면 '마음챙김 일하기', '마음챙김 공부하기', '마음챙김 독서하기', '마음챙김 대화하기'처럼 '마음챙김' 뒤에 내가 해야 하는 일의 이름을 붙이고 일하는 마음을 차분하게 바라보자. 같은 일을 해도 효율성이 높아지고 피로감이 줄어들며, 나를 번아웃으로 몰아가는 스트레스의 무게를 덜어내는 데 도움이 될 것이다.

- 일을 시작하기 전, 몇 초라도 호흡에 주의를 기울여 마음을 가다듬는 '워밍업'을 하고 자세를 편안하게 한다.
- 무엇에 주로 주의를 기울일 것인지 정한다.

  걷기: 발바닥의 감각, 다리 관절의 움직임, 후각, 질감 등.

  독서: 읽는 책의 글자, 내용.

  대화: 상대방의 표정, 말하는 내용.

  산책: 얼굴에 닿는 바람의 감촉, 주변의 소리, 몸의 움직임, 식물의 생김새와 향기 등

- 생각이나 감정이 떠오르면 "이런 생각(감정)이 떠올랐구나"라고 말하고, 다시 주의를 기울이던 감각으로 돌아간다.
- 특정 생각에 한참 빠져들어도 이에 대해 판단하지 말자('또 잡생각에 빠졌네!'라는 생각 등). 단지 '이런 상념에 한참 빠져들었다'라고 그 사실 자체를 알아차리고, 다시 원래 하던 마음챙김으로 돌아가면 된다.
- 부정적인 감정이나 생각이 떠올라 마음이 요동치면 잠시 하던 일을 멈추고 몇 분간 호흡에 주의를 기울였다가, 마음이 가라앉으면 다시 마음챙김을 시도하자.
- 앉아서 명상하고 있다면 중간에 몸의 감각에 주의를 기울이며 불편한 곳(통증, 긴장된 몸 부위, 굽은 어깨나 허리 등)은 없는지 살피고 다시 편안하게

자세를 고쳐본다.

- 몇 분이라도 마음챙김을 연습할수록 뇌 기능이 향상되어 주의력과 기억력 등 인지 기능이 증진되고, 점점 쉽게 '자동 조종 모드'에서 빠져나올 수 있다는 점을 기억하자.

- 마음챙김을 연습하다 보면 누구나 '과연 효과가 있을까? 내가 왜 이런 걸 하고 있는 거지?' 하는 의문이 들 수 있다. 그럴 때는 그러한 의문이 드는 것을 알아차리는 것 또한 마음챙김의 태도라는 점을 알아두자.

마음챙김을 일상 곳곳에 녹여내면 현재에 좀 더 차분하게 몰입하며 평소에 느끼는 긴장감과 피로를 줄일 수 있다. 이렇게 마음챙김을 통해 몸과 마음에 주의를 기울이고 내 상태를 자각하는 방법을 알아보았다. 이제는 좀 더 능동적이고 적극적인 방법으로 휴식의 영역을 확장해 볼 차례다. 먼저 내 '잘 쉬고 잘 노는' 능력을 점검해보자.

잘 놀고 잘 쉬는
능력 키우기

아무리 누워 있어도
온전히 쉴 수 없는 이들

나는 한때 눕기가 두려웠다. 뇌를 쥐어짜는 듯한 멀티태스킹
에 시달리며 빨리 먹고, 빨리 걷고, 빨리 말하고, 아무 때나 졸다 보
면 종일 눕고 싶다는 생각을 했다. 그런데 이상하게도 막상 집에 돌
아와 소파 위에 풀썩 쓰러져도 기대했던 편한 느낌을 받지 못했다.
긴장이 풀리는 느낌은 1분이 채 지속되지 못했고, 누워 있을수록 억
지로 눕혀놓은 마네킹처럼 머리끝부터 발끝까지 잔뜩 굳은 느낌이
들었다. 몸이 긴장하니 마음까지 덩달아 '왜 이러지?'하며 불안해졌
다. 그러다 보면 이제 내가 긴장하고 불안해하는 이유를 찾기 시작

하고, 마음은 과거와 미래를 이리저리 오가며 방황하곤 했다. 그러다 '이러느니 차라리 일하는 게 나아'라는 생각에 벌떡 일어났다. 결국 이도 저도 못한 채 새벽까지 잠들지 못하고, 잔뜩 굳은 몸으로 출근길에 나섰다. 나는 이런 식으로 20대를 비쩍비쩍 말라가는 고목처럼 보냈다.

이후 오랫동안 내 큰 목표는 '내가 원할 때 몸에 힘을 빼고 편히 쉬기'였다. 명료한 의식으로 온몸의 긴장을 풀어보고 싶었다. 고요한 평안함, 만족감, 맑고 따뜻한 물 위에 동동 뜬 채로 출렁이는 물결에 몸을 맡기는 듯한 깊은 이완감을 충만하게 느끼고 싶었다. 그래서 누워서 음악·빗소리·싱잉볼 소리·오디오북을 듣고, 명상을 하고, 때로는 상상으로 몸에 힘을 풀어보려고 애썼다. 그러나 지금까지도 이완은 쉽지 않다. 낮이고 밤이고 아무데서나 머리만 대면 얕게 코를 골며 스르르 잠에 빠지는 남편이 정말 부럽다. 단지 힘 빼고 누워서 편안하게 숨 쉬기가 이렇게나 힘들 일인가! 어째서 누구는 굳이 노력하고 의식하지 않아도 자연스럽게 되는 일이 내게는 이토록 어려울까?

즐겁게 놀고 제대로 쉬는
능력이 필요한 이유

놀고 쉬는 능력은 고양된 흥분과 기쁨부터 고요하고 깊은 편안함까지 두루 누릴 수 있는 힘으로, 스트레스에 빠르고 유연하게 대처하며 상황에 적응하는 회복력의 강력한 토대가 된다. 마음이 힘들고 지쳤을 때 다른 사람에게 받는 위로와 돌봄도 큰 힘이 된다. 하지만 필요할 때 스스로에게 즐거움과 활력을 채우거나 힘을 빼고 고요한 상태에 다다르는 능력은 더욱 큰 힘을 준다. 타인과 함께하는 데는 한계가 있지만 나는 언제나 '나 자신'과 함께하며, 필요할 때 언제 어디서나 나를 돌볼 수 있는 사람은 결국 '나 자신'이기 때문이다.

놀고 쉬는 능력은 힘들고 하기 싫은 일도 할 수 있도록 버티는 에너지의 중요한 원천이 된다. 특히 현대처럼 스트레스가 넘쳐나는 사회에서는 '지금이 놀고 있을 때인가?', '정말 쉬어야 할 때인가?'처럼 매사에 삶을 너무 진중하고 심각하게 다루기보다는, '지금이 바로 놀 때다', '짧은 시간이라도 좀 더 재미있고 활력 있게 놀 수 있는 방법은 없을까?'처럼 가볍고 즐겁게 놀이하는 마음이 나를 돌보는 데 더 필요하다. 이런 '놀이 정신'을 갖추면 일상에서 누리는 즐거움이 늘어나 삶의 무게를 덜어내는 데도 도움이 된다.

즐겁게 노는 능력은 타인과의 정서적 연결, 즉 애착 형성과 사회성 발달에도 중요하다. 아이들이 처음 친구를 사귈 때를 생각해보자. 아이들은 처음 만난 친구에게 자랑을 곁들인 자기소개를 하지도, 다짜고짜 고민을 털어놓지도 않는다. 그저 "같이 놀자"라고 한다. 그렇게 친구와 함께 놀면서 긍정적인 감각과 감정, 친밀감과 유대감을 느낀다. 성인의 인간관계도 마찬가지다. 상대방이 나를 어떻게 볼까 하는 불안이나 의심, 경쟁에 대한 압박 없이 순수한 긍정 감정을 토대로 관계를 맺을 방법을 찾을 때 놀이만큼 효과적인 방법이 있을까? 함께 놀이에 몰입하면서 즐거움을 나누는 능력을 키우면 아이와 성인 모두 긍정적인 대인관계를 맺는 능력이 크게 확장된다.

또한, 놀이는 창의성과 영감을 자극하기도 한다. 성장하면서 놀이는 점차 정교해지고 창의적인 방향으로 확장된다. 몸으로 하는 놀이를 넘어 농담과 유머와 같은 언어유희도 즐기게 되고, 음악이나 미술, 글쓰기처럼 창의적이고 예술적인 활동에 몰입하면서 새로운 즐거움·흥분·평화로움·만족감을 느낀다. 이렇게 다양한 종류의 놀이를 경험할수록, 필요할 때 내 몸과 마음을 회복시킬 수 있는 놀이의 레퍼토리가 다채로워진다.

물론 경쟁에서 이기는 것만이 목적이 되면 그 활동은 놀이라고 할 수 없다. 많은 이들이 그저 취미로 하는 활동이나 놀이를 하면서도 남들보다 못할까 봐, 제대로 된 결과물을 내지 못할까 봐, 경쟁에서 질까 봐 순수한 즐거움·기쁨·재미를 느끼지 못하고 시작도 하기 전에 불안해한다. 나도 내 몸과 친해지기 위해, 그토록 원했던 이완의 느낌을 배우려고 요가를 시작했지만 다른 이들의 유연한 자세를 보면 마음이 위축되고 뻣뻣한 몸으로 애쓰는 내가 부끄러워진다. '나는 언제쯤 저렇게 될까' 하는 생각에 집중력도 흐트러지고 만다. 그러나 진짜 놀이는 어떤 목표를 성취하는 것이 아니라, 그저 놀이 자체에 즐겁게 참여하는 것이다. 놀이 활동을 하는 동안, 결과물에 대한 압박 없이 즐거움·만족감·편안함·몰입을 느꼈는지가 질 좋은 놀이를 만끽하는 데 중요하다.

즐겁게 놀고 쉬는 능력은 어떻게 자라나는가

그렇다면 긍정적인 감각과 감정을 다양하고 온전하게 경험하는 능력은 어떻게 발달할까? 바로 어린 시절 애착을 통해서다. 인간은 놀이하는 존재다. 우리는 모두 즐거움을 추구하며 놀려는 충동을 가지고 태어난다. 태어나면서부터 부모와의 긍정적인 교감 속에서 다양한 놀이를 통해 감각과 각성을 폭 넓게 경험하면서 편안함과 즐거움을 느끼는 법을 배운다.

부모가 아이를 공중으로 크게 안아 올리거나 비행기를 태워주는 놀이를 생각해보자. 아이는 엄마의 미소 짓는 얼굴, 따뜻하고 사랑이 가득한 눈을 바라본다. 온몸이 공중으로 떠오르면 몸이 긴장되면서 심장이 두근거린다. 아이는 자지러질 듯 큰소리로 웃고, 아이의 몸에는 즐거운 활력과 에너지가 차오른다. 이를 통해 아이는 교감신경계가 활성화된 **높은 각성** 상태를 즐기는 법을 배우게 된다. 이윽고 아이는 공중에서 내려와 편안하고 따뜻한 엄마의 품에 안겨 쉬고, 고요하고 평온한 감각을 느낀다. 호흡과 심장 박동은 느려지고 근육의 긴장이 풀린다. 이때는 다정하고 만족스러운 느낌이 드는 이완 상태, 즉 부교감신경계가 활성화된 **낮은 각성** 상태를 경험하게 된다.

이렇게 즐거운 흥분과 깊은 이완 상태를 오가는 긍정적인 상호작용을 골고루 충분히 경험하면서, 아이는 높고 낮은 각성 상태를 두루 즐기는 법을 체득한다. 애착을 통해 형성된 잘 놀고 잘 쉬는 능력은 넓은 범위의 긍정적인 감각과 감정을 두려워하거나 낯설어하지 않고 즐길 수 있는 토대가 된다.

어린 시절의 안정 애착을 통해 놀고 쉬는 능력이 형성된다고 해서 이제는 놀고 쉬는 능력을 키우기에 늦었을 거라고 낙담할 필요는 없다. 사실 한국 아동 중 불안정 애착을 지닌 아동의 비율은 30퍼센트 이상으로 보고되며, 각박하고 바쁜 사회·문화로 그 비율이 점점 증가하고 있다. 그렇지만 불안정 애착이었던 이들 중 절반 이상이 성장 과정에서 긍정적인 관계 경험을 충분히 쌓아 성인기에는 안정 애착으로 바뀌었다는 결과가 있다. 또한, 어린 시절을 안정적으로 보낸 사람도 살면서 겪는 좌절·실패의 경험, 트라우마 등으로 놀고 쉬는 능력이 크게 위축되기도 한다.

어린 시절에 놀고 쉬는 능력의 토대가 만들어지는 건 맞지만, 성인이 된 후에도 자신에게 부족한 영역을 인지할 수 있다면 그 영역을 긍정적인 경험으로 채워 놀고 쉬는 능력을 얼마든지 키울 수 있다. 마음은 지금의 내가 무엇을 경험하느냐에 따라 역동적으로 변화하기 때문이다. 좋은 경험이 있다면 마음의 성장은 인생의 어느 시기에서든 시작할 수 있고 평생 지속될 수 있다.

낮고 높은 각성 상태를 골고루 경험하자

앞서 긍정적인 경험과 더불어 높고 낮은 각성 상태를 두루 경험하고 즐겨야 놀고 쉬는 능력을 키울 수 있다고 설명했다. 그렇다면 높은 각성과 낮은 각성이란 구체적으로 어떤 느낌이며, 이런 상태를 골고루 경험하는 것이 왜 중요할까?

　우리의 몸과 마음은 온종일 다양한 자극에 반응하는 자율신경계의 활동에 따라 각성 수준이 자연스럽게 높아지고 낮아진다. 높은 각성 상태는 교감신경계가 상대적으로 활성된 상태로, 에너지가 넘치고 흥미롭고 자극적인 활동에 참여할 때, 혹은 위협이 감지되거나 스트레스를 받을 때 나타난다. 이 상태에서는 즐거운 흥분·재미·기쁨·활력·열정과 같은 긍정적인 감정을 경험하며, 도전 의식이 높아지고 동기가 자극받는다. 근육이 긴장되고 민첩해지며, 심박수가 높아지고 호흡이 빨라진다. 문제 해결 능력이 향상되고, 집중력과 창의력이 고조된다. 성인과 아이 모두 높은 각성을 경험할수록 자신감과 호기심이 커진다.

　낮은 각성 상태는 부교감신경계가 활성된 상태로, 안정감과 평온함을 느끼는 상태다. 이 상태에서는 따뜻하고 다정하고 고요하며 평온한 느낌이 든다. 근육은 이완되고 심박수가 낮아지며 호흡도 느려진다. 이때 보통 스트레스가 낮고 심리적으로 안전하다고 느낀다. 특히 낮은 각성 상태에서 이루어지는 타인과의 교감은 애착과 신뢰를 형성하는 데 매우 중요한데, 신뢰는 편안한 환경에서 안전함을 느낄 때 생기기 때문이다. 높은 각성 상태 후에 일어나는 낮은 각성 상태 역시 몸과 마음을 회복하고 건강을 유지하는 데 꼭 필요하다.

　다시 말해, **낮은 각성과 높은 각성 모두 휴식에 중요하다.** 높은 각성을 통해 에너지가 충전되고, 낮은 각성을 통해 지친 몸과 마음이 회복되기 때문이다. 특히 **낮은 각성과 높은 각성을 번갈아 유도하는 긍정적인 경험**(취미생활, 놀이, 친구와의 만남, 운동 후 샤워와 같은 일상적 활동 등)을 충분히 경험하면, 자율신경계가 적절히 활성화되도록 훈련되어 일상의 갖가지 자극과 삶에서 일어나는 다양한 사건에 빠르고 유연하게 적응할 수 있다.

놀고 쉬는 능력의 그릇, 수용의 창

앞서 사람마다 높거나 낮은 수준의 각성 상태를 경험하는 능력도, 조절할 수 있는 범위도 다르다고 이야기했다. 이 범위를 **수용의 창**window of tolerance이라고 한다. '수용의 창'이란 **자신이 안전하다고 느끼고 잘 기능할 수 있는 최적의 각성 영역**이다. 쉽게 말해 스트레스 상황에서도 얼마나 스스로 몸과 마음을 조절하며 상황에 잘 대처할 수 있는지를 뜻한다. 잘 쉬고 잘 노는 능력은 바로 수용의 창이 얼마나 넓은가에 따라 결정된다.

우리가 어떤 상황을 스트레스라고 인지하면, 자율신경계는 각성 수준을 지나치게 높이거나(과대 각성) 낮추는 방향(과소 각성)으로

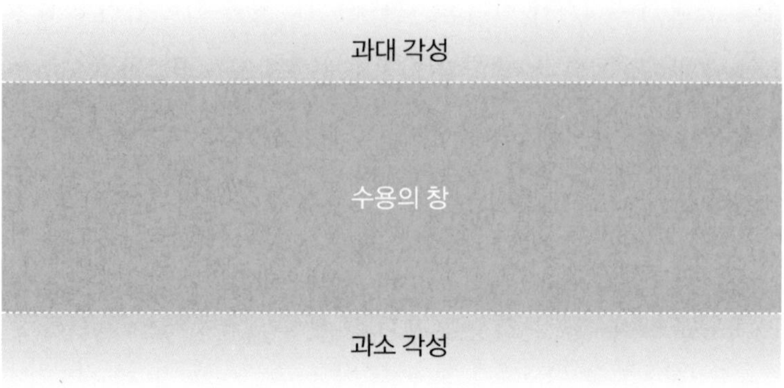

과대 각성

수용의 창

과소 각성

그림 3 수용의 창

반응한다. 즉, 각성 수준이 수용의 창을 벗어나 조절하기 어려울 정
도가 되어버린다.

수용의 창 범위보다 높게 **과대 각성**이 일어나면 불안·초조함·
공포·흥분·짜증·예민함, 타인에 대한 경계·비난과 같은 공격적인
행동이나 폭식과 같은 충동적인 행동이 나타난다. 반대로 수용의 창
범위보다 낮게 **과소 각성**이 일어나면 무감각해지고 만사에 무심해
지며, 쉽게 피로해지고 에너지가 저하된다. 반응 속도가 느려지고,
상황에 수동적이고 순응적으로 행동하게 된다. 그래서 부담스러운
요구를 거절하거나 적절한 도움을 요청하기 어려워진다. 심지어 뇌
가 아예 정지되어 분명히 경험한 일을 기억하지 못하는 일이 생기기

도 한다. 1장에서 다룬 몸과 마음이 지쳤을 때의 신호는 바로 각성 수준이 수용의 창을 벗어났을 때 일어나는 증상이다.

놀고 쉬는 능력이 좋은 사람은 수용의 창이 넓은 사람이다. 이들은 일상에서 크고 작은 스트레스가 있어도 잘 대처하며 회복력도 좋다. 그래서 특정한 사건으로 각성 수준이 매우 높아지거나 낮아지더라도, 각성 정도가 수용의 창 범위를 쉽게 벗어나지 않는다. 예를 들어, 마감이 코앞으로 다가와서 느끼는 압박감으로 각성 수준이 높아져도 이로 인해 생기는 긴장감을 두려워하지 않는다. 오히려 활력과 즐거운 흥분을 느끼며 안정적으로 일에 집중한다. 각성 수준이 수용의 창 내에서 최고점까지 올라가더라도 수용의 창을 넘어서지는 않기에, 몸과 마음이 조절된 상태로 유지된다.

반면, 수용의 창이 좁은 사람은 사소한 일상적 스트레스에도 쉽게 각성 수준이 조절하기 어려운 상태, 즉 과대·과소 각성 상태로 넘어가버린다. 이들은 마감을 떠올리거나 기한을 맞추라고 재촉하는 말을 들어 각성 수준이 조금만 올라가도 심적 부담감을 견디기 어려워한다. 바로 심장이 두근거리고 몸이 긴장되며 두통이 생기고 불안이 심해진다(과대 각성). 반대로 극심한 피로감을 느끼며 잠이 많아지고 마감일을 잊어버리거나 아예 일에 무심한 태도를 보일 수도 있다(과소 각성).

트라우마, 만성적인 스트레스, 예측 불가능한 환경도 수용의 창을 좁힌다. 직장에서 오랫동안 비난과 무시를 당한 이는 수용의 창이 매우 좁아져 평범한 하루의 대부분을 과대 각성 상태로 지낼 수도 있다. 이들은 내내 긴장한 상태로 일하다 타인이 말을 걸기만 해도 깜짝 놀라며 불안에 빠진다. 친구들과 즐거운 시간을 보내면서 웃거나 잠시 흥분하는 순간에도 갑작스럽게 불안을 느끼며 기쁨을 억누르고 긴장한다.

이렇듯 수용의 창이 좁은 사람은 높은/낮은 각성 상태를 즐기기 어려워한다. 심지어 각성 변화가 생길 상황 자체를 두려워하기도 한다. 그래서 감정을 억제하려 애쓰거나 감정이 고조될 만한 상황(단체 모임 등)을 피하려 한다. 게다가 과대·과소 각성 상태로 넘어간 후 수용의 창 안으로 되돌아가기도 힘겨워한다. 스스로 편안함이나 활력을 불어넣는 법을 잘 알지 못하기 때문이다.

수용의 창을 넓혀 온전한 휴식으로

놀고 쉬는 능력 키우기는 수용의 창을 넓히는 것과 같다. 어떻게 해야 수용의 창을 키울 수 있을까? 먼저 과대·과소 각성 상태일 때 다시 각성을 수용의 창 안으로 되돌리는 방법을 익힌다. 그리고 일상에서 긍정적인 경험과 연결된 높고 낮은 각성 상태를 즐기는 경험을 조금씩 늘려 나간다.

평소 쉽게 불안하고 긴장하는 사람이라면, 먼저 자신이 어떤 상황에서 과대 각성 상태에 빠지는지 알아차려보자. 예를 들어 거절당할 때, 압박을 받을 때, 예측 불가능한 상황을 맞닥뜨렸을 때와 같은 상황이 과대 각성의 촉발 요인이 될 수 있다. 이때 불안·긴장감·두근거림·짧은 호흡·충동 등이 일어났다는 사실을 자각한다면, 마음챙김, 복식 호흡, 차 마시기, 따뜻한 물에 목욕하기, 마사지 등의 여러 방법으로 각성을 낮춰 긴장된 마음을 수용의 창 안으로 들여올 수 있다.

힘이 없고 피로하거나 무기력한 과소 각성을 자주 경험하는 경우도 마찬가지다. 과소 각성을 일으키는 주된 촉발 요인을 찾아내고, 그런 상태로 넘어갈 때 몸과 마음에서 어떤 신호가 일어나는지 자각하자. 예컨대 무시·거부당한다는 생각이 들 때면, 몸이 무겁게 느껴지며 꼼짝할 수 없는 느낌이 들고 감정이 무뎌진다는 사실을 알아차리면 상태 조절에 도움이 된다. 이때는 가벼운 운동이나 산책처럼 활력과 에너지를 주는 활동으로 가라앉은 각성을 수용의 창 안으로 끌어올릴 수 있다.

어떤 경우든 일상에서 긍정적인 방향으로 높은/낮은 각성 상태를 골고루 경험하는 것이 중요하다. 이런 과정에서 '수용의 창'은 완전하고 깊은 이완과 고요함부터 흥분과 열광까지 포함할 정도로 넓어질 수 있다.

다채로운 긍정적 감각을
내면에 가득 채우자

이제 내 '잘 놀고 잘 쉬는 능력'을 확인해보자. 다음 표에서 높은/낮은 각성과 관련된 긍정적인 감정을 알아보고, 내가 평소 자주 느끼는 즐거운 각성의 감정을 살펴보자. 목록에 없지만 내가 빈번하게 느끼는 감정이나 감각이 있다면 추가로 목록을 채워 넣어도 좋다.

높은 각성의 즐거운 감정	낮은 각성의 즐거운 감정
기쁜	고요한
들뜬	다정한
승리한 듯한	따뜻한
신나는	마음이 풀리는
에너지가 차오르는	만족스러운
열광적인	미소가 떠오르는
열정 넘치는	부드러운
의기양양한	사랑하는

재미있는	안정적인
즐거운	연민 어린
짜릿한	이완되는
행복한	친절한
활력 있는	침착한
황홀한	평온한
흥분한	평화로운

나는 평소 얼마나 다양한 긍정적인 감정을 느끼는가? 내가 품은 수용의 창은 넓은 편인가, 좁은 편인가? 앞으로 어떤 긍정적인 감정을 느껴 수용의 창을 확장하고 싶은가? 이 질문에 대한 답이 여러분에게 맞춤형 휴식을 설계할 때 방향을 잡아주는 키워드가 될 것이다.

수용의 창을 키우고, 과대·과소 각성 상태에서 수용의 창 안으로 마음을 회복시키는 휴식 전략은 일상과 동떨어진 특별한 무언가에 있지 않다. 모두 일상에서 내가 가지고 있는 다양한 자원을 활용해 쉽게 시도할 수 있는 활동이다. 마음챙김으로 내 상태를 자각하고, 각성 수준이 수용의 창을 벗어나는 순간을 빨리 알아차리는 능력을 키우면 이 과정이 훨씬 쉽고 편하게 느껴질 것이다. 이렇게 수용의 창을 넓혀 '잘 놀고 잘 쉬는 능력'을 키우는 법을 익혔다면, 다음 내용의 빈칸을 채우며 그 능력을 어떻게 확장할 수 있을지 생각해보자.

---

1. 자주 경험하는 높은 각성의 즐거운 감정 중 두 가지를 고른 후, 주로 어떤 상황에서 누구와 무엇을 했을 때 그런 감정을 느꼈는지, 그때 몸에 어떤 감각이 느껴졌는지 써보자.

①

②

2. 자주 경험하는 낮은 각성의 즐거운 감정 중 두 가지를 고른 후, 주로 어떤 상황에서 누구와 무엇을 했을 때 그런 감정을 느꼈는지, 그때 몸에 어떤 감각이 느껴졌는지 써보자.

①

②

3. 평소 잘 느끼지 못하지만 내가 경험하고 싶은 높은/낮은 각성의 즐거운 감정을 하나씩 고른 후, 내가 어떻게 그런 감정을 느낄 수 있을지 써보자.

①

②

내게 진정으로 필요한
휴식 설계법

이제 새로운 도전을 통해 잘 놀고 잘 쉬는 능력을 좀 더 적극적으로 확장해 볼 차례다. 먼저, 본인이 삶의 기쁨이나 고요한 이완과 같은 긍정적인 정서를 잘 경험하지 못하는 방식으로 휴식을 취해온 것은 아닌지 점검할 필요가 있다. 쉽게 말해 **내게 제대로 쉬는 데 방해되는 패턴이 있는지** 알아보는 것이다. 그 다음으로는, 내게 필요한 긍정적 감정을 온전히 누리기 위해 **그동안 회피하거나 무시했던 삶의 영역에서 새롭고 다양한 활동에 도전**하자. 이 과정을 통해 그동안 잘 느껴보지 못한 열정·흥분·기쁨을 즐기고, 쉽게 다다를 수 없었던 평화·만족감·다정한 친밀감·부드러움과 같은 더 깊은 이완에 머무르며 수용의 창을 넓힐 수 있다. 내게 필요한 맞춤형 휴식을 설계하는 핵심 과정인 셈이다.

먼저 다음 질문을 통해 내게 정말로 필요한 휴식이 어떤 것인지, 기존의 휴식 전략이 효과적이었는지 점검해보자.

1. 내가 느끼기 원하는 휴식의 감각이 무엇인가? 깊은 이완과 회복, 차분하고 편안한 몰입, 몸과 마음이 따뜻해지는 느낌, 즐거움, 가벼운 흥분, 활기, 열광 등 지금 내게 필요한 감각이 무엇인지 떠올려보자. 평소 느끼지 못했지만 느껴보기를 원하는 긍정 감각을 떠올려도 좋다.

2. 휴식이 필요할 때 나는 어떻게 대처하는가? 그동안 내가 취했던 대처 방법이 효과적이지 않을 수도 있다. 느긋하게 쉬려고 할 때 불안해져서 나도 모르게 일을 더 벌인다거나, 즐거움이나 기쁨을 느끼는 활동을 하다 휴식의 정당성을 판단하는 생각이 들어('지금 놀 때가 맞나?') 활동을 일찍 끝내는 등 마음의 방어 작용 때문에 긍정 정서를 온전히 느끼기 어려웠을 수도 있다. 평소 내가 휴식이 필요할 때 어떻게 대처했는지, 그 방식이 충분히 효과적이었는지를 점검해보자.

그 다음 단계에서는 새로운 방식으로 내게 필요한 긍정적인 감각을 유도하고 그 안에 머물러보는 연습을 해보자. 다음 항목을 따라가며 생각하다 보면 어렵지 않게 내게 꼭 맞는 휴식을 설계할 수 있을 것이다.

1. **기존의 쉬는 방식 점검하기**: 그동안 내게 휴식이 필요하다는 생각이 들 때 내가 어떻게 대처했는지, 그 행동이 내가 느끼기 원하는 휴식의 감각을 유발했는지, 얼마나 효과가 있었는지 점검한다.

2. **휴식을 위한 환경 조성하기**: 내 생활공간이 얼마나 정돈되었느냐에 내 내면 상태가 드러나고는 한다. 내게 긍정 감각을 유발하는 환경을 만들어가는 일은 곧 내 마음을 가꾸는 일이기도 하다. 효과적인 휴식을 위해 내게 어떤 환경이 필요한지 점검하고, 내게 크게 부담되지 않는 방식으로 생활환경을 조성해보자.

3. **새로운 방식으로 편안함에 도달하기**: 과거에 하고 싶었지만 중단했던 활동, 혹은 마음속으로 선망하기만 하고 직접 하지 못했던 활동을 시도하고 이를 통해 기존과 다른 방식으로 편안함과 만족감을 느껴보자. 나에게 이미 있거나, 없더라도 언제든 일상에서 쉽게 얻을 수 있는 자원을 이용하는 활동이면 더욱 좋다.

4. **새로운 방식으로 즐겁게 노는 법 배우기**: 어린 시절에 거리낌 없이 무언가를 즐겼던 경험을 떠올리거나, 하고 싶었지만 당시 여건상 할 수 없었던 놀이를 새롭게 시도해 내가 원하는 즐거움과 활력의 감각을 일상에 되살려본다.

5. **휴식의 영역을 확장하기 위해 스스로에게 질문하기**: 즐거운 감정을 새로이 느끼기 위해 무엇을 시도하면 좋을지 스스로에게 다양하게 질문해본다.

물론 이 내용만 보고 어떻게 해야 구체적으로 휴식을 실생활에 어떻게 적용할 수 있을지 바로 파악하기는 어려울 수 있다. 온전한 휴식을 어려워하는 30대 수정 씨의 사례를 보며 맞춤형 휴식을 찾아나가는 과정을 함께 살펴보고, 수정 씨의 상황을 참고하며 여러분에게 맞는 휴식으로는 무엇이 있을지 생각해보자.

기존의 쉬는 방식
점검하기

쾌활하고 깔끔한 인상을 지닌 30대 초반 수정 씨는 자신이 겉으로는 밝고 잘 노는 사람처럼 보이지만 사실 내성적이고 침울한 면이 있다고 했다. 그는 직장 일과 이직 준비로 바쁜 와중에도 외국어 공부와 독서 모임 등 여러 자기계발 활동과 와인 동호회 활동을 병행했다. 이런 외부 활동으로 성취감과 재미를 느끼긴 했지만, '온전히 즐기는 느낌'을 갖기는 어려웠다. 집에 오면 피로감이 몰려오면서 왠지 울적한 기분이 들었다. 어느 날은 거울 속에서 스스로 낯설게 느껴질 정도로 긴장감과 침묵이 서린 무표정한 자신의 얼굴을 보고 놀라기도 했다. 집은 대체로 어질러져 있었고 배달 음식 쓰레기도 항상 눈에 띄었다.

수정 씨는 자신에게 '정화'가 필요하다고 생각했다. 이게 이직으로 인한 불안한 상황 탓인지, 외로움인지 우울감인지 잘 모르겠다고 했다. 내가 **그럴 때 어떻게 대처하는지** 묻자, 침울해질 때면 성취감을 줄 만한 또 다른 자기계발 활동을 습관적으로 계획하고 이따금 값비싼 와인을 진탕 마신다고 했다. 이번에는 **어떤 상태가 되고 싶은지** 묻자 "깨끗한 집에서 홀로 있을 때 편안하게 쉬고, 때로는 온전한 즐거움을 느끼고 싶다"라고 대답했다.

수정 씨는 어느 정도 범위 내에서 즐거움·성취감·흥분을 즐길 줄 알고, 와인을 마시거나 친구를 만나면서 편안함을 느낄 줄도 알았다. 그는 명확한 목표와 야망을 가지고 노력할 줄 아는 사람이었지만, 마음 한켠은 회복될 줄 모르고 서서히 지쳐갔다. 자신이 원하는 상태와는 반대되는 방향으로(깨끗함 → 청소하지 않음, 쉬고 싶음 → 자기계발 활동 계획, 즐거움 → 과음하고 후회) 대처를 해왔다. 이러다 보니 자신이 어떤 상태인지 명확히 알지 못해 혼란스러움을 느꼈다.

휴식을 위한 환경 조성하기

그는 왜 '깨끗한 집'을 유지하기 어려웠을까? 그는 어린 시절 어떤 가정환경에서 자랐는지 떠올렸다. 부모님은 맞벌이를 하시느라 늘 바빠 집은 항상 어질러진 상태였다. 부모님은 항상 온화했고 딸을 위해 열심히 사셨지만, 어질러진 물건을 정리하거나 주기적으로 집 안을 청소하거나 딸에게 깨끗한 옷을 신경 써서 입혀주지는 못했다. 부모님께 이런 점이 불만이라고 이야기하면 늘 "시간이 없어서", "그거 할 시간에 한 푼이라도 더 벌어야지"라는 대답이 돌아왔다.

피곤한 부모님과 그들의 부재, 어질러지고 산만한 환경에서도 수정 씨는 열심히 공부하고 부지런히 아르바이트를 해서 스스로를 다독이며 사회생활을 시작했다. 그에게 정리되지 않은 방과 음식 포장 용기들은 불편하고 때로 짜증 나지만 너무나 익숙한 환경이었다. 일하거나 공부하느라 방 정리를 소홀히 하는 것은 그와 부모님이 열심히 살고 있다는 증거이기도 했다. 채 10분이 걸리지 않는 방 청소가 그에게 유독 어색하고 어렵게 느껴지는 이유가 여기에 있을 수 있었다.

그는 먼저 와인 구입 비용을 아껴 한 달에 한 번 청소 도우미 서비스를 신청하기로 했다. 평소에는 퇴근 후 집 안에 들어와도 마음이 가벼울 수 있도록 출근 전 5분간 즐거운 음악을 들으며 가볍게 정리정돈을 하기로 했다. 수정 씨에게 깨끗함이란 인테리어 잡지 속 호텔 방만큼이나 멀고 어색하게 느껴졌지만, 깨끗함을 유지할 현실적인 계획을 세우자 자신감이 생겼다.

새로운 방식으로
편안함에 도달하기

'홀로 편안하게 쉬고 싶다'라는 마음에는 어떻게 대응했을까? 수정 씨는 사람들을 자주 만날수록 피로감도 심해지지만, 그렇다고 혼자 있을 때 몸과 마음이 편하지도 않다고 했다. 때로는 자신만의 안전하지만 외롭고 허전한 동굴로 들어가는 느낌도 들었다.

어린 시절에는 집에 홀로 있을 때 어떤 느낌이 들었는지 묻자, 수정 씨는 하교 후 홀로 냉장고를 열어 음식을 찾아 먹고 자신의 방에만 불을 켜고 지냈던 학창시절을 떠올렸다. 부모의 간섭 없이 무엇이든 할 수 있는 자유가 있었지만, 거꾸로 무엇을 해야 할지 몰라 불안하고 외롭기도 했다. 차라리 학원이나 공부방에 가면 마음이 편했던 그 시절처럼, 그는 지금도 자기계발에 몰두했다.

수정 씨는 이런 익숙한 패턴이 자신을 성취로 이끌었지만, 이제는 좀 더 밝고 포근한 공간에서 편안하고 따뜻하게 머무르고 싶다고 했다. 홀로 편안하게 있기 위해 그는 의도적으로 비생산적인 시간을 보내는 연습을 하기로 했다. 그래서 마음챙김 명상 애플리케이션을 이용해 하루 5~10분간 명상을 한 후 어떤 느낌·감각·생각이 떠올랐는지 기록했다. 외로움과 긴장을 떨치기 어려웠지만, 조금씩 자신의 내면에 관심을 기울이며 조금씩 편안해지는 법을 익혔다.

편안함과 따뜻함을 느꼈던 기억이 있느냐는 내 질문에 그는 어린 시절 정말 좋아했지만 사정상 포기해야 했던 그림 그리기를 떠올렸다. 조용한 집에서 그림을 그리며 집중하고 평화로웠던 순간과 그런 자신을 바라보던 어머니의 다정한 웃음이 생각난다고 했다. 그는 용기를 내어 집 안에 작은 공간을 만들어 색연필로 그림을 그리기 시작했다. 처음에는 '이게 무슨 소용일까?', '하려면 제대로 배워서 해야 하지 않을까?'라고 스스로를 판단하고 의욕을 꺾는 부정적인 생각 때문에 잘 몰입하지 못했다. 그러나 자신을 진정시키고 의도적으로 이완하고자 했다. 따뜻한 색감, 종이를 스치는 색연필과 도구를 만지는 손의 감각, 형태를 갖추어가는 그림에 주의를 기울이자 불안이 줄어들고 좀 더 만족스러운 시간을 보낼 수 있었다.

새로운 방식으로
즐겁게 노는 법 배우기

수정 씨가 바라는 '온전한 즐거움'을 느끼려면 어떻게 해야 할까? 그는 살면서 아무 저항 없이 배꼽을 잡고 웃거나 흠뻑 즐거움에 빠져들었던 기억이 별로 없다고 했다. 직장에서 사람들과 대화할 때면 일부러라도 더 쾌활하게 웃지만, 그러면서도 스스로 웃는 게 어색하다고 느낄 때가 있었다. 어릴 때는 피곤해 보이는 부모님에게 놀아달라고 하기도 어려웠고, 간혹 가는 여행이나 놀이공원 나들이에서도 "나가면 다 돈이다"는 말이나 사소한 갈등으로 즐거움이 퇴색되었다. 수정 씨는 자신이 요즘 와인 동호회에 자주 나가게 된 이유에는 자신도 상대방도 약간 취해 긴장이 풀리고 현실적인 걱정을 잊어야 편안하게 즐길 수 있다는 생각도 있는 것 같다고 했다. 이런 이야기를 하며 그는 스스로에게 안타까움과 연민을 느꼈다.

'즐거움' 하면 떠오르는 것이 있냐고 묻자, 그는 퇴근길에 놀이터에서 큰소리로 즐겁게 웃는 아이들을 보면 저절로 눈길이 간다고 했다. 그는 어렸을 때 부모님과 배드민턴을 치거나 친구들과 공놀이를 하며 웃는 친구들이 늘 부러웠지만, 성격이 수줍고 몸도 민첩하지 않아 놀이에 잘 끼지 못하고 항상 겉돌았다. 그래서 그는 친한 친구와 간단하게 공놀이를 해보기로 했다. 공놀이를 직접 하고 난 후, 진료실을 찾은 그는 전보다 더 편안해진 표정으로 다음과 같이 말했다.

"처음에는 공놀이를 하자니 어색하기도 하고 별로 대단한 걸 하는 것도 아닌데 싶어서 약속을 취소할까 했지만, 용기를 내서 공원에 나갔어요. 막상 해보니까 재미있었어요. 공을 주고받으며 몸이 가벼워지고 나도 모르게 배시시 웃음이 나고 목소리에도 활력이 넘쳤어요. 공을 높이 던질 때 몸이 크게 열리는 느낌도 들었고요. 친구와 함께 웃음을 터뜨리는 순간 오랜만에 행복감을 느꼈어요. 평화로운 공원 풍경 속 내가 자연스럽게 느껴지고, '나도 장난기가 많네!'라는 생각이 들었죠." 그는 이 경험을 계기로 자신에게 행복감과 즐거움을 주는 다른 활동도 찾아볼 용기와 자신감이 생겼다.

수정 씨와 비슷한 문제로 수많은 사람들이 정신건강의학과 진료실을 찾는다. 나는 이런 환자들에게 공놀이나 그리기, 춤추기, 노래하기 같은 단순한 놀이 활동을 종종 권유한다. 이 제안을 듣고 '엥?'이라는 눈빛을 띠며 당황스러워하는 이들이 많다. 많은 이들이 휴식이라고 하면 마음껏 여행이나 '호캉스'를 떠나고, 자유롭게 식당이나 카페에서 원하는 메뉴를 시키고, 자연으로 떠나 골프를 즐기는 등 '돈이 드는' 활동을 떠올린다. 이런 '고급 취미'가 있어야 제대로 놀고 쉴 수 있다고 여기는 것이다.

하지만 사실 즐겁게 놀고 편히 쉬는 데 좋은 활동은 의외로 어린아이들이 좋아할 법한 단순한 활동에서 쉽게 찾을 수 있다. 처음부터 부담스럽고 과격한 활동에 도전하기보다는 단순한 활동을 하며 긍정적인 감각을 경험하기부터 시작하고, 이후 점차 더 새롭고 다양한 자극을 느낄 수 있는 활동에 도전하는 것이 좋다. 새로운 활동의 범위는 무궁무진하다. 무엇이든 세상을 향한 마음속 창문을 조금이라도 확장하고, 새로운 방향으로 시선을 돌릴 수 있으면 된다.

물론 낯선 영역에 도전하는 것은 항상 부담스럽고 불안하다. 오랫동안 삶의 피로에 지친 사람일수록 현재에 머무르거나 움츠리고 가만히 있는 쪽이 새로운 곳에 부딪치는 것보다 더 안전하다고 느낄 수 있다. 그러나 어느 정도의 위험과 불안을 감수하며 새로운 활동에 도전했을 때 배움과 성장의 기쁨을 느낄 수 있을 뿐만 아니라, 내가 살아 있다는 생명력의 감각을 되찾을 수 있다. 앞서 단기간의 마음챙김으로도 뇌 기능이 좋아진다고 설명했듯이, 새로운 활동은 그동안 자극받지 않은 뇌의 영역을 활성화한다. 이런 신경가소성neuroplasticity의 원리에 의해 우리는 어린 시절에 미처 발달하지 못했던 감정과 감각을 느낄 수 있다. 그러니 도전에 앞서 불안이 느껴진다면, 그 불안을 '내가 결국 해내거나 즐길 수 없을 것'이라는 신호가 아닌 '변화의 시작점에 있으니 불안한 게 당연하다. 용기를 내보자'라는 신호로 생각해보자.

휴식의 영역을 확장하는 마음의 질문

앞서 평소 느끼지 못하지만 새롭게 경험하고 싶은 높은 각성의 즐거운 감정과 낮은 각성의 즐거운 감정을 하나씩 고르는 활동을 해보았다. 만약 무슨 활동을 해야 좋을지 모르겠다면, 긍정적인 감정을 느꼈던 과거의 경험과 기억을 떠올리는 것이 휴식 활동 선택에 도움이 된다. 주로 어린 시절을 떠올리지만 반드시 그럴 필요는 없다. 흥분과 즐거움, 성취감을 느꼈던 경험, 매우 편안하게 잘 쉬었다고 느꼈던 최근의 경험도 좋다.

다음은 내가 진료할 때 자주 하는 질문으로, 내게 맞는 새로운 활동을 찾고 방해 요인을 줄이며 자신감을 북돋우는 데 도움이 되는 질문들이다. 차근차근 살펴보며 내 마음을 들여다보자.

- 언제 즐거웠는가, 혹은 평안했는가?
- 긍정적인 감정과 감각을 충분히 느끼지 못하게 제한했던 환경(부모님과의 관계, 경제적 상황, 환경적 여건, 실패, 질병, 괴롭힘 등)이 있었는가?
- 나는 특히 어떤 상황에서 쉽게 불안해지고 지친다고 느끼는가?
- 불안하고 힘들 때 어떻게 대처해왔는가?
- 이 습관적이고 익숙한 대처 방식이 지금 효과적인가? 혹은 나를 더 지치게 하는가?
- 지쳐 있는 자신을 비난하기보다, 진정한 연민을 담아 자신을 따뜻하게 대하고 격려할 수 있는가?
- 긍정적인 감정·감각을 느끼기 위해 지금까지와 다른 방식으로 행동할 수 있는가?

- 익숙한 관계(애인, 가족, 친구, 직장 동료·상사 등)에서 다른 행동을 시도할 수 있는가?

- 지금보다 친구·가족과 더 많은 시간을 보낼 수 있는가?

- 내 결핍과 취약성을 받아들이고 도움을 요청할 수 있는가?

- 외로움이라는 위험을 감수하고 홀로 있을 수 있는가?

- 타인의 시선보다 온전히 내 감각·감정에 집중하며 새로운 활동을 시도할 수 있는가?

- 생산성과 분주함을 잠시 내려놓고, 아무것도 하지 않고 그냥 있을 수 있는가?

- 항상 하고 싶었지만 두렵거나 나와 안 맞는다고 생각해서 주저했던 행동이 있는가? 있다면 시도할 수 있는가?

• 새로운 활동이 어떤 두려움과 불안을 유발하는가? 익숙한 방식에서 벗어나는 것이 삶을 위협한다고 생각되는가? 이 활동이 내 일이나 이루고 싶은 삶의 목표에 해로운가?

• 새로운 활동을 하는 동안 긍정적인 감정과 감각을 느끼고자 하는 마음에 꾸준히 주의를 기울일 수 있는가?

질문에 대해 떠오르는 대로 답하다 보면, 그동안 나를 특히 지치게 한 경험이 무엇이며 내게 절실히 필요한 새로운 긍정 경험이 무엇일지 알 수 있다. 그동안 내가 지칠 때 대처했던 방식의 장단점을 파악하면 새로운 대처 방식은 어떤 방향으로 나아가야 할지 명료하게 구상하는 데 큰 도움이 된다. 또한, 그동안 온전한 휴식을 가로막았던 방해 요인(비난이나 판단, 취약성을 부정하거나 회피하려는 방어적 태도, 불안과 두려움, 타인의 시선 등)을 자각하는 것도 중요하다. 방해 요인을 잘 알지 못하면 꾸준히 의욕을 가지고 새로운 도전을 해나가기가 어려워진다. 이제 마음의 준비가 되었다면, 직접 휴식의 영역을 확장해보자.

휴식의 영역을 확장하는 연습

1. 이번 주에 내가 할 수 있는 높은 각성의 긍정적인 감정을 촉진하는 활동을 써보자(춤추기, 공놀이하기, 일찍 퇴근해 가족들과 공연 보기, 아이와 술래잡기하기, 우스꽝스러운 장난치기 등).

2. 활동할 때 상황은 어땠으며, 사람들은 내게 어떤 반응을 보였나?

3. 활동하며 나는 무엇을 경험했는가?
– 신체 감각:
– 감정:
– 생각:

4. 이번 주에 내가 할 수 있는 낮은 각성의 긍정적인 감정을 촉진하는 활동을 써보자(하루 10분 명상하기, 아침 산책하기, 아무것도 하지 않기, 연인/배우자/아이와 껴안고 가만히 있기, 타인에게 도움을 요청해 돌봄 받기, 낮잠 자기, 반나절간 휴대전화 끄기 등).

5. 활동할 때 상황은 어땠으며, 사람들은 내게 어떤 반응을 보였나?

6. 활동하며 나는 무엇을 경험했는가?

– 신체 감각:

– 감정:

– 생각:

7. 앞으로 어떤 활동을 어떤 빈도로 하고 싶은가?

모든 것이 버거운 순간에도
나를 지탱하는 비결

흔들리고 부서질 때일수록
나를 돌보아야 한다

여러 휴식 방법을 생각하고 시도하며 내 마음을 다스리다가도, 살다 보면 너무 지치거나 불안이 극도에 달해 모든 의욕이 무너질 때가 있다. 무기력해서 더 이상 아무것도 시도하지 않거나, 누구도 만나고 싶지 않을 수 있다. 그럴 때는 어떤 자극도 받고 싶지 않아, 바깥세상과의 경계를 더 높이 쌓고 마음의 문을 닫게 된다.

아무리 몸과 마음이 건강한 사람이라도 감당하기 어려운 실패를 겪거나, 대인관계에서 상실이나 괴롭힘과 같은 상처를 입거나, 극도로 과부하된 상태에서 오랫동안 지내다 보면 자신이 부서지는 듯한 느낌이 들 수 있다. 이럴 때면 흔히 말하는 '영혼이 털렸어요', '내가 거덜 난 것 같아요', '공중 분해된 느낌이에요'라는 말처럼 자기가 통합적인 존재라는 느낌이 흔들린다. 손발이 이유 없이 떨리고, 다리가 휘청거리고, 표정이 내 마음처럼 지어지지 않으며, 풀 죽은 자세를 취하게 된다. 땅에 발을 딛고 서 있기도 버거워지고, 몸이 부분적으로 말을 듣지 않거나 내 몸이 아닌 듯한 감각이 드는 등 몸에 대한 지각도 흔들린다. 어떤 사람은 이럴 때 특정 부위의 신체적 느낌에만 집착해 건강염려증에 빠지기도 한다.

시공간에 대한 지각도 왜곡되거나 흔들릴 수 있다. 시간이 너무 빠르거나 느리게 가고, 기억이 조각나거나 사라지거나 기억의 순서가 뒤섞인다. 익숙한 공간이 좁고 답답하게 느껴지거나, 거리가 실제보다 훨씬 가깝거나 멀게 느껴지기도 한다. 이 때문에 생활 리듬이 흐트러지고, 약속을 지키거나 시간을 관리하기가 힘들어진다. 생각을 명료하게 정리하거나 몸을 다루기 버거워져서 익숙하게 해냈던 자기관리도 어려워진다. 누구나 한번쯤 밖에서 스트레스를 받고 집으로 돌아왔을 때 몸과 마음이 무너지는 듯한 느낌을 받은 적이 있을 것이다. 건강한 성인이라도 일시적으로 이렇게 흔들리고 부서지는 느낌을 경험하는 것은 흔한 일이다.

이럴 때 어떻게 대처해야 좋을까? 그 방법은 간단하다. 부모가 사랑하는 아기를 돌보듯, 아주 기본적인 생물학적·정서적 돌봄을 내게 베푼다. 지금의 나를 혼자서는 아무것도 하지 못하는 신생아를 대하듯 돌본다고 생각하면 어떻게 해야 할지 이해하기 쉽다.

신생아 돌보기는 아이를 잘 먹이고 잘 재우는 것이 가장 중요하다. 체온을 잘 유지할 수 있도록 생활환경을 안락하게 해줄 필요도 있다. 아이가 울 때는 재빨리 불편해하는 점을 찾아서 문제를 해결해주고, 보듬고 안아서 불안한 마음을 진정시켜준다. 여기서 그치지 않고, 긍정적인 감각과 감정을 느낄 수 있도록 온갖 사물을 보고 듣고 느끼고 맛보고 맡을 수 있는 풍부한 감각 자극을 준다. 이런 원리를 나를 돌보는 활동, '자기돌봄'에 적용하면 스트레스로 무너진 몸과 마음을 건강하게 봉합하는 데 큰 도움이 된다.

지칠 때일수록 기본적인 자기돌봄이 중요하다는 사실을 우리 모두 알고 있다. 그러나 역설적이게도 몸과 마음이 지칠 때 가장 먼저 자기돌봄을 놓치는 이들이 많다. 그래서 나를 돌보는 일이 가장 필요한 시기에 오히려 자신을 방치하곤 한다. 다음 내용에는 스트레스가 클수록, 몸과 마음의 무너지고 자신이 흔들린다는 느낌이 들수록 더더욱 신경 써야 하는 자기돌봄의 기본을 담았다. 어려울 때일수록 나를 보살펴야 한다는 사실을 잊지 말자.

모두가 알아야 할
자기돌봄의 기본

1. 규칙적으로 충분히 잘 자기

아이를 돌볼 때 가장 중요한 것은 아이가 잘 먹고 잘 자게 돕는 일이다. 특히 건강한 수면-각성 주기 유지는 몸과 마음을 안정시키는 데 매우 중요하다. 인간의 몸은 원래 24시간 주기로 수면 – 각성 주기가 조절되고, 이 생체 리듬에 따라 각종 호르몬 분비와 신진대사가 이루어진다. 수면 시간이 충분하지 않거나 수면-각성 주기가 흐트러지면, 면역력 저하와 비만처럼 각종 대사성 질환의 위험이 커질 뿐만 아니라 집중력과 기억력이 저하된다. 실제 수면 시간이 하루 6시간 이하인 사람은 7시간 자는 사람보다 치매 위험성이 30퍼센트 높았다는 연구 결과가 있다. 피로가 심해질 뿐만 아니라 이유 없는 짜증과 우울, 조급증도 늘며 감정 조절은 더욱 어려워진다. 스트레스를 해소하려고 잠을 줄여 술을 마시거나, 취미 활동에 과도하게 몰두하거나, 밤늦게까지 일을 붙잡고 있는 것은 건강한 삶에 그다지 도움이 되지 않는다.

그러니 아침에 일정한 시간에 일어나 낮에 충분히 각성된 상태로 원하는 일을 하고, 밤에는 이완된 상태에서 적정한 시간을 들여 잠을 자는 걸 목표로 삼아보자. 한국인의 평균 수면 시간은 6.7시간으로 경제개발협력기구Organization for Economic Cooperation and Development, OECD 회원국의 평균 수면 시간(8.3시간)과 비교하면 매우 적다. 성인에게는 보통 8시간 수면을 권유하지만, 사람마다 수면 요구량이 다르므로 7~8.5시간 정도의 범위에서 자신에게 맞는 수면 시간을 찾는 것이 좋다.

수면-각성 주기는 빛에 민감하게 반응한다. 규칙적인 수면-각성 주기를 만들려면 빛을 잘 조절해야 한다. 여기서 가장 중요한 것은, 잠드는 시간에 상관없이 아침마다 정해진 시간에 일어나서 강한 빛을 쪼여 뇌에 확실하게 각성 스위치를 켜주는 일이다. 집 안을 밝게 하거나 간단하게 아침 산책을 해도 좋다. 만약 아침에 해가 들지 않는 공간에서 생활하거나 낮에 멍하고 무기력하게 졸다가 밤에 쉽게 잠들지 못하는 일이 잦다면, 아침에 일어나자마자 광치료기light box로 20분 정도 빛을 쪼이면 좋다. 아침에 쪼이는 빛은 기분과 활력을 상승시키고, 각성도와 집중력을 유지하는 데에도 효과적이다. 반대로 저녁 8~9시 이후로는 조명을 어둡게 조정해야 수면 호르몬인 멜라토닌이 분비되어 쉽게 잠들 수 있다. 잠들기 직전까지 밝은 형광등을 켜고 시간을 보내다가 갑자기 불을 끄고 자려고 하면 잠이 오지 않는다. 빠르고 수월하게 잠들고 싶다면 일찍 침대에 눕기보다 아침에 강한 빛을 쪼이는 시간을 앞당기는 것이 효과적이라는 사실을 꼭 알아두자.

스트레스가 쌓여 몸과 마음을 다루기 어려워지면 가장 먼저 잠을 점검하자. 아침에는 일정한 시간에 일어나서 최대한 밝은 환경에 자신을 노출하고, 저녁부터는 충분히 어둡게 빛을 조절한다. 저녁에는 카페인 섭취·음주·야식·격렬한 운동처럼 각성을 유도하는 행위는 자제하고, 몸과 마음을 충분히 이완할 수 있는 활동을 시도해보자.

2. 건강하게 규칙적으로 잘 먹기

서럽게 눈물을 흘리는 아이를 달래야 한다고 생각해보자. 이때 아이를 따뜻하게 안고 달래주며 왜 우는지 물어보는 게 좋을까, 사탕이나 초콜릿을 아이 입에 넣어 울지 못하게 하는 게 좋을까? 달콤한 음식을 주면 일시적으로 격해졌던 아이의 감정을 가라앉힐 수는 있지만, 이 방법은 아이의 마음건강에 근본적으로 도움이 되지 않는다. 아이가 자신이 지금 무엇을 느끼고 있으며 이 느낌을 어떻게 표현할지, 스스로를 진정시키는 방법은 무엇일지 익힐 수 없기 때문이다. 이렇게 소화되지 않은 채로 마음속에 남은 불편한 감정들은 마음의 응어리로 남게 된다.

어른의 감정도 이와 마찬가지다. 불편하거나 불쾌한 감정이 떠오를 때 더 큰 감각적 자극으로 감정을 덮어버리거나 감정을 억누르고 지나가면, 억압되고 해소되지 못한 감정이 마음속 더 깊은 곳에 자리 잡는다. 그리고 더욱 끈질기게 여러 출구(각종 신체 증상, 불안과 우울과 같은 정서적 불안정성, 충동적인 행동 등)를 통해 우리를 끊임없이 불편하게 한다. 뇌가 '몸와 마음이 위기에 처해 있다'라는 경고 신호를 보내는 것이다.

우리는 타인이 힘들어하면 곧잘 위로하고 걱정하면서도 스스로에게는 그렇게 하지 못해 잘못된 방법으로 스트레스를 해소하는 경우가 많다. 스트레스를 음식 섭취로 푸는 경우가 대표적이다. 특히 부정적인 감정 표현을 어려워하거나 감정을 억누르는 완벽주의 성향이 있는 사람들, 타인의 눈치를 많이 보고 잘 거절하지 못하는 사람에게 이런 모습이 흔히 나타난다. 이들은 감정을 적절히 표현하거나 문제를 해결하는 대신 스트레스를 참고 견디며 갈등을 회피하고 먹기를 선택한다. 당장의 문제를 회피할 수 있으며, 타인의 도움을 받을 필요도 없고, 음식 섭취로 실제 스트레스가 완화되는 느낌을 받기 때문이다. 음식을 먹으면서 맛보다 바삭함이나 쫄깃함 등의 식감을 즐기거나, 배가 부른데도 기분이 나아질 때까지 계속해서 먹거나, 음식을 먹으면서도 죄책감·우울감·수치심을 느낀다면 스트레스성 폭식이 있는 건 아닌지 생각해볼 필요가 있다.

스트레스가 심할 때는 시간 감각뿐만 아니라 배고픔에 대한 감각도 불안정해지면서 식사가 불규칙해지기 쉽다. 불규칙한 식사나 다이어트로 식사를 제한하거나 식욕을 억제하면, 뇌에서 식욕을 조절하는 부위인 식이중추의 기능이 떨어진다. 배고픔이나 포만감에 무뎌지거나 반대로 과민해져서 허기를 못 느끼다가 밤에 몰아서 과식하고, 배가 불러도 먹기를 중단하기 어려워진다. 그러니 스트레스로 식욕에 변화가 생기면 의식적으로 더욱 밥을 건강하게 잘 챙겨 먹자. 규칙적인 식사를 통해 주기적으로 위장에서 뇌로 신호가 전달되어야 생체 리듬이 일정하게 유지되고 몸과 마음이 흐트러지지 않는다.

3. 좋은 것을 보고 듣고 느끼며 자신을 보듬기

무기력하게 지쳐서 아무것도 하고 싶지 않거나 무엇을 해야 할지 알 수 없을 때에도, 자신을 아이를 돌보듯 챙긴다고 상상해보면 무엇을 해야 좋을지 방향을 찾아가기 쉽다. 우리는 아이에게 신나고 즐거운 동요를 불러주고, 차분한 음악을 틀어주고, 사랑이 흘러넘치는 동화를 읽어주기도 한다. 아주 어릴 때는 흑백그림을, 시력이 발달하기 시작하면 알록달록한 그림책을 보여준다. 아이를 안고 밖으로 나가 시원한 바람과 햇빛을 느끼게 해주고, 다채로운 자연의 정경을 눈에 담을 수 있게 한다. 포근하게 안아주고 마사지를 해주고 부드러운 촉감의 담요로 감싸주기도 한다. 아이를 웃게 하는 것이 무엇인지 주의를 기울이고, 더 즐겁고 풍부한 감정을 느낄 수 있도록 여러 가지 활동에 참여하도록 한다. 아이의 얼굴을 찌푸리게 하는 불편한 자극은 되도록 제거해 아이가 안정감을 느끼게 한다.

바로 이런 방식으로 지친 자신을 돌보아주면 어떨까? 직장에서 자존심이 상해 풀이 죽어 집에 왔을 때, 먹거나 놀거나 쉴 자격이 없다며 자신을 비난하고 움츠러들거나 나를 방치하는 대신 **의도적으로 주의 깊게 자신을 돌보자.** 내게 따뜻한 음악을 들려주고, 좋은 것(좋아하는 색깔, 그림, 사진, 영화 등)을 보여준다. 사랑과 위로를 주는 이야기를 읽거나 듣고, 창문을 열거나 밖으로 나가 자연과 교감하는 시간을 보낸다. 깨끗하고 편안한 잠옷을 입고, 부드러운 침구로 몸을 감싸거나 인형을 꼭 안아도 좋다. 눈물이 나면 울고, 웃음이 나면 웃자. 통증이 있거나 아픈 곳이 있으면 참거나 다음으로 미루지 말고 적극적으로 치료한다. 몇 달째 고장 나 있는 전등이나 가전제품처럼 나를 은근히 불편하게 하는 것이 있다면 하나씩 해결한다. 평소보다 더 건강하고 맛있는 음식을 먹고, 충분히 잠잘 시간을 자신에게 허용한다. 순간이라도 내 마음을 편안하게 채워주거나 위로하는 것이 있는지 주의를 기울이고 그 상황이나 자극에 5초, 10초라도 더 머물러보자.

누구나 몸과 마음이 흔들리며 내가 지금 무엇을 하고 있는지, 인간답게 살고 있는지 의문이 들 때가 있다. 그럴 때일수록 그 문제에만 골몰하기보다 자신을 사려 깊게 돌보아야 한다. 무엇보다도 나를 돌보려는 의도를 마음속에 확실하게 품고 의식적으로 계속 떠올

리는 일이 중요하다. 사는 방식을 전면적으로 바꾸라는 뜻은 아니
다. 아기가 누워서 바라보고 있는 벽에 따뜻한 그림을 하나 걸어주
는 것처럼, 한두 가지라도 평소보다 내게 긍정적인 감정·감각을 유
도하는 자극을 줘보자!

자기돌봄 연습하기

1. 스트레스가 누적되거나 자존감에 상처 입었던 순간을 떠올리고, 그
때 구체적으로 어떤 상황이었는지 생각해보자.

2. 나는 그때 무엇을 느끼고 생각하고 행동했는가?

　　－ 신체 감각 & 내 자세:

　　－ 감정:

　　－ 생각:

　　－ 행동:

3. 그때 내 몸과 마음을 돌보기 위해 했던 활동을 적어보자.

4. 그때 나를 돌보는 행동을 하지 못했던 이유를 적어보자(예: '스트레스
의 원인이 해결되지 않은 상황에서 쉬는 건 문제 회피라고 생각해서', '몸이 편
하면 문제를 해결할 의지가 사라질까 봐', '남들이 내가 힘들다는 걸 알아주었으
면 해서', '내가 할 수 있는 것은 아무것도 없다는 무기력함 때문에' 등).

5. 그때와 비슷한 상황에 놓인다면 어떤 방식으로 스스로를 돌볼 수 있
을지 생각해보자.

　　－ 충분히 자기 위한 행동:

　　－ 규칙적이고 건강하게 먹기 위한 행동:

- 아름다운 사물 보기:

- 좋은 소리 듣기:

- 좋은 촉감 느끼기:

- 좋은 향기 맡기:

- 자연과 교감하기:

- 통증처럼 불편한 신체 감각 대처하기:

- 좀 더 편안한 환경 만들기:

- 위로를 느낄 수 있는 순간에 접촉하고 머무르기:

- 타인의 도움 요청/허용하기:

- 기타:

6. 5번 목록 중 가장 쉽게 할 수 있는 활동 세 가지는 무엇인가?

7. 5번 목록 중 가장 도움이 될 만한 활동 세 가지는 무엇인가?

5장

소중한에너지를
지키는
지속가능한휴식

휴식을 위한 기본기를 탄탄하게 다져도, 예상치 못한 위기나 몸과 마음에 큰 스트레스를 주는 상황이 닥쳐 삶이 중심을 잃고 흔들릴 때가 있다. 좌절을 겪으면 누구나 위축되어 마음의 그릇이 작아지기 마련이다. 이럴 때는 걱정과 불안으로 우왕좌왕하고, 후회할 만한 충동적인 선택을 하기도 한다. 스스로를 돌보고 격려하기보다 문제 상황이나 자신의 나약함을 비난하는 데 더 많은 에너지를 쓰는 이들도 많다. 우리 누구나 이렇게 자신이 작아지는 순간을 겪는다.

이번 장에서는 이런 위기 상황에서도 마음의 중심을 잃지 않고 유연하게 대처하는 힘을 기를 수 있도록, 언제 어디서든 자신을 돌보는 데 유용한 자기돌봄 방법을 소개한다. 부정적인 생각이나 감정에 사로잡혔을 때 즉시 빠져나오고, 자신을 더 따뜻하고 친절하게 대하며, 그동안 몰랐던 나만의 긍정 자원을 찾아내고 삶에 새로운 의미를 부여하는 방법이다. 삶이 흔들릴 때 쉽게 지치거나 마음이 무너지지 않도록 나를 돌보는 능력을 더욱 확장하고, 단단하고 긍정적인 삶으로 나아가보자.

부정적 감정을 자각하고
흘려보내자

자신의 감정을
잘 모르는 사람이 더 지친다

기분장애를 주로 보는 전문의로서 환자들에게 "오늘 기분이 어때요?"라는 질문을 하루에도 몇 번씩 한다. 그런데 이 질문에 섬세하게 기분이나 감정을 표현하며 답하는 환자는 별로 없다. 대부분 "그냥 뭐⋯⋯", "괜찮아요", "잘 모르겠어요"라고만 하거나, "아무것도 못 했어요", "너무 바빴어요"라며 기분·감정이 아닌 상황을 설명한다. 그때 기분이 어땠는지 재차 물어보면 "짜증 났어요", "기분이 나빠요/좋아요"라는 식으로 단순하게 답한다. 아니, 용기 내어 정신건강의학과까지 와서 기분·감정이 어떤지 자세히 말해주지 않는다니! 공황장애로 진료를 받으시는 한 교수님은 늘 이 질문을 받는데도 매번 어색하게 웃으며 "잘 모르겠어요"라고 답하고, 내가 꼬치꼬치 캐물어야 "그날 좀 울컥하고 초조해서 잠을 잘 못 자기는 했어요. 그래도 일은 어찌저찌 했어요"라고 말한다. 잔뜩 찌푸린 얼굴로 시선을 피하고, 눈에 눈물이 고이는데 "저 기분 괜찮아요"라고 하는 환자도 있다.

이렇게 자신의 감정을 자각하지 못하거나, 애써 무시하거나, 감정을 억압하며 반대로 표현하거나, '좋다/나쁘다/화난다/짜증 난다' 정도로 단순하게만 말하는 이들이 정말 많다. 그러나 감정은 외면한다고 사라지지 않는다. 소화되지 못한 감정은 마음속 어딘가에 꺼지지 않는 불덩이로 남아 몸과 마음의 에너지를 계속 소진시킨다. 이러면 평상시에도 긴장감이 높아져 더 쉽게 스트레스를 받고, 관계에서도 안정감을 느끼기 어렵다.

이러면 결국 어느 순간(때로는 엉뚱한 상황에서) 댐이 무너져 홍수가 나듯 억눌렸던 내면이 갑자기 폭발하게 된다. 이렇게 뒤늦게 마음이 무너지고 나서야 자신의 내면이 어떤 상태였는지 깨닫는다. "그때는 괜찮다고 생각했는데 지금 생각해보면 정말 불안하고 우울했던 것 같아요", "사실 재작년부터 번아웃 상태였던 것 같아요. 화를 내는 일이 점점 잦아졌는데 그때는 그냥 상황이 좋지 않은 탓이라고만 생각했거든요. 그때 좀 쉬었으면 이렇게까지 몸이 힘들지 않았을 텐데 말이에요"라고 말하는 이들이 이런 경우에 해당한다.

해소하지 못한 감정으로 지치고 싶지 않다면 감정을 잘 자각할 수 있어야 한다. 먼저 현재의 내 감정을 알아차리고 그 감정이 구체적으로 무엇인지 섬세하게 이름을 붙이는 연습을 해보자. 만약 평소에 감정을 느끼고 표현하기가 어색하다면, 신체감각을 알아차리는 마음챙김을 통해 현재의 느낌과 감정을 파악할 수 있다. 몸의 감각은 내적 정서를 명확하게 반영한다. 특히 동양인은 "가슴이 답답해!"처럼 신체감각으로 감정을 표현하는 경우가 많다.

- **두근거림, 가슴이 조임, 긴장된 턱, 답답함, 울렁거림, 배 속이 부글거림**: 불안, 두려움.
- **가슴이 텅 빈 듯한 느낌, 허기짐, 힘이 없음**: 공허.
- **이완됨, 나른함, 손발이 따뜻함, 가슴이 확장됨**: 행복 등 긍정적인 정서.

표정, 자세, 몸짓, 어조, 말의 빠르기와 같은 비언어적 행동 역시 감정을 파악하기 좋은 단서다. 오히려 말보다 더 정확하게 감정을 나타낼 때도 많다. 예를 들어, 울면서 괜찮다고 말할 때는 '괜찮다'라는 말보다 울음으로 드러난 '슬픔'에 지배적인 정서가 드러난다.

- **힘없이 축 처짐, 입꼬리가 내려감, 한숨, 아래로 향하는 시선, 느린 걸음**: 슬픔, 피로.
- **두리번거림, 긴장된 어깨, 손·다리 떨기, 미간을 찌푸림**: 공포, 불안, 두려움, 흥분.
- **가슴을 쭉 폄, 크고 빠른 목소리, 입을 크게 벌리고 웃음**: 즐거움, 고양, 흥분.

'좋다, 싫다, 짜증 난다, 화난다' 등 단순한 단어로만 감정을 표현하는가? 그런 말을 할 때 잠시 멈추고 내면에 떠오르는 생각이나 느낌에 좀 더 주의를 기울이자. 그러면 내 상태와 감정을 더욱 섬세하게 표현할 수 있다.

- **별 느낌 없다**: 심심함, 지루함, 느낌을 참음, 평온함.
- **일하기 싫다**: 당황, 좌절, 실망, 화, 불안.
- **기분이 좋다**: 행복함, 사랑이 샘솟음, 기쁨, 안락함, 고양, 흥분.

이렇게 감정을 느끼고 표현하는 일을 어색해하는 이들도 몸이 알려주는 신호, 표정과 자세, 자신이 내뱉는 단어 등을 단서로 감정을 더 풍부하고 구체적인 언어로 표현할 수 있다. 평소 안 좋은 일이 있어도 "짜증이 났다"라고만 표현했던 환자는 다음과 같이 자신의 기분을 세밀하게 표현할 수 있게 되었다.

"퇴근했을 때, 가만히 있지 못하고 앉았다 일어났다 하면서 서성거렸어요. 가슴이 답답해서 가끔 숨을 크게 들이켜거나 한숨을 크게 내쉬어야 했어요. 머리가 조이는 느낌도 있었고요. 허기진 느낌이 들었지만 한편으로는 위장이 멈춘 듯 점심에 먹은 음식이 얹힌 느낌도 있었어요. 저녁을 먹을지 고민하다 '짜증 나'라고 혼잣말을 했죠. 그때 내가 평소 '짜증 나'라고 할 때 느끼는 감정이 실은 불안, 초조함, 공허함이라는 것을 깨달았어요."

신체감각·말·행동을 통해 내 감정과 느낌에 친숙해지면 타인의 마음도 더 잘 알아차릴 수 있게 된다. 그러면 공감 능력이 향상되며 더욱 솔직하고 인간적인 대화를 나눌 수 있게 된다. 자연히 삶이 전반적으로 편안해진다.

감정을 알아차리는 것만으로도 고통이 완화된다

부정적인 감정은 우리가 그 감정을 있는 그대로 알아차리고, 그 실체에 '외로움', '두려움' 등 정확한 이름을 붙여주고, 스스로(혹은 타인이) 감정을 수용해주는 것만으로도 어느 정도 완화된다. 터질 듯 팽팽한 풍선에 작은 구멍을 내어 바람을 빼거나, 부글부글 끓고 있는 냄비에 뚜껑을 열어 김을 빼는 것과 같은 효과다. 감정을 알아차리지 못하면 감정에 압도되어 적절하지 않은 방식으로 감정을 표출할 위험이 있다. 그래서 감정을 행동화^{acting out}하거나(예: 전화기를 내던짐, 화나서 싸우거나 밖으로 나가버림, 사표를 제출함) 억압하게 된다(예: 불합리한 업무 지시를 받고도 '화를 내서는 안 돼'라고 참으며 도리어 웃으면서 "네"라고 대답함). 또는 수동 공격적인 방식으로 행동할 수도 있다(예: "네"라고 답만 하고 제대로 일하지 않음). 어떤 방식이든 내게도, 일이나 대인관계에도 별로 좋지 않은 방식이다. 다음 사례를 보며 감정을 인식하고 완화하는 방법을 알아보자.

30대 회사원 명재 씨는 갑작스레 어제에 이어 야근을 하라는 지시를 받았다. 평소라면 '화나고 억울한' 느낌을 참으며 긴장된 상태로 야근했을 터이다. 이런 상태로는 일에 집중하기도 어려울 뿐더러 몸과 마음이 지치기 쉽다.

명재 씨는 일단 일을 멈추고, 의자에 잠시 몸을 기대고 긴장을 풀려고 노력했다. 몇 분간 눈을 감고 호흡에 주의를 기울이며 마음챙김을 했다. 몸이 이완되고 다소 차분해지자, 자신의 내면에 어떤 감정이 떠오르는지 좀 더 명료하게 볼 수 있었다.

마음을 하얀 스크린에 투영하자 '화나는 마음'이 떠올랐다. 이어서

'퇴근에 대한 기대가 무너져 생긴 실망감', '좌절감', '당혹스러움'이 느껴졌다. 상사가 자꾸 자신한테만 야근을 시키는 것은 아닌지 '억울한' 마음도 들었다.

그러다 어린 시절 아버지의 말이 법인 것처럼 무조건 따라야 했을 때의 억울한 기억과 함께 '외로움', '두려움', '무력감'이 떠올랐다. 그때의 기억에 잠시 휩싸였지만, 곧 자신이 '과거'에 대한 생각에 빠져 있다는 것을 알아차렸다. 그리고 문득 자신이 어느새 등을 구부리고 힘없이 축 늘어져 고개를 떨어뜨리고 있다는 사실도 자각했다. 명재 씨는 '일도 문제지만 내가 상황을 통제할 수 없다는 무력감과 두려움, 내 마음을 알아주거나 위로해주는 사람이 없다는 외로움이 더 크구나'라고 자신의 내면을 알아차리고 마음이 비로소 조금 누그러졌다.

명재 씨는 다시 어깨를 펴고 자세를 바로잡았다. 호흡을 가다듬은 후, 용기 내어 팀장에게 "어제도 무리를 했으니 오늘은 방금 주신 업무 중 일부만 하고 싶습니다"라고 말했다. 그리고 가장 친한 동료와 잠깐 산책을 하며 마음을 달랬다. 그러자 화난 마음, 외로움, 무력감이 한결 줄어들었고, 그 덕에 그는 전보다 홀가분하게 일에 집중할 수 있었다.

부정적 감정뿐만 아니라 긴장된 자세나 통증과 같은 몸의 불편한 감각도 주의를 기울여 알아차리는 순간 그 강도가 완화된다. 긴장하고 웅크리거나 축 처진 자세 등 신체감각을 알아차리지 못하면 내내 그 자세를 유지하게 되어 부지불식간에 통증이 더욱 악화되고 피로감이 쌓일 수 있다. 통증이나 불편한 감각 역시 마찬가지로, 이런 감각이 생겨날 때 빨리 알아차릴수록 더 효과적으로 대처할 수 있다. 역으로 더 이완되고 편안한 균형 잡힌 자세를 취함으로써 긍정적 정서를 불러올 수도 있다.

　　마음챙김이 허리나 목 통증과 같은 직장인에게 흔한 통증뿐만 아니라 각종 질병 때문에 피할 수 없는 만성통증까지도 고통 강도를 효과적으로 낮춰준다는 사실은 여러 뇌과학 연구를 통해 입증되었다. 4장에서 이야기했듯이 마음챙김 명상이 의학계에 도입된 계기도, 진통제 등 다른 의학적 치료로 충분히 조절되지 않던 만성통증 환자들에게 마음챙김 명상이 매우 효과적이라는 사실이 관찰되었기 때문이었다. 통증으로 괴로운 이유에는 통증 자체뿐만 아니라 꼬리를 물고 이어지는 불안, 상념, 우울 등 통증에 대한 2차적 감정 반응도 있다('아파서 죽겠다', '큰 병이면 어떻게 하지?', '어떻게 평생 이렇게 살지?', '죽는 게 낫겠다' 등). 마음챙김은 바로 이런 자동적으로 일어나는 부정적 감정의 고리를 끊어내 통증의 강도를 줄인다. 부정적 감정을 알아차리고 흘려보내는 마음챙김의 태도가 정서적 고통의 확산을 막듯, 통증을 알아차리고 흘려보내면 고통의 강도가 줄어든다. 마음챙김이 만성통증 관리뿐만 아니라 각종 질병의 회복에 도움이 되는 이유다.

부정적 감정은
역동적인 삶의 증거

감정이 동요하는 것 자체를 불합리하고 열등하다고 보거나, 감정은 겉으로 드러나지 않게 통제해야 성숙하다고 생각하는 사람도 있다. 특히 "나는 한 번도 우울했던 적이 없다"라고 자랑스럽게 말하는 중년 남성이 드물지 않다. 어떤 이들은 '지금 우울해할 때가 아니야'라고 생각하면서 부정적인 감정이 들면 '자기관리를 하지 못했다'며 자책한다. 울적할 때 오히려 일에 더욱 몰두하면서 감정을 회피하거나 몸과 마음이 보내는 여러 가지 신호를 애써 무시하며, '나는 강인해서(혹은 밝고 쾌활해서) 우울할 리가 없다'라고 감정을 부인한다.

간혹 부정적인 감정을 있는 그대로 수용하면 일상이 무너지거나 감정에 압도당해 행동을 조절하지 못할까 봐 걱정된다고 이야기하는 사람도 있다. '우울해'라고 이야기하면 정말 우울해지며 우울증 환자가 될까 봐, '때리고 싶을 정도로 미워'라고 생각하면 정말 그 사람을 때릴까 봐 두렵다는 것이다. 이런 사람들은 일상이 냉탕과 온탕을 오간다. 조금만 부정적인 감정이 들면 정신 질환에라도 걸린 것이 아닐까 두려워했다가, 감정 상태가 나아지면 '역시 난 정상이야. 잘 살고 있어!'라고 여기고 안심한다. 부정적인 감정이나 감각을 그저 '문제'로만 여기기 때문이다.

그러나 감정의 변화는 살아 있는 한 일어날 수밖에 없는, 너무도 자연스러운 현상이다. 감정은 우리의 사고와 판단에 영향을 미치고 행동을 결정한다. 지금 여기에서 느끼는 감정을 들여다보면 내가 어떤 사람인지, 인간관계에서 무엇을 경험했는지, 어떤 실패와 성공을 경험했는지를 알 수 있다. **다양한 감정을 느낀다는 것은 내가 타인과의 관계 안에서 도전하고 실패하고 성장하며, 실존적 존재로서 역동적으로 살아가고 있다는 증거다.**

감정은 가만히 두면 저절로 식는다

감정 변화를 자각했을 때는 놀라거나 겁먹지 말고 자연스럽게 수용하는 태도가 필요하다. 우리는 마음을 흔히 드넓은 바다에 비유한다. 바다는 수면이 잔잔할 때도 있고, 거친 파도가 칠 때도 있다. 때로 큰 파도가 밀려올 때 파도에 저항하거나 도망치기보다는 '왔구나……'라고 여기고, 몸에 힘을 빼고 파도에 그저 몸을 실으며 파도가 잔잔해지길 기다리는 것도 방법이다. 어떤 감정이 일어났을 때 감정을 두려워하거나 그 감정과 다투지 않고, 차분하게 감정을 알아차리고 그 감정에 이름을 붙이자. 그리고 그 감정을 수용하고 가만히 흘려보낸다.

뜨거운 커피잔은 그대로 두면 식기 마련이다. 불안이든 분노든 충동이든, 평생 지속되는 감정은 없다. 감정을 알아차리고 그 상태로 그대로 두면 대체로 30분만 지나도 감정의 강도가 상당히 줄어든다. 그리하여 커피가 맛있게 마실 수 있을 정도로 식으면, 즉 내가 감정을 다룰 수 있을 정도가 되면 필요에 따라서 나와 상대방에게 조절된 방식으로 감정을 표현해보자.

다양한 감정을 담을 수 있는 '나'를 인식하기

흔히 현대인이 '스트레스로 부글부글 끓고 있는 상태'라고들 한다. 매일 걱정·불안·좌절·열등감 등 다양한 부정적인 감정이 불쑥불쑥 튀어나와 마음을 어지럽힌다. 나 역시 즐겁고 행복한 것은 둘째 치고 그저 '오늘 하루도 무사히' 보내기를 바라는 날이 많다.

이런 일상에서 시시때때로 나를 지치게 하는 감정들에 압도당하지 않고 지혜롭게 대처하려면, 감정을 담아내는 마음 자체가 크고 넓어야 한다. 자꾸 부정적인 감정들이 마음에 차오르고 넘친다면, 내 감정을 담는 그릇의 크기를 좀 더 키워보자. 마음을 활짝 열고 다양한 감정을 수용할 수 있는 충분히 크고 넓은 존재임을 자각해보자. 예를 들어 불안한 느낌이 끊이지 않는다면 불안이 나를 집어삼킬 것처럼 두려워하며 거기에만 몰두하는 대신, 광대한 마음 한구석에서 '불안'이 일어났음을 차분하게 바라보는 것이다. 내 마음을 본다는 건 구름 속에서 뿌연 하늘을 본다는 뜻이 아니라, 다양한 형태의 구름이 생겨났다 사라지는 하늘 전체를 본다는 뜻이다. 한 그루 나무 밑에서 위를 올려다보는 것이 아니라, 높은 곳에서 수많은 나무로 뒤덮인 숲과 산을 조망하는 것과 같다.

이렇게 마음을 넓게 인식하는 데 유용한 '산 명상'을 소개한다. 산 명상은 내가 산이 되었음을 상상하는 명상이다. 변덕스러운 날씨처럼 변하는 내 마음 한가운데서도, 스트레스로 가득 찬 외적 환경 속에서도, 평온하고 고요하게 그곳에 그대로 존재하는 산을 떠올리면 흔들리는 마음을 다스리는 데 도움이 된다. 어떠한 감정이 찾아와도 회피하거나 무너지지 않고 있는 그대로 존재하는 산처럼, 단단한 '나'의 존재를 느껴보자.

산 명상 연습하기

편안하게 호흡하며 눈을 감고 위엄 있는 산을 마음에 떠올려봅니다.

산 전체의 윤곽과 하늘 높이 우뚝 서 있는 봉우리, 땅속 깊숙이 뿌리박은 장대한 저변, 부드러운 산허리, 멀리서 보나 가까이서 보나 확고하게 서 있는 산의 모습을 그려봅니다.

3부 탄탄한 휴식과 함께, 단단해진 삶으로

산과 함께 호흡하다가 천천히 산을 내게 가져와 나와 산이 하나가 되게 해보세요. 산의 웅장함과 고요함, 생명력을 충분히 느껴보세요. 머리는 우뚝 솟은 산꼭대기가 되어 사방의 경치를 돌아볼 수 있습니다. 어깨와 팔은 산허리가 되고, 하체는 굳건한 산의 저변이 되어 지금 있는 장소에 뿌리를 내리고 있습니다.

이제 태양을 따라 빛과 그림자가 바뀌어가는 모습을 알아차려 봅니다. 밤과 낮이 순환하고, 해와 달과 별이 하늘을 지나가도, 날씨와 계절이 바뀌어도 산은 그 자리에서 끝없는 변화를 경험하면서 그대로 존재합니다. 봄과 여름에는 녹음이 우거지고, 새소리와 풀벌레 소리가 산 전체에 울려 퍼집니다. 가을에는 단풍으로 물들고, 겨울에는 황량한 바람이 눈과 얼음으로 뒤덮인 산 위를 지나갑니다.

사람들은 이 산에 찾아와서 "멋지구나" 하고 감탄할 수도 있습니다. 혹은 비가 오거나 안개가 짙어서 산을 구경하기에는 좋지 않다고 할지도 모릅니다. 그러나 **이런 평가는 항상 그대로 존재하는 산에게는 아무런 문제가 되지 않습니다.** 사람들이 보든 보지 않든, 산은 언제나 그대로 아름답게 존재합니다. 폭풍이 몰려오고, 눈보라가 퍼붓고, 혹독한 바람이 불어와 상처를 입어도 산은 모든 것을 견디어 냅니다.

우리는 살면서 다양한 삶의 고난과 마음의 폭풍을 만나고, 어둠과 고통의 시간을 견뎌내며, 그 끝에 찾아오는 기쁨과 고양감도 느낍니다. 마치 산에서 일어나는 계절과 날씨의 변화와 같습니다.

이제 우리는 산이 되어 끊임없이 변하는 내 몸과 마음, 나를 둘러싼 외적인 환경을 경험합니다. 그리고 이 변화 속에서도 산처럼 자신의 본질을 간직한 채, 굳건하고 평온하게 존재할 수 있음을 알아차립니다.

스스로를 괴롭히는
불안에서 벗어나는 법

과거의 잘못과 불안을
곱씹으며 괴로워하는 이들

상민 씨는 일주일 전 동료가 회의 시간에 자신에게 무례하게 군 이후 줄곧 일에 집중하지 못하고 있었다. 그때 자신이 처했던 상황, 동료가 짓던 표정, 자신을 향해 쏘아붙이던 말투가 계속 떠올랐다. 상민 씨는 처음에는 왜 상대가 나를 무시하는지, 내가 무엇을 잘못했는지 곱씹었다. 상황을 되돌리고 싶다고 생각하기도 했다. 그러다 과거에 다른 사람들에게 무시당했던 비슷한 경험들이 떠올라 더 우울해졌고, 상상 속에서 그에게 화를 내보기도 했다.

그는 점점 자신이 무가치하고 이곳에서 살아가기에 부적절한 사람이라는 느낌과, 이 세상은 악의적인 사람들로 가득 차 있다는 생각에 휩싸였다. 동료와 싸우고 직장에서 벌어질 일을 떠올리다가 사태가 커져 해고까지 당하는 상상이 떠오르기도 했다. 그럴 땐 공포와 분노가 치솟아 마음을 가라앉히기 어려웠다.

부정적인 과거의 사건을 후회하는 생각과 '그때 이랬어야 했다'라는 상상에 휩쓸려 헤맨 경험이 있는가? 과거에 대해 끊임없이 반추하고 후회하거나, 내면에서 솟구치는 강렬한 감정에 빨려 들어간 경험이 한번쯤 있을 것이다. 마치 과거의 경험을 열심히 곱씹으면 잘못된 과거를 바꾸거나 사라지게 할 수 있는 것처럼 말이다.

이런 '반추하는 생각' 패턴은 습관처럼 머릿속에 배어 자동적으로 작동하는 특성이 있다. 그래서 이런 습관이 있는 사람은 사소한 스트레스를 받아도 쉽게 부정적인 기분이 증폭되며 내면과 일상생활이 흔들린다. 이런 상태가 지속되어 우울증·불안장애·불면증으로 이어지기도 한다.

없는 걱정거리도
찾아서 하는 '프로 걱정러'

특별한 사건이 없어도 마치 '걱정거리를 찾듯이' 끊임없이 불안해하는 사람들도 많은 편이다. 이들은 사소한 일상의 단서에도 최악의 결과를 예상하며 지나치게 불안해한다. 이런 불안을 부유불안 free floating anxiety이라고도 한다. 이들의 마음속에는 불안이 공기 중의 산소처럼 둥둥 떠다니다가 머릿속에 떠오르는 모든 생각에 들러붙어, 사소한 일도 걱정거리로 만들어버린다.

부유불안이 심한 사람은 친구와 만나러 외출할 때는 약속 시간에 늦어 관계가 파탄이 날까 봐 걱정하고, 가족이 전화를 받지 않으면 상대가 교통사고처럼 큰일을 당했을지도 모른다며 공포에 떨고, 등교하는 자녀를 보며 저 아이가 학교폭력을 당하면 어쩌나 하며 불안해한다. 이렇게 자신과 타인의 미래에 일어날 수 있는 문제(사건·재정·건강·안전·대인관계 등)를 광범위하게 걱정한다. 마치 고장난 수도꼭지를 아무리 막아도 물이 새는 것처럼, 한 가지 문제를 해결해도 다른 주제로 끝없이 걱정이 이어진다.

이런 사람들은 늘 벼랑 끝에 서 있는 듯한 느낌을 받는다. 이 때문에 집중력이 떨어져 일상생활 전반에 실수가 잦아지고, 정작 신경 써야 할 중요한 일은 뒷전이 된다. 늘 긴장하고 있으니 예민해지고 조금만 일해도 쉽게 피곤해진다. 불면증이나 두통과 같은 통증에 시달리기도 하고, 발한·메스꺼움·속쓰림·설사·빈뇨(특히 밤에 심해짐) 등 다양한 신체 증상에 시달린다.

이런 부유불안으로 인한 신체 증상이 6개월 이상 지속되면 범불안장애generalized anxiety disorder라고 진단한다. 범불안장애는 고소득 국가에서 100명 중 네 명이 진단받을 정도로 매우 흔한 질환임에도 잘 알려지지 않았다. 대부분 불안한 상태가 몇 년 넘게 지속되기에 '내가 걱정이 좀 많은 성격'이려니 하고 살기 때문이다. 전문가의 도움이 필요하다는 사실을 자각했더라도, 불안한 마음보다는 신체 증상에 집중해 정신건강의학과보다 통증 클리닉이나 내과를 찾는 경우가 많다. 그러나 이 불안의 패턴을 알아차리지 못하면 더 위험한 상황으로 이어질 수 있다. 범불안장애를 치료받지 않은 환자의 60퍼센트 이상이 우울증, 공황장애, 알코올·약물 남용 등의 문제를 겪는다. 때문에 '걱정이 많고 여기저기 아픈 증상'이 오래 지속되면 반드시 정신건강의학과 등 전문가의 도움을 받는 것이 좋다.

지치고 불안할수록,
마음을 현재로

　현재의 스트레스만 감당하기도 지치고 괴로운데 과거와 미래까지 걱정하며 고통을 더하는 것은 자신에게 너무 가혹한 일이다. 이는 불난 집에 부채질하는 것이나 마찬가지다. 이럴 때는 과거나 미래로 종잡을 수 없이 떠돌아다니며 지치고 불안한 마음을 다시 현재로 챙겨 오면 큰 도움이 된다. 즉, 마음을 '지금 여기'에 발 딛고 서 있도록 하면 과도한 불안으로 생기는 고통의 무게를 덜어낼 수 있다.

　일단 반추와 부유불안에서 빠져나와 차분하고 명료하게 현실적으로 생각할 수 있을 때 과거를 성찰하고, 현재를 판단하고, 미래에 대한 결정을 내리고 계획을 세워도 늦지 않는다. 아니, 오히려 더 효과적으로 생각할 수 있다. 내가 진료실에서 수없이 하는 조언 중 하나가 너무 불안하거나 우울할 때는 중요한 판단과 결정을 미루고 일단 쉬라는 말이다. 과도한 불안은 내가 가진 지혜와 현명함을 절반 이하로 감소시킨다. 문제를 당장 해결해야만 불안에서 빠져나올 수 있다고 생각하는가? 해결 방법 찾기를 잠시 중단하거나 미뤄두는 것은 현실도피라고 생각하는가? 바로 이런 생각의 습관이 나를 더욱 불안에 빠뜨리고, 충동적인 선택과 후회할 만한 행동을 하게 만든다.

앞에서 언급했듯 불안·걱정·두려움과 같은 부정적 감정도, 재 앙을 막기 위해 당장 뭐라도 해야 할 것 같은 충동도 시간이 지나면 자연스럽게 그 강도가 줄어들게 마련이다. 그러나 불안과 반추가 빈 번하게 일어나고 그 강도가 심해서 일상에 어려움을 겪을 정도라면 좀 더 적극적으로 대처할 필요가 있다.

여기에 불안에서 빠져나오는 데 효과적인 연습 3단계를 소개 한다. 불안한 생각과 감정을 있는 그대로 관찰하고, 그게 무엇인지 언어로 표현함으로써 불안한 감정이나 생각과 거리를 두고, 현재로 돌아오는 과정을 연습해보자.

1. 기차역 마음챙김: 꼬리에 꼬리를 무는 불안 관찰하기

기차역 마음챙김은 내 마음을 기차역이라고 가정하고, 그 옆의 높은 언덕이나 건물 옥상에서 기차역을 바라본다고 상상하며 마음 을 들여다보는 연습이다. 이 역을 오가는 기차들은 일상에서 떠오르 는 생각·감정·감각·심상이다. 기차역에는 하루에도 기차가 몇십, 몇백 대씩 지나간다. 잠시 멈춰 서서 정차하기도 하고 순조롭게 지 나기도 하는 기차들을 멀리 높은 곳에서 그저 관찰하자.

개중에는 검은 매연을 잔뜩 뿜어내고 강렬한 소음과 진동을 일으키며 다가오는 낡은 기차도 있다. 이 기차는 '그 일이 잘못되면 난 끝이야'라거나 '무시당하다니 말도 안 돼'와 같은 불안·원망·분노·좌절감이다. 이런 기차는 빨리 보내버려야 하는데도, 우리는 오히려 기차를 멈춰 세우고 그 안으로 들어가 계속 머물며 고통받는다. 바로 과거와 미래를 오가는 불안한 생각과 감정의 늪에 빠지는 상태다. 낡고 더러운 기차에 점령당한 마음의 기차역은 점차 마비된다. 이러면 현재의 즐거움과 소중한 순간을 실은 기차가 역으로 들어오지 못한다.

어떻게 해야 할까? 우선 내가 낡은 기차 안에 머물러 있다는 것을 '알아차리고', 기차 밖으로 '빠져나와서', 한시라도 빨리 기차를 역에서 '떠나보낸다'. 자꾸 낡은 기차만 주시하며 탑승하려고 하는 자신을 발견한다면, 다시 기차에서 거리를 두고 멀리서 기차역 전체를 관찰하는 것부터 시작한다. 이렇게 낡은 기차가 떠나가고 기차역에 질서와 평화가 찾아오는 모습을 바라보며, 부정적인 생각이나 감정은 '사실'이 아닌 마음속에서 나타났다 사라지는 일시적인 현상일 뿐임을 자각한다.

2. '사실'과 '사실이 아닌 생각' 분류하기

우리는 불안한 생각에 깊이 빠지면 자꾸 그 생각이 사실이라고 여긴다. 앞 사례의 상민 씨가 '그 사람이 나를 무시하는 모습을 본 다른 동료들도 앞으로 나를 무시할 거야. 나는 외톨이가 되고, 프로젝트에서 배제되겠지……'라고 생각한다고 하자. 이 생각에 빠진 상민 씨는 프로젝트에서 완전히 배제되어 고립되는 상상을 마치 사실처럼 여기며 고통스러워한다.

그러나 이 점을 분명히 기억하자. 꼬리에 꼬리를 무는 불안한 생각은 대부분 사실이 아니다. 불안한 생각은 환상이나 소망에 지나지 않으며, 사실이라고 굳게 믿으면 이런 생각은 단순한 환상에서 벗어나 망상이 된다. 따라서 내가 부정적인 생각에 빠져 있다는 사실을 알아차리는 것이 중요하다. 이럴 때는 내면에 떠오르는 생각과 감정을 사실과 구분하는 연습이 도움이 된다.

생각과 사실을 분류하는 연습은 어떻게 하면 좋을까? 먼저 내 안에 떠오르는 갖가지 생각을 컨베이어 벨트 위에 올려놓는다고 상상하고 그 모습을 가만히 관찰해보자. 벨트 위에 실린 생각들이 다가오면 그 생각을 상자 두세 개에 분류해서 담는다고 상상해보자. '사실'과 '생각' 두 가지 범주로 분류해서 담아도 좋고, '생각'의 범주를 좀 더 세밀하게 쪼개서 분류해도 좋다. '사실, 과거에 대한 생각, 미래에 대한 생각' 세 가지 범주로 생각을 나눈다면 그런 생각이 떠오를 때마다 '사실', '과거', '미래'라고 소리내어 말해보자.

- **상민의 사실(경험)**: 직장 동료가 '넌 아직 경험이 부족해. 네 생각 별로야' 라고 말한 장면.
- **마음**: '네 생각 별로야'라고 말한 장면 – 무시당함 – 집단적 무시 – 따돌림 – 분노 – 고립 – 배제 – 동료의 눈빛과 말투 – 혼자 점심을 먹는 장면 – 해고 – 경제적 어려움 – ……
- **컨베이어 벨트 명상**: 사실 – 과거 – 미래 – 미래 – 과거 – 미래 – 미래 – 과거 – 미래 – 미래 – 미래 – ……

불안에 빠졌을 때 생각이 이어지는 패턴은 사람마다 다르다. 주로 걱정과 후회를 한다면 생각을 '사실, 걱정, 후회'로 분류할 수도 있다. 늘 '큰일 났다'는 식으로 생각하는 사람이라면 가볍고 재미있게 '사실, 오버하는 생각' 두 가지 범주로 생각을 나누어도 좋다.

이처럼 컨베이어 벨트 위에 불안한 생각을 올려놓고 사실과 생각을 구분하는 연습을 꾸준히 하면 '생각의 내용 자체'에 빠져드는 것을 방지할 수 있다. 이뿐 아니라 내가 한 가지 사건을 경험하고 어떤 식으로 부정적인 감정과 생각을 증폭시키는지와 같은 오래된 마음의 습관을 알 수 있다.

3. 한 번에 한 가지 일만 하기

불안의 패턴을 알았다면 여기에서 빠져나와 현재에 주의를 기울일 차례다. 이는 내가 현재 하는 일과 활동에 온전히 머물면서 과거나 미래가 아닌 현재를 살아감을 의미한다. 즉, **한 번에 한 가지 활동에만 주의를 집중하고 몰입**하는 것이다. 지금 무슨 일이 일어나고 있는지, 내가 지금 무엇을 하고 있는지 적극적으로 주의를 기울인다. 과거와 미래에 대한 생각이 떠올랐다는 사실을 자각하면, 그 생각에 '과거', '미래', '걱정' 등 이름을 붙이고 생각을 붙드는 대신 조용히 지나가게 한다.

상민 씨의 경우를 다시 보자. 그는 이번에는 제대로 내 의견을 개진하겠다 다짐하며 회의실에 들어섰다. 그러나 막상 회의가 시작되자 그는 동료의 표정을 살피거나 사람들이 자신을 어떻게 보고 있는지 걱정하기 시작했다. 그 걱정을 잊으려고 자꾸 시간을 확인하며 회의가 언제 끝날지, 끝나면 뭘 할지 궁리하는 생각에 잠겼다.

이때 상민 씨는 문득 자신의 생각이 또다시 과거와 미래를 오가느라 회의에 집중하지 못하고 있다는 사실을 알아차렸다. 그래서 현재에 마음을 묶어두기 위해 마음챙김을 하며 회의에 집중했다. 발언하는 사람을 의도적으로 쳐다보고, 적극적으로 경청하고, 회의 자료를 손으로 짚어가며 읽으면서 자신의 현재 상황에 주의를 기울였다. 불쑥불쑥 과거나 미래에 대한 생각이 떠오르면 마음속으로 '상상'이라고 말하고, 다시 현재 일어나는 일에 주의를 기울이기를 반복했다. 그러자 의기소침하고 긴장된 마음과 외로움이 한결 줄고,

회의에 좀 더 집중할 수 있었다.

많은 이들이 여러 가지 일이나 생각을 동시에 수행하는 멀티태스킹이 효율적이며 더 많은 성취를 이룰 수 있는 방법이라고 생각한다. 그러나 실제로는 멀티태스킹을 해도 시간이 절약되지도 않으며 오히려 몰입도와 집중력이 떨어진다는 연구 결과가 많다. 대화하거나 일하면서 다른 생각을 하는 것은 미끄러운 접시 두 개를 한 손에 잡고 동시에 설거지하는 것과 같다. 일할 때는 일만, 걸을 때는 걷기만, 먹을 때는 먹기만, 대화할 때는 대화만 해보자. 한 번에 한 가지 일만 하는 것만으로도 생활의 피로도가 크게 줄어든다.

몰입해서 걱정하는 '걱정 시간' 마련하기

'한 번에 한 가지 일만 하기'에는 '걱정할 때는 걱정만 하기'도 포함된다. 걱정이 습관이 된 이들은 과도한 불안으로 자신이 더욱 고통스러워진다는 사실을 명백히 알면서도, 걱정해야 미래의 큰 재앙을 막을 수 있다고 생각하기 때문에 막상 걱정거리가 떠오르면 걱정을 잘 억누르지 못한다. 오히려 걱정에 몰두하는 것을 편하게 여기기도 한다. 또한, 불안한 생각 자체가 안 하려고 할수록 더 떠오르기는 특성이 있기도 하다.

따라서 무작정 걱정을 하지 않으려고 하기보다, 걱정을 특정 시간에 집중적으로 하는 편이 걱정을 줄이는 데 효과적이다. 다른 사람들보다 유독 걱정이 심하다면, 하루 중 걱정만 하는 시간인 '걱정 시간'을 정해보자. 매일 일정한 시간에 정해진 곳에 30분 정도 앉아서 오로지 걱정에만 몰두하고, 걱정 내용도 상세하게 적어본다. 걱정 시간 외 시간에 떠오르는 걱정은 간단한 메모나 녹음으로 남겨두고, '정해진 걱정 시간에 열심히 걱정해보자!'라고 다짐하며 걱정을 최대한 미룬다. 걱정은 보통 밤에 심해지므로 저녁 시간에 걱정 시간을 정해두면 걱정이 떠올랐을 때 바로 대처할 수 있다.

밤마다 걱정 때문에 잠들기 어려운 경우도 매일 저녁 10분 내로 앉아 몰입해서 '걱정 메모'를 적으면 좋다. 먼저 구체적인 걱정 내용을 적은 다음, 그 걱정을 해결할 단기적이고 현실적인 해결 방안을 함께 적는다(예: '살쪄서 어떡하지?' → '내일 운동을 시작한다'). 해결책이 없으면 '지금으로서는 없다'라고 적고, 내가 생각해도 비현실적인 과도한 걱정이라면 옆에 '재앙적 사고'라고 적는다. 그리고 그 메모를 접어 머리맡에 둔다. 잠들 때 다시 걱정이 밀려오면, '이미 메모에 내 머리에서 나올 수 있는 최선의 해결책을 다 적어 뒀어'라고 나를 다독인 다음 몸과 마음의 긴장을 푸는 이완 활동을 한다.

이렇게 걱정을 일정한 시간에만 몰아서 하다 보면 일상에서 불안에 사로잡히는 시간이 조금씩 줄어든다. 당장이라도 큰 재앙이 닥칠 것 같아 공포에 떨게 되는 일이 있더라도, 막상 걱정 시간에 집중해서 고민하고 그 고민을 글로 적다 보면 그렇게까지 걱정할 만한 일이 아니었다는 사실을 깨닫기도 한다. 정말 중요한 현실적인 걱정과 그렇지 않은 사소한 고민을 구분하기도 수월해진다.

꾸준히 걱정 시간을 활용하면, 별일이 일어나지 않는데도 반복되는 걱정을 매일 공들여 적고 있는 스스로가 우습게 느껴지거나 걱정 시간이 점점 지루해지기도 한다. 이럴 때는 걱정 시간을 조금씩 줄여도 좋다. 시도 때도 없이 솟아나는 걱정에 휩쓸리는 시간을 줄이고 불필요한 걱정에서 벗어나자.

마음의 급한 불을 끄는 응급처치

마음이 위기에 처하는 일상의 상황

큰 문제가 발생해 매우 불안하지만 문제를 즉시 해결할 수 없을 때가 있다. 멀리 여행을 왔는데 처리해야 할 중요한 일을 하지 않고 왔다는 사실을 뒤늦게 깨달았는데, 다음날 아침까지 아무것도 할 수 없는 상황을 생각해보자. 너무도 놀랍고 당황스러울 것이다. 이럴 때는 극도로 불안하고 조급한 마음 때문에 또 다른 실수가 이어지기도 한다.

반대로 스트레스 상황이 연달아 발생하는 바람에 마음이 무너지는 와중에도 꼭 문제를 해결해야만 하는 상황도 있다. 직장에서 매우 긴박한 마감을 앞두고 있는데, 갑자기 부모님이 아프거나 쓰러졌다는 전화를 받았다고 해보자. 이야기를 듣는 순간 심장이 요동치며 무엇을 어떻게 해야 할지 몰라 막막해질 것이다.

격렬한 감정적 충동에 압도되어 순간적인 감정에 따라 행동하고 싶을 때도 있다. 금주를 결심했는데 술이 마시고 싶을 때, 갑자기 앞에 끼어든 차를 보고 화가 나서 마구 경적을 울리거나 욕하고 싶을 때, 시험을 망칠까 봐 불안이 너무 큰 나머지 시험을 보러 가지 않고 싶을 때가 이런 경우다. 이럴 때 정말로 감정에 따라 행동하면 문제 상황이 더욱 악화된다.

살다 보면 이렇게 마음이 갑자기 위기에 처할 때가 시시때때로 찾아온다. 이런 위기를 아무 대처 없이 있는 그대로 마주하면 몸과 마음의 에너지가 급격하게 소진된다. 너무 크게 놀라는 바람에 밤새 머리가 하얗게 새었다든가, 큰일을 겪고 10년은 늙은 것 같다는 말이 괜히 있는 게 아니다. 게다가 이럴 때는 성급하게 문제를 해결하려다가 후회할 만한 선택을 하기 쉬운데, 이 또한 장기간 몸과 마음을 지치게 하는 요인이 된다.

위기 상황에서 출렁이는
마음을 가라앉히는 법

극도로 불안하거나 화날 때처럼 부정적인 감정에 사로잡힐 때는 심리학자 대니얼 골먼Daniel Goleman이 말한 감정적 납치emotional hijacking 현상이 나타난다. 감정적 납치란 강렬한 감정이 순간적으로 이성을 압도해 생각하고 판단하는 능력이 마비되는 상태를 뜻한다. 예상치 못하게 암이 의심된다는 건강검진 결과를 듣거나, 갑자기 실직하게 되거나, 누군가와 격렬하게 다투고 화가 머리끝까지 났을 때를 생각해보자. 이럴 때는 차분하고 명료하게 상황을 살피고 판단하는 이성이 마비된다. 심장이 두근거리기 시작하고 호흡이 빨라지며 손발에 땀이 나고, 얼굴이 붉게 달아오르고, 현기증이 나며 팔다리에 힘이 빠져 쓰러질 것 같은 느낌이 들 수도 있다. 바로 마음이 위기 상황에 처한 상태다.

위기 상황을 만나면 우리는 당장 어떻게든 문제를 빠르게 해결해야 한다는 압박감을 강하게 받는다. 우리 뇌의 편도체는 생존이 위협받는다는 신호를 감지하면, 즉각적으로 몸이 '얼어붙거나', 재빨리 '도망가거나', '싸우는'fight, flight, or freeze 반응을 보이도록 만든다. 이 반응은 주의집중력, 합리적 판단, 복잡하고 순차적인 문제 해결과 충동 조절을 담당하는 대뇌를 거치지 않고 본능적·자동적으로 일어난다. 이와 같은 즉각적인 반응이 마음의 위기 상황에서도 일어난다. 그래서 동료들과 다투었을 뿐인데도 '당장 직장을 그만두겠다'라거나 '끝장을 보겠다'라는 식으로 충동적·극단적·공격적으로 행동하게 된다.

이렇게 마음에 일단 사이렌이 울리고 이성이 마비되면, 그 자리에서 합리적으로 생각하고 효율적으로 행동하려고 노력하기가 무척 어려워진다. 어떻게 해야 충동적인 행동으로 상황을 악화시키지 않으면서도 마음이 얼어붙는 위기 상황에서 벗어날 수 있을까?

마음이 위기에 처하면 일단 감정의 강도를 즉시 낮추는 데 집중해야 한다. 일시적으로 모든 행동을 중단하고 몸과 마음을 이완시키면 마음을 가라앉히는 데 큰 도움이 된다. 이렇게 하면 스트레스 반응을 담당하는 편도체의 활동을 대뇌가 조절하게 되어, 과도하고 즉각적·감정적인 반응이 줄어들고 충동을 조절하기가 좀 더 수월해진다. 큰 위기를 만났을 때 좀 더 현실적이고 합리적인 판단을 내리고 내게 도움이 되는 방식으로 행동할 수 있도록, 마음을 가라앉히는 방법을 구체적으로 알아보자.

마음 가라앉히기 1:
'일단 멈춤'

불안·분노와 같은 감정이나 충동을 통제하기가 어렵다고 느껴지면, 일단 모든 행동을 중단한다. 말 그대로 **아무것도 하지 않는다.** 어떤 반응도 하지 않고 가만히 있어보자. 어떤 행동을 하고 싶다는 강렬한 충동을 느낄 때는, 그렇게 행동해도 될지 판단하거나 '참아야 한다'라며 애쓰는 대신 일단 멈춰보자. 머릿속에 'STOP(멈춤)' 표지판을 떠올리거나 마음속으로(혼자 있을 때는 소리내어) '멈춰'라고 말하는 것도 도움이 된다.

멈춘 후에는 한 걸음 뒤로 물러서서 문제 상황에 거리를 둔다. 마음이 위기에 처하면 해결 방법을 생각하기가 불가능해진다. 따라서 몸과 마음이 다소 차분해질 때까지 시간이 필요하다. 만약 가족이나 친구와 당장 해결하기 어려운 문제로 다투다 감정이 격렬해졌다면, 스스로에게나 상대방에게 "생각할 시간이 필요해"라고 말해보자. 다음 내용에 소개할 여러 방법을 통해 빠르게 긴장과 흥분을 가라앉히고, 차분해진 다음에 이성적으로 어떻게 해결하면 좋을지 논의해도 늦지 않는다. 감정에 지배당해서 나를 잃는 상황이 일어나지 않도록 주의하자. 감정은 우리의 전부가 아니며, 우리는 감정 이상의 존재다.

마음 가라앉히기 2:
몸과 마음 이완하기

극도로 각성·흥분했을 때는 몸과 마음을 빠르게 이완하는 요령이 있으면 안정을 찾는 데 도움이 된다. 이런 활동은 부교감신경을 자극해 직접적으로 이완을 유도한다. 부정적인 감정이나 충동에 압도될 때, 중요한 시험이나 발표를 앞두었을 때, 상황에 압도되어 무엇을 해야 할지 모를 때, 수술처럼 질병 치료 과정에서 통증에 시달릴 때, 공황 발작의 조짐이 보일 때 등, 과도한 긴장과 불안이 고통스럽게 나를 짓누르는 상황에서 다음 활동을 조금씩 시도하면 마음을 다독일 수 있다. 여기에 효과적인 이완을 유도할 수 있는 방법 몇 가지를 소개한다. 하나씩 살펴보며 내가 활용하기 좋을 방법으로 무엇이 있을지 알아보자.

1. 날숨에 집중하며 천천히 호흡하기

심장박동은 일반적으로 숨을 들이쉴 때 빨라지고 내쉴 때 느려진다. 이는 숨을 들이쉴 때 교감신경계가 활성화되고, 내쉴 때 부교감신경계가 활성화되기 때문이다. 이완하기 위해 호흡해야 한다면, 천천히 들숨과 날숨을 쉬며 1분에 대여섯 번 정도(한 호흡에 10~12초)로 깊게 복식호흡을 해보자. 이때 들숨보다 날숨을 깊고 길게 쉬어야 좋다. 다음 내용을 참고해 천천히 호흡하며 몸과 마음의 긴장을 풀어보자.

- 편안한 자세로 앉거나 눕는다.
- 천천히 호흡에 주의를 기울인다.
- 숨을 3~4초간 천천히 들이마시고, 7~8초간 천천히 내쉰다.
- 한 호흡에 10~12초 정도 소요한다.
- 초수를 정확히 맞추기보다 날숨을 충분히 길게 내쉬는 데 집중한다.

처음에는 의식적으로 호흡에 신경을 쓰다가 오히려 더 몸이 긴장되기도 한다. 그래서 평소에 조금씩 연습하며 호흡 조절에 익숙해지는 과정이 필요하다. 아침저녁으로 5분 정도 시간을 내어 이완 호흡을 연습해보자. 편안하게 누워 손을 배 위에 올려놓거나, 가벼운 요가 블록이나 작은 쿠션을 배 위에 올려놓아도 좋다. 이렇게 배 위에 무언가를 올려두면 복식호흡을 하고 있는지 자각하기가 더 쉬워진다. 처음 몇 번은 자연스럽게 호흡하다가 준비가 되면 느리게 호흡하자. 마음속으로 '하나, 둘, 셋'을 세며 천천히 배를 부풀리듯 코로 숨을 들이마시고, 잠깐 참았다가 다시 하나에서 일곱까지 세며 숨을 내쉰다. 내쉴 때는 한겨울 유리창에 뿌연 입김을 불듯 천천히 배를 꺼뜨린다.

복식호흡을 돕는 애플리케이션이나 동영상도 많이 있으니 맘에 드는 것으로 골라 연습해도 좋다. 편안하게 앉아도 좋고, 바른 자세로 서서도 해보자. 천천히 호흡하기에 익숙해지면 붐비는 지하철 안에서도, 대화나 회의 중에도 필요할 때 호흡을 조절하여 즉각적으로 몸과 마음을 이완할 수 있다.

2. 점진적 근육 이완

직접적으로 근육을 이완시키는 활동은 복식호흡과 더불어 불안장애의 행동치료에 널리 사용되는 방법이다. 늘 몸과 마음이 긴장된 채로 지내는 이들은 근육이 이완되는 느낌을 잘 모를 수도 있다. 이럴 때 특정한 부위의 근육이나 몸의 일부에 힘을 주면서 잔뜩 긴장시켰다가 이완하면, 그냥 이완하는 것보다 더 많이 이완할 수 있으며 '이게 이완된 느낌이구나'라고 긴장이 풀린 상태를 자각하기도 쉽다.

방법은 간단하다. 숨을 들이쉬면서 몸의 특정 부위의 근육을 강하게 긴장시켰다가 빠르게 근육의 힘을 풀면서 숨을 느리고 길게 내쉬면 된다. 다음 내용을 순서대로 진행하면서 긴장과 이완의 느낌을 충분히 자각해보자.

· 편안하게 앉는다.

- 양손에 70퍼센트 정도 힘을 주어 주먹을 꼭 쥐고, 손목을 뒤로 꺾어 위로 당긴다. 5~10초간 긴장 상태를 유지하며 손이 긴장으로 움츠러드는 감각을 느낀다.

- 이제 숨을 내쉬며 이완한다. 빠르게 힘을 완전히 풀고 자연스럽게 손을 아래로 떨어뜨린다.

- 5~10초간 긴장이 풀리며 이완되는 감각에 집중한다.

- 같은 과정을 손 → 팔 → 어깨 → 이마 → 눈·코·입(얼굴) → 목 → 가슴 → 허리 → 배 → 엉덩이 → 다리 → 종아리 → 발의 순서로 진행한다.

- 마지막에는 머리끝부터 발끝까지 모든 근육을 빠르게 긴장시키고 숨을 들이마셨다가, 마음속으로 '이완', '릴렉스'라고 말하며 한 번에 힘을 풀고 이완한다.

정서적 고통이 클 때나 과도하게 흥분했을 때, 숨을 내쉬고 '이완'이라고 말하며 의도적으로 모든 근육을 이완하면 빠르게 진정할 수 있다. 그러나 호흡하기와 마찬가지로 근육 이완하기도 실제 상황에 바로 적용하려면 평상시 연습이 필요하다. 만약 불면증이 있어서 밤에 몸에 긴장이 풀리지 않아 쉽게 잠들지 못한다면, 자기 전에 꾸준히 근육 이완을 연습하면 불면을 완화하는 데 도움이 된다.

3. 상상을 통한 이완

상상을 통한 이완^{guided imagery}은 긍정적이고 따뜻한 공간(환경)에 들어간다고 상상함으로써 위기 상황에 쏠린 주의를 분산하고 긴장을 덜어내어, 스스로에게 자신감과 용기를 북돋우는 방법이다. 현재 상황에 거리를 두고 뒤로 물러나 내면을 차분히 돌보는 것과 비슷하다. 다음의 예를 보며 상상을 통해 이완하는 법을 알아보자.

- 편안한 의자에 앉아 잠시 눈을 감고, 내가 안전과 편안함을 느껴질 장소를 상상한다. 따뜻한 욕조 안이나 작은 오두막 안, 편안한 소파 위도 좋고 평화로운 해변도 좋다.
- 그곳에 앉거나 누워 있는 장면을 상상하며 몸의 긴장을 풀고 편안하게 호흡한다.
- 지금 그 장소에 있는 것처럼 주위를 둘러보고, 느껴지는 감각에 주의를 기울여본다. 따뜻하고 밝은 빛과 수평선, 바다 내음과 어우러지는 파도 소리에 귀 기울인다.
- 따스한 바람, 다리나 등에 느껴지는 부드러운 모래의 감촉을 느껴본다.
- 불편한 감정과 생각이 떠오르면 다시 호흡에 집중하며 부드럽게 안전한 장소로 돌아간다.
- 이 모든 시련들 속에서도 침착하게 견디고, 집중하며 깨어 있고, 충분히 살아 있을 수 있는 나 스스로에게 존경과 깊은 만족감을 느낀다.

• 이제 자연스러운 호흡을 느끼며, 편안해진 나를 인식하며 돌아온다.

상상을 통해 이완하는 활동을 좀 더 적극적으로 활용할 수도 있다. 안전한 상상 속 공간에서 문제 상황에 의연하게 대처하는 자신의 모습을 마음속으로 그리는 연습을 해보자. 예를 들면, 화를 내고 소리 지르며 뛰쳐나가고 싶은 충동이나 술을 마시고 싶은 충동을 감내해야 한다면, 자신이 '평화로운 푸른 초원의 높은 언덕 위에 앉아 멀리서 충동을 바라보고 있다'라고 상상한다. 그리고 '양 떼가 집으로 돌아가듯 충동들이 한 곳으로 들어가면, 나는 자리에서 일어나 충동들을 뒤로 하고 떠나 고요하게 산책하는' 모습을 그려볼 수 있다.

4. 찬물로 얼굴의 온도 낮추기

차가운 물로 얼굴의 온도를 낮추고 숨을 참으면 잠수 반사^{dive} reflex로 부교감신경계가 활성화되어 빠르게 흥분이 감소한다. 먼저 다이빙하듯 몸을 숙이고, 숨을 참고 찬물에 얼굴을 담근 후 30초 이상, 혹은 숨을 찾기 힘들어질 때까지 기다린다. 차가운 물에 더 오래 견딜수록 흥분 감소 효과가 커지지만, 섭씨 15도 이하의 너무 차가운 물은 얼굴에 통증을 유발하므로 주의해야 한다. 아이스팩이나 차가운 수건을 눈 아래 광대뼈에 대거나 얼굴 전체에 대어도 된다. 같은 자세로 차가운 물을 눈 주위나 볼에 뿌리는 것도 좋다.

불안이나 분노가 조절되지 않을 때, 반추 사고에서 빠져나오기 어려울 때 이렇게 차가운 물체를 얼굴에 대면 마음을 가라앉히는 데 도움이 된다. 그러나 잠수 반사를 이용한 방법은 효과가 일시적이라는 사실을 기억하자. 일단 과도한 감정 상태가 진정되면 앞에서 소개한 다른 이완 방법을 시도하는 것이 좋다.

5. 격렬한 운동

20분 정도의 격렬한 운동도 반추 사고나 분노에서 빠르게 빠져나오는 데 매우 도움이 된다. 운동은 기분 전환 효과가 확실하다고 밝혀진 몇 안 되는 활동 중 하나다. 경미한 우울증에서 규칙적인 운동은 항우울제만큼이나 효과가 있다는 연구 결과도 있다. 자신의 연령대 최대 심박수에서 70퍼센트 정도를 유지하는 강도로 운동을 하면 기분이 좋아진다. 산더미처럼 쌓인 일들과 걱정에서 빠져나와 기분을 전환하고 일에 집중하고 싶다면, 잠깐이라도 뭐든 해도 좋으니 운동을 시작해보자.

6. 바이오피드백과 뉴로피드백

의학 전문가의 도움을 받아 자신의 자율신경계와 관련된 생체 신호를 직접 확인하고 어떻게 해야 내가 이완할 수 있는지 배우는 방법도 있다. 바로 바이오피드백biofeedback과 뉴로피드백neurofeedback이다.

바이오피드백은 심박수·체온·호흡수, 피부전도도(땀), 근육 긴장도 등 각종 자율신경계 생리 지표를 측정할 수 있는 도구를 몸에 부착하고, 컴퓨터를 통해 지표 변화를 직접 모니터링하면서 자율신경계 활성을 어떻게 조절할지 훈련하는 방법이다. 복식호흡 등 여러 가지 방법으로 이완을 시도하며 자율신경계 지표가 안정되는 양상을 수치로 확인할 수 있다. 혼자서 하기 어렵다면 전문가의 안내를 받으며 이완을 연습하자. 충분한 훈련 기간(보통 10~12주)이 필요하지만, 성공적으로 훈련을 종료하면 이후에는 모니터링 없이도 수월하게 긴장 상태를 자각하고 자율신경계를 조절할 수 있게 된다. 불안할 때마다 신경안정제를 복용하는 것보다 훨씬 더 능동적이고 적극적인 방법인 셈이다. 바이오피드백은 스트레스가 원인이 되는 광범위한 증상과 질환(불면·두통·불안장애 등) 완화에 도움이 된다.

뉴로피드백은 머리에 뇌파를 측정하는 전극을 부착하고, 실시간으로 뇌파의 변화를 화면이나 소리 등으로 모니터링하며 뇌파를 조절하는 훈련이다. 뇌파 변화를 직접 관찰하면서 자신이 지금 얼마나 각성된 상태인지, 어떻게 하면 집중 상태나 안정 상태로 뇌파를 유도할 수 있는지 배울 수 있다. 본래 뉴로피드백은 주의력결핍이 있을 때 집중력을 향상하는 방법으로 널리 알려졌지만, 바이오피드백과 마찬가지로 스트레스와 관련된 광범위한 증상 완화에 도움이 된다. 뉴로피드백도 보통 2~3개월 이상의 충분한 훈련 기간을 필요로 하며, 사람에 따라 치료 기간이 그 이상으로 길어질 수도 있다.

만약 만성적인 스트레스로 제대로 쉬거나 이완하기 어려운데 혼자서 노력하는 데 한계를 느낀다면, 바이오피드백이나 뉴로피드백을 받는 걸 고려해보자. 많은 정신건강의학과 병원에서 바이오피드백이나 뉴로피드백을 받을 수 있는 스트레스 클리닉을 운영하고 있다. 시간과 비용이 들긴 하지만 약물 복용에 비해 부작용이 덜하고, 스스로를 안정시키는 자신만의 방법을 확실하게 익혀 이완 효과를 오랫동안 지속할 수 있다.

따뜻하고 친절하게
나를 품어주기

타인에게 친절하면서
정작 자신에게는 가혹해지는 이유

스트레스와 압박으로 가득 찬 상황에서 내가 어딘가 부적절하거나 부족한 사람이라고 느끼는 것은 어찌 보면 자연스러운 일이다. 그런데 이럴 때 자신을 안타깝게 여기고 스스로를 위안하는 대신, 자신의 부족한 점과 잘못을 파고들며 후회와 자기비난의 악순환으로 빠지는 사람들이 많다. 그러면서도 타인이 고통에 빠졌을 때는 선뜻 친절하게 위로하고 격려해준다. 실제 많은 사람들이 자신에게는 비판적이지만 타인에게는 더 관대하고 친절한 태도를 보이는 경향이 있다고 한다.

우리는 왜 타인에게는 친절하게 대하면서 정작 자신은 가혹하게 판단하고 비난할까? 이는 우리가 성장한 사회·문화적 배경이나 양육 환경에서 받은 영향 때문일 수 있다. 우리는 어릴 때부터 타인에게는 겸손하고 친절하게 대해야 하지만, 자신에게 친절하고 관대한 것은 '이기적'이거나 '자기중심적'인 사고방식이라고 배운다. 또한, 많은 이들이 자신을 채찍질하지 않으면 사회에서 성공할 수 없고, 현재의 내게 만족하고 감사하기보다는 최소한 다른 사람이 사는 만큼은 살아야 사회에서 존중받을 수 있다는 이야기를 들으며 성장한다. 이 때문에 우리는 사회에서 성취를 이루고 남들에게 존중받으며 살아가려면 때로는 자기를 비난하는 태도가 필요하다고 생각하게 된다.

자꾸만 자신에게 가혹해지는 데에는 과학적인 이유도 있다. 바로 부정성 편향negativity bias이다. 인간의 뇌는 가혹한 환경에서도 생존하기 위해, 긍정적인 사건보다는 과거의 위협적인 사건을 더 잘 기억함으로써 미래의 위협에 대처하도록 진화했다. 사람들이 선행과 같은 긍정적 소식을 다룬 기사를 좋아한다고 말하면서도, 사고와 같은 잠재적 위험이나 위선·고통·불행을 다룬 뉴스를 더 많이 읽고 널리 공유하는 것도 같은 맥락이다.

자신을 바라볼 때도 마찬가지로 부정성 편향이 일어난다. 누구나 자신의 긍정적인 면보다 부정적인 면에 주의를 기울인다. 좋았던 기억보다는 나쁜 기억을 더 자세히 곱씹고 그 영향을 과장되게 평가한다. 칭찬보다는 비난에, 가진 것보다 갖지 못한 것에 초점을 둔다. 이런 부정적 편향 때문에 우리는 스트레스 상황에서 자신의 취약점·결핍·실수·비판에 더욱 몰두한다. 그 결과 자신에게 쉽게 과도한 비난의 화살을 돌리고, 나아가 주변 세상도 부정적으로 인식하게 된다.

스트레스 상황에서 자기비난으로 인해 의욕을 상실하거나 우울과 무기력에 빠지지 않으려면 먼저 '부정성 편향'과 '자신을 비난하는 사고 패턴'을 이해해야 한다. 나아가 일상에서 의도적으로 내 긍정성에 주의를 기울이고 자신을 따뜻하고 친절하게 대하는 자기연민self-compassion을 연습하면 도움이 된다. 한쪽으로 구부러진 막대기를 반대 방향으로 당겨 완만하게 펴듯, 부정적인 쪽으로만 기운 시야의 균형을 자기연민의 힘으로 맞출 수 있다.

자신에게 친절하고 따뜻한 열린 마음

내가 가장 사랑하는 사람이 고통에 빠진 모습을 상상해보자. 그 사람을 바라보는 내 마음은 어떠한가? 그를 걱정하고 위로하며 진정시켜주고, 그를 위해 무엇인가를 해주고 싶다는 마음이 간절히 들 것이다. '자기연민'이란 바로 이 마음을 자신에게 베푸는 것이다. 즉, 자신의 고통을 '그럴 수 있어. 그럴 만해'라고 따뜻하게 수용하며, 그 고통에서 벗어날 수 있도록 스스로를 위하고 행동하려는 마음이다.

자신을 채찍질하는 데 익숙한 이들은 친절함이 무엇인지 잘 알면서도 정작 그 친절함을 자신에게 베푸는 걸 낯설고 어색하게 느낀다. 자신의 고통에는 공감하지 못하면서 타인의 어려움에는 지나치게 공감하고 그들을 돕느라 쉽게 정서적 소진에 빠지는 사람도 마찬가지다.

자신에 대한 태도를 바꾸기는 생각보다 쉽지 않다. 그래서 마치 매일 악기를 연습하듯 평소 꾸준히 자기연민의 감각을 느끼고 연습하는 것이 좋다. 그러면 자기연민이 정말 필요한 순간(삶이 뜻대로 되지 않고, 자존감이 바닥을 치며, 관계에서 상처받거나, 몸과 마음이 아프고 지칠 때, 갑작스러운 불행이 닥칠 때 등)에 스스로를 진심으로 위안하고 돌보며 어려운 상황을 헤쳐 나갈 수 있을 것이다.

자기동정과
자기연민은 다르다

종종 다른 사람을 질책할 때 "자기연민에 빠지지 말라"라고 이야기하곤 한다. 하지만 이는 자기연민을 자기동정self-pity과 혼동해서 나오는 말인 경우가 많다.

이 두 가지 개념은 내가 느끼는 고통스러운 감정이 누구나 겪을 수 있는 '보편적 경험'이라는 사실을 이해하고 있는지 여부에 차이가 있다. 우리는 인간이기에 때때로 화나고 상처받고 슬퍼하고 좌절하고 외로워하고 실망한다. 부정적인 감정은 내가 무능하거나 잘못을 저질러서 일어나는 현상이 아니라, 살아 있기에 모두가 겪는 일이다. 이 점을 이해하면 나와 타인 모두의 고통에 연민의 마음을 가지고 진심으로 위로를 주고받을 수 있다. 이런 보편성에 기반해 자신을 위안하는 마음을 '자기연민'이라고 한다.

그러나 '자기동정'에 빠진 사람은 내 고통이 누구나 겪을 수 있는 일이라는 사실을 알지 못하고, 나만이 불행한 사람이라고 느낀다. 그래서 '세상에서 내가 제일 힘들어', '내가 얼마나 힘든지 아무도 이해 못 해', '왜 나한테만 이런 일이 일어날까?'라며 세상을 원망하고 늘 신세 한탄을 한다. 자연히 자신이 언제나 혼자라고 느끼며, 자신을 위로하기는커녕 타인의 위로도 받아들이지 못한다.

자기연민은 삶이 어려움에 처할 때 고통을 수용하고 내면을 더 깊이 이해하며, 이를 통해 마음을 회복하고 성장시킬 수 있는 기회를 준다. 또한 타인과의 관계에서 더 큰 연대감과 공감을 이끌어내며 이는 자신과 타인의 고통을 치유하는 행동으로 이어진다. 반면 자기동정은 자신을 고립시키고, 자신만 힘들다는 억울함과 수치심을 자극해 추가적인 고통까지 불러온다.

내 몸을 품어주며 자기연민의 감각 익히기

나를 따뜻하고 친절하게 대하는 태도가 어색하다면, 나를 부드럽게 보듬는 구체적인 감각을 느끼며 자기연민을 연습해보자. 다음과 같은 간단한 동작을 통해 자기연민의 감각을 느껴볼 수 있다.

자기연민의 감각 익히기

먼저 얼굴을 찌푸리고 턱에 힘을 주면서, 두 손을 내밀고 주먹을 가능한 만큼 꽉 쥐어 보세요. 1부터 10까지 숫자를 천천히 세면서, 어떤 느낌이 드는지 살펴봅니다. 아프거나 불편한 느낌이 들거나, 주먹에 깃든 긴장이 팔을 타고 어깨와 머리로 이어지나요? 답답하고 그만두고 싶은 느낌이 드나요? 바로 이것이 자신을 질책하고 비난할 때의 느낌입니다.

이제 주먹을 펴면서 손바닥을 위로 향하게 하고 두 팔을 앞으로 쭉 뻗어 보세요. 얼굴에 긴장을 풀고 살짝 미소를 지어봅시다. 어떤 느낌이 드나요? 누군가에게 손을 내미는 느낌인가요? 혹은 누군가에게 다가가거나 그를 안아주려고 하는 느낌 같나요? 이게 바로 누군가와 연결되고자 하는 마음, 감정이라는 인간의 보편적 경험이 주는 느낌입니다.

이제 두 손을 천천히 가져와서 가슴 위에 올려놓아 보세요. 잠시 두 손이 그곳에서 가만히 쉬게 해줍니다. 이어서 가슴을 천천히 토닥거리고, 어떤 느낌이 드는지 자각합니다. 가슴에 느껴지는 가벼운 손의 무게, 그 손에서 전달되는 따뜻함을 느껴봅니다. 안심이 되나요? 누군가가 나를 보호하거나 돌봐준다는 느낌이 드나요? 이때 느껴지는 감각이 바로 자기연민입니다.

부모가 우는 아기를 달랠 때 안아주거나 토닥이는 것처럼, 따뜻하고 친절한 마음으로 가슴에 손을 얹거나 스스로를 토닥이고 안아주는 것만으로도 몸에서 옥시토신이라는 호르몬이 분비되어 기분이 편안해진다. 힘든 순간 스스로에게 '네 기분이 어떤지 알겠어. 누구나 그런 상황에서는 이런 감정을 느낄 거야. 네 마음 이해해'라고 진심으로 말할 수 있으면 가장 좋지만, 그런 말을 떠올리기 어렵다면 이 동작을 통해 위로와 따뜻함을 느낄 수 있다.

5장 소중한 에너지를 지키는 지속 가능한 휴식   329

자애 명상,
내게 친절을 베풀기

이번에는 타인과 자신에게 위로와 공감을 보내는 자애 명상을 통해 자신을 친절하게 대하는 마음가짐을 연습해보자. 자애 명상은 일상에서 자기연민을 연습하기에 아주 좋은 방법이다. 모든 생명체에 대한 깊은 감사와 사랑, 자비의 마음을 일으키고 그 친절한 마음을 내게 보내는 데 큰 도움이 된다. 나는 가끔 아이와 잠들기 전에 손을 맞잡고 가족을 위한 자애 명상을 한다.

자애 명상 연습하기

편안하게 호흡하며 눈을 감고, 나를 미소 짓게 하는 존재를 떠올려봅니다. 가족이나 친구, 동료, 반려동물도 좋습니다. 이 존재는 모든 살아 있는 존재가 그러하듯 평안한 행복을 바라고 있습니다. 숨을 내쉬면서 날숨과 함께 그 존재에게 연민의 마음을 보냅니다.

- '당신이 행복하게 지내기를.'
- '당신이 사랑받고 있음을 느끼기를.'
- '당신을 있는 그대로 받아들이기를.'
- '당신이 고통에서 벗어나 편안하게 존재하기를.'

이 존재가 행복, 사랑, 수용, 편안함을 누리길 바라는 마음이 진정으로 느껴질 때까지 앞의 말을 천천히 음미하듯 반복합니다.

이제 이 존재가 있는 공간 안에 나 자신도 들어가 봅니다. 이제 나는 나를 미소 짓게 만드는 그 존재와 함께하고 있습니다. 방금 전과 마찬가지로, 날숨과 함께 여러분 자신과 그 존재에게 위로의 마음을 보냅니다.

– '우리 둘 모두 행복하게 지내기를.'
– '우리 둘 모두 사랑받고 있음을 느끼기를.'
– '우리 둘 모두 있는 그대로 자신을 받아들일 수 있기를.'
– '우리 둘 모두 고통에서 벗어나 편안하게 존재하기를.'

이제 나를 미소 짓게 하는 그 존재의 모습을 부드럽게 사라지게 합니다. 이제 내 마음속에는 오직 자신의 모습만 있습니다. 이제 아주 천천히, 나에 대한 친절과 연민의 마음을 보내봅니다.

– '내가 행복하게 지내기를.'
– '내가 사랑받고 있음을 느끼기를.'
– '나를 있는 그대로 받아들이기를.'
– '내가 고통에서 벗어나 편안하게 존재하기를.'

서서히 눈을 뜨고 손을 비벼 손바닥을 따뜻하게 하고, 그 손을 얼굴에 대고 따뜻함을 느끼며 현실로 돌아옵니다.

명상을 마치고 무엇을 느꼈는지 떠올려보자. 타인을 위한 명상을 할 때는 따뜻함을 느꼈지만, 스스로를 다독이는 명상을 할 때는 어색하고 불편했을 수도 있다. 역시 나를 위하는 마음가짐에 익숙해지려면 연습이 필요하다.

고통을 수용하는 연습,
'그래도 괜찮아' 놀이

혼자서 자애 명상을 하거나 자기연민의 감각을 느끼기가 어색하고 낯설게 여겨질 수 있다. 그럴 때는 가족·친구·가까운 직장 동료처럼 친밀한 이들과 놀이를 통해 자기연민의 감각을 연습해도 좋다. 사실 기회를 만들 수 있다면 아예 낯선 사람과 함께하는 연습이 더 효과적일 수도 있다. 자기연민의 핵심인 '고통의 보편성'과 '자신과 타인의 고통에 대한 공감'은 다른 사람과 함께할 때 더 깊이 체감할 수 있기 때문이다.

명상가 제임스 바라즈James Baraz가 창안한 '그래도 괜찮아' 놀이는 힘든 상황에서 고통받는 자신을 있는 그대로 수용하는 연습이다. 이 놀이는 방법이 아주 쉬워서 어린 자녀와도 할 수 있다. 두 사람이 짝을 지어(혹은 여러 사람이 원으로 둘러앉아) 차례대로 자신을 고통스럽고 불편하게 했던 일을 이야기한 후, 자신의 삶의 긍정적인 면을 떠올리며 '그래도 괜찮아'라고 말하고 상대방에게 공을 넘기면 된다.

예를 들어, "오늘 상사에게 지적을 받고 짜증 나고 우울했어"라고 말한 후, 마음속으로 그래도 열심히 노력했던 과정을 떠올리며 "그래도 괜찮아"하고 공을 넘긴다. 공을 받은 사람도 마찬가지로 "오늘 학교에서 친구가 내 험담을 하는 것을 들었어. 그래도 내게는 소중한 친구들이 몇 명 있으니까, 그래도 괜찮아"라고 다시 공을 넘긴다. 이 놀이는 매일 일과를 끝내고 혼자 하기도 좋다.

'그래도 괜찮아' 놀이는 여러 면에서 자기연민을 쉽고 즐겁게 익힐 수 있는 방법이다. 고통스러운 상황과 그로 인해 느끼는 불편한 감정을 표현하고 타인에게 공감 받는 것만으로도 감정적 고통이 줄어드는 효과가 있다. 또한, 긍정적인 면을 의도적으로 떠올리는 과정은 생각이 부정적인 방향으로 흐르도록 방치하지 않고 마음의 균형을 회복하는 데 큰 도움이 된다. 이뿐 아니라 직접 소리 내어 스스로에게 '그래도 괜찮아'라고 친절한 말을 건넴으로써 따뜻한 태도로 자신의 고통을 수용하는 자기연민을 직접 실천할 수 있는 기회를 얻을 수 있다.

자기연민이 추상적인 개념이라고 생각해 어렵게 느껴질 수 있다. 그래도 나를 위한 투자라고 생각하고 일상에서 조금씩, 꾸준히 자기연민을 훈련해보자. 자기연민의 능력을 향상할수록 삶이 더욱 편안하고 다채로워질 것이다.

내 마음을 편히 기댈 수 있는
휴식처 만들기

나는 나를 지키기 위해
늘 최선을 다하고 있었다

삶과 일상에 지쳤다는 것은 곧 내가 살기 위해 무척 노력했다는 뜻이기도 하다. 우리는 언제나 좀 더 나아지려 하고, 그러기 위해 자기 나름대로 노력하며 실패로 무너지지 않으려고 애쓴다. 타인과의 관계에서 인정과 위로를 주고받으면서도 피할 수 없는 상처로부터 자신을 보호하기 위해 최선을 다한다. 남의 일까지 떠안으며 건강을 잃을 정도로 과로하고, 긴장을 풀지 못하거나 즐거움을 느끼기 어려워하고, 실수·결핍에 매몰되거나, 부정적인 감정을 억압하고, 비현실적인 기대로 허우적대는 데는 다 이유가 있다. 이런 행동 패턴은 아주 어린 시절부터 사랑받기 위해, 고통스럽고 불쾌한 경험에서 스스로를 보호하기 위해, 성장하면서 수많은 상처와 실패에 맞서 자기를 잃지 않기 위해 만들어진다. 이렇게 살아남기 위해 생겨난 행동 패턴을 **생존 자원**이라고 한다.

어릴 때 만들어진 생존 자원은 성인이 되어서 스트레스 상황에 놓일 때, 삶이 위기에 처할 때, 중요한 사람과 관계를 맺을 때도 지속해서 힘을 발휘한다. 무언가를 성취했을 때만 사랑받았다면 일에 몰두하는 행위가 생존 자원이 되고, 지치고 힘든 감정을 표현했을 때 무시나 벌을 받았다면 고통을 참는 것이 생존 자원이 된다. 도전했다가 실패했을 때 비난을 받았다면 도전하지 않고 타인의 말에 따라 살아가는 태도가 생존 자원이 된다. 심지어 나를 힘들게 하는 관계를 반복해서 만드는 행동 패턴이나 폭식·폭음·자해와 같은 자기파괴적 행동조차도, 자신이 부서지고 사라질 것 같은 마음의 위기에서 고통에 대처하며 내가 살아 있다는 감각을 느끼게 하는 생존 자원에 해당한다.

지치고 힘든 삶에서 벗어나 진정으로 평안해지기 위해서는 먼저 '그동안 내가 어떤 방식으로든 늘 최선을 다하고 있었다'라는 사실을 알아주는 마음이 필요하다. 그리고 지금은 나를 더 지치게 하고 제대로 쉬지 못하게 하는 내 사고방식이나 행동 패턴도 한때는 어려운 상황에서 내게 도움을 주었다는 점을 깨닫는 것이 중요하다.

이들이 단순히 '약점', '증상', '문제'가 아니라 정말 고마운 생존 자원이며, 이런 자원이 있었기에 살아남을 수 있었다는 사실을 기억하자. 다만 앞으로 내가 만족스럽고 건강하게 살아가는 데는 이 자원이 더 이상 효과적이지 않으며, 앞으로 내가 원하는 삶의 방향과도 맞지 않을 뿐이다. 이제는 기존의 생존 자원에게 안녕을 고하고 현재의 내게 도움이 되는 자원, **긍정 자원**을 찾을 차례다.

숨겨진 내 안의
긍정 자원 발견하기

필요할 때 고요하고 편안하게 쉬거나 즐거움과 활력을 느끼는 일이 중요하며, 그 방법으로 무엇이 있는지는 앞서 4장에서 자세히 소개했다. 그러나 이 내용을 충분히 알았더라도 여전히 내가 익숙한 생존 자원에서 벗어날 수 있을지, 새로운 휴식 방법을 일상에서 유연하게 사용할 수 있을지 자신이 없을 수 있다. 진료실에서도 많은 환자들이 늘 휴식에 관해 상담하고도 몇 년이나 매번 비슷한 말('너무 피곤해요', '정말 할 일이 많아요', '지쳤어요')로 인사를 대신한다. 나 역시도 성인이 된 이후부터 꾸준하게 늘 비슷한 고민('어떻게 하면 좀 쉴 수 있을까!')을 정말 열심히도 하고 있다. 변화와 새로움. 정말 필요하지만 어렵게만 느껴지는 주제다.

사실 우리는 모두 이미 많은 자원을 가지고 있다. 우리에게는 감정을 느끼고 생각하고 표현하는 능력, 스트레스 상황에서 더 집중해 새로운 해결 방안을 떠올리는 능력, 몸을 활용해 환경에 적응하는 능력이 있다. 또한 지금 여러분처럼 책을 읽거나, 컴퓨터와 디지털 기기를 사용해 다양한 정보를 습득하고 활용하는 기술도 있다. 여행을 떠나거나 악기를 연주하거나 춤과 스포츠를 즐기거나 그림을 그리는 다양한 취향과 재능도 자신을 가꾸는 좋은 자질이다. **내게 평온과 즐거움을 주며, 더 건강하게 살아가는 데 도움이 된다면 그 모든 능력과 자질이 긍정 자원이 될 수 있다.** 물론 새로운 자원을 찾아도 좋지만, 이미 내가 가지고 있는 긍정 자원을 최대한 활용해도 충분하다. 내가 부족하다는 느낌을 받을 때마다 일에 더욱 깊이 몰두해 내 가치를 느끼려고 했던 생존 자원이 더 이상 내게 유용하지 않을 때, 그림 그리기나 요리처럼 차분하게 집중하며 쉴 수 있는 긍정 자원을 활용한다면 현재의 내게 훨씬 도움이 된다.

이런 긍정 자원은 삶에 지치거나 힘들 때 몸과 마음을 안정시키고 문제를 해결할 수 있도록 도와준다. 위기에 처했을 때는 마음이 무너지지 않도록 지키는 안전한 지지대가 되고, 앞으로 나아가야 할 때는 나를 일으켜세우는 성장의 토대가 된다. 이런 긍정 자원을 다양하게 갖추고, 내게 어떤 자원이 있는지 파악하고, 필요할 때 그 자원을 사용하는 방법을 잘 알수록 삶의 어려움에 더 잘 대처할 수 있다.

긍정 자원을 인식하기 어려운 이유

간혹 자신에게는 아무 자원도 없거나 지금 활용할 수 있는 자원이 없다고 하는 사람도 있다. 뜨개질을 하거나 식물을 기르거나 배드민턴을 즐기는 등의 일상적 경험도 나만의 중요한 긍정 자원이 될 수 있는데도, "누구나 다 하는 거잖아요"라며 이런 능력을 자원으로 여기지 않는 경우도 많다. 이는 휴식이나 즐거움을 누리려면 '누구나 인정할 만한' 특별한 사건이나 급격하고 새로운 변화가 필요하다고 생각하기 때문이다. 또한, 어려운 문제를 자신의 힘으로 해결했는데도 "그 상황에서는 누구라도 다 그렇게 했을걸요", "다 운이 좋았죠"라는 식으로 자신의 상황 대처 능력과 자질을 부정하기도 한다.

긍정적인 감정과 경험을 억누르고 부정적인 측면에 초점을 맞추는 것 자체가 생존 자원인 경우도 있다. 특히 오랫동안 지쳐 있는 사람일수록 자신의 문제와 결함과 실수에 초점을 맞추고, 반대로 자신이 갖춘 긍정적인 능력·잠재력·자질을 인식하기가 어렵다. 이렇게 긍정 자원은 잘 드러나지 않거나, 본인이 알고 있어도 별것 아니라며 무시되기 쉽다.

따라서 내게 어떤 자원이 있는지 먼저 제대로 인식하고, 어떻게 하면 이 자원을 더 잘 활용할 수 있을지 살펴보는 과정이 중요하다. 그러다 보면, 자신이 생각보다 훨씬 광범위하고 다양한 긍정 자원을 이미 가지고 있다는 사실을 깨닫고 놀라게 될 것이다. 마치 보물찾기를 하듯 가볍고 즐거운 마음으로 내 안에 숨은 긍정 자원 찾기를 시작해보자.

내 안의 긍정 자원,
내 곁의 긍정 자원

자원은 크게 **내적 자원**과 **외적 자원**이라는 두 가지 범주로 나눌 수 있다. 내적 자원에는 감정과 신체감각을 느끼고 표현하며 욕구를 인정하고 추구하는 능력, 자신을 편안하게 하고 즐거움을 누리는 능력, 깊이 성찰하는 능력, 타인과 관계를 맺고 경계선을 설정하며 필요할 때 도움을 청하는 능력이 있다. 지적·예술적 욕구, 창의성과 영성을 키우는 능력 등도 포함된다. 이러한 내적 자원은 어린 시절 양육자와의 경험에서 기초적인 토대가 마련되고 성장 과정에서 그 목록이 다듬어진다. 내적 자원은 스트레스에 유연하게 대응하고 회복력을 발휘하는 근간이 된다. 마음이 건강해지고 성숙해지는 정도는 이 내적 자원을 얼마나 풍부하게 가지고 있느냐에 좌우된다.

외적 자원으로는 학교·동아리·직장과 같은 본인이 생활하는 조직과, 친구·가족·인적 네트워크와 같은 사회적 자원이 있다. 주변에서 이용할 수 있는 의료 서비스(병원 진료, 각종 치료, 상담 등)나, 신체건강과 같은 건강 자원도 중요한 외적 자원이다. 자연환경(깨끗한 공기, 아름다운 경관, 맑은 물 등), 심리적으로 편안한 주거 공간, 교육·의식주·여가 활동을 위한 재정적 자원 등의 물질 자원도 외적 자원에 포함된다. 외적 자원은 현대사회에서 목표를 설정하고 달성하며 성취감을 느끼는 데 매우 중요하다. 또한, 아플 때 충분한 치료를 받으려면 의료 자원과 재정적 자원이 필요하듯 우리가 물리적·사회적·경제적 어려움에 처했을 때 이에 대비하고 대처하는 데 중요한 자원이기도 하다.

내면을 키워야 긍정 자원을 더 잘 활용할 수 있다

내적 자원과 외적 자원 모두 중요하지만, **외적 자원을 활용하는 능력은 내적 자원에서 생겨난다.** 예를 들어, 아프거나 힘들 때 적극적으로 친구와 가족에게 도움을 요청하려면 내가 도움을 받을 만한 가치가 있는 존재라고 여길 수 있어야 한다. 또한 믿을 만한 인간관계를 형성하고 유지하는 내적 능력이 필요하다. 내 욕구를 수용하고 추구하는 내적 능력이 부족하면, 외적 자원이 풍부해도 이를 어떻게 활용해야 할지 알지 못할 수도 있다. 때문에 긍정 자원을 풍부하게 활용하려면 내적 자원을 찾는 과정부터 시작해야 한다.

지금까지 이 책에서 설명한 내용은 바로 내적 자원을 인식하고 확장하는 방법이다. 자신이 왜 쉽게 지치는지 자각하고 성찰하기, 부정적인 감정에 빠져드는 사고방식이나 행동을 바꾸기, 일상에서 마음챙김을 하며 현재에 머무르기, 내 감정·감각·욕구를 알아차리고 표현하기 모두 내적 자원에 해당한다. 이런 활동에 익숙해지면, 스트레스를 받는 상황에서도 좀 더 편안해지고 무기력할 때 활력을 얻는 데 꼭 필요한 정서적·심리적 자원을 얻을 수 있다.

긍정 자원의 폭을
크게 넓히자

이제 내가 가지고 있는 자원을 탐색하고, 그 자원이 구체적으로 무엇인지 범주화하며 목록을 만들어보자. 목록을 직접 작성하는 활동은 내게 이미 수많은 자원이 있다는 사실을 깨닫고 앞으로 활용할 수 있는 자원의 수를 늘리는 데 도움이 된다. 다음 표를 참고하며 내 안에, 내 주변에 있는 긍정 자원을 폭넓게 살펴보자.

자원의 종류	내적 자원	외적 자원
정서적 자원	• 높은 각성을 유발하는 긍정 감정(기쁨, 열정)부터 낮은 각성을 유발하는 긍정 감정(평온, 이완, 다정)까지 유연하게 접근하는 능력. • 부정적인 감정을 수용하는 능력. • 감정을 알아차리고 표현하는 능력. • 충동을 견디고 조절된 행동을 할 수 있는 능력 등.	• 폭넓은 감정을 수용하고 나누며 나를 지지하는 존재(친구, 가족, 동료, 반려동물 등). • 풍부한 감정을 끌어낼 수 있는 상황과 환경 등.
신체 자원	• 건강.	• 각종 스포츠.

	· 자신의 신체감각을 알아차리는 능력.	· 춤, 공연.
	· 신체의 활력과 각성을 조절하는 능력.	· 이들을 즐기거나 배울 있는 환경(공원, 수영장, 등).
	· 이완하는 능력.	· 운동 장비.
	· 바른 자세.	· 치료사, 코치, 트레이너.
	· 근력.	· 오감을 즐겁게 할 수 있는 각종 도구(아로마 오일, 화분, 향초, 배스밤, 부드러운 인형 · 침구, 각종 식재료 등).
	· 호흡 조절.	
	· 성적 즐거움.	
	· 유연함.	· 목욕 등.
	· 춤추고 뛰는 능력 등.	
심리적 자원	· 자존감, 자부심.	· 상담사, 치료자, 멘토.
	· 세상에 대한 긍정적인 느낌.	· 자기계발서.
	· 자신에 대한 친절한 태도(자기연민).	· 자조 모임, 심리 워크숍 등.
	· 판단하지 않는 자세로 자신의 생각, 감정, 감각을 돌아보는 능력(메타인지).	
	· 공감 능력.	
	· 마음챙김.	
	· 불완전함과 한계를 수용하는 능력 등.	
관계 자원	· 친구/가족이 믿을 만하며 필요할 때 나를 도와줄 것이라는 믿음.	· 연인, 가족, 친구, 멘토 등 중요한 관계.

	• 타인과 관계를 맺는 능력. • 관계에 경계선을 설정하는 능력. • 거절, 설득, 도움 요청, 사과, 자기주장 등의 의사소통 기술. • 정서적 지지를 주고받을 수 있는 능력 등.	• 직장, 동아리, 동호회 등 내가 속한 집단의 동료.
지적 자원	• 집중력, 문제 해결 능력, 판단력, 기억력, 이해력 등의 인지 기능. • 지적 호기심을 스스로 자극하는 능력. • 관찰력. • 탐구 능력. • 배움을 즐기는 능력. • 지식을 응용하는 능력 등.	• 학교, 각종 수업, 도서관, 독서 모임. • 워크북, 학습용 동영상, 어학 수업. • 심리치료 등.
예술/창조적 자원	• 음악, 영화, 미술 등 예술 감상하는 능력. • 글쓰기. • 뜨개질, 요리, 목공 등 공예 활동. • 연기. • 인테리어. • 정원 꾸미기 등.	• 헤드폰, 물감, 종이, 색연필 등의 미술 도구. • 좋아하는 드라마나 영화. • 음악 감상 동호회, 글쓰기 수업, 문화센터. • 박물관, 극장, 공연장 등.

자연 자원	· 자연의 풍경, 소리, 변화, 냄새를 느끼고 감상하는 능력. · 식물 키우기. · 계절을 즐기는 능력. · 내게 감흥과 영감을 주는 동물·식물을 발견하고 즐기는 능력 등.	· 산책길, 공원, 호수, 산, 강, 바다. · 공원, 동물원, 식물원. · 주변의 동식물. · 먼 곳으로 이동할 수 있는 자전거, 자동차 등.
영적 자원	· 신앙과 연결될 수 있는 능력. · 기도. · 명상. · 자신의 잠재력을 믿으며 경건함과 영성, 초월성을 느낄 수 있는 능력 등.	· 절, 성당, 교회 등 종교 시설. · 명상센터. · 영적 스승. · 시, 종교 서적 등.
물질 자원	· 돈을 벌고 생산적인 활동에 참여하는 능력. · 생활의 만족감과 편안함, 즐거움을 주는 여러 도구를 활용하는 능력.	· 집. · 그릇, 주방 도구, 청소기, 건조기 등 가사노동 시간을 줄이는 도구. · 편한 운동화, 차, 캠핑 장비 등 생활에 만족감을 주는 도구. · 침대, 안락의자, 욕조 등 이완을 돕는 가구. · 편히 이용할 수 있는 공공시설 등.

나를 '문제'가 아니라
'다양한 자원과 역량을 갖춘 사람'으로 보기

긍정 자원 목록을 보고 어떠한 생각이 들었는가? 내가 늘 하던 행동이나 이미 가지고 있는 능력인데 미처 소중한 자원이라고 생각지도 못했거나 지나쳤던 요소가 있을 수 있다. 활용하면 편안해진다는 사실을 알면서도 굳이 쓰지 않았던 자원이 있을 수도 있다. 혹은 "이런 것도 자원이 될 수 있다니!" 하고 놀라움을 느끼거나, 부족한 자원을 어떻게 채워야 할지 호기심이 생긴 이도 있을 것이다.

자존감이 낮은 사람은 자신의 강점과 능력을 오히려 결점이라고 생각하기도 한다. 하지만 아직 자원을 인식하거나 활용하는 경험이 부족하거나 어색할 뿐, 누구나 얼마든지 자신만의 광범위한 긍정 자원 목록을 만들 수 있다. 그러면 나를 '문제'로만 여기거나 삶이 고단하다고 생각하는 태도에서 벗어나기가 수월해진다. 나아가, 내가 실은 다양하고 풍부한 자원과 역량을 가진 사람이라는 새로운 깨달음을 얻을 수 있다.

풍부한 긍정 자원이
맞춤형 휴식의 열쇠다

이제 힘들거나 지칠 때 불쾌한 생각과 감정에 골몰하기보다는, 지금 여기에서 활용할 수 있는 내 긍정 자원에 초점을 맞추어보자. 익숙한 생존 자원을 습관적으로 가동하는 대신 나와 내 주변 환경에서 나를 편안하게 만들어줄 요소를 찾아 거기에 주의를 기울여보는 것이다. 긍정 자원 목록에서 몇 가지를 골라 실제 휴식에 활용한 후, 그에 따른 느낌·감각·생각의 변화를 가만히 들여다보자. 일단 긍정 자원 한 가지가 효과를 발휘하기 시작하면 다른 자원들도 자극되어 긍정 자원의 범위가 확장되는 선순환이 일어난다. 특히 마음챙김과 같은 심리적 자원에 익숙해지면, 정서·신체·관계 자원 등 다른 내적 자원이 동시에 더 큰 힘을 발휘하게 된다.

나를 위한 맞춤형 휴식을 설계한다는 것은 긍정 자원을 시의적절하게 활용하는 것과 같다. 긍정 자원이 많을수록 우리는 불필요한 긴장감을 줄이고 일상 곳곳에서 평온함과 즐거움을 만들어낼 수 있다. 또한 아무리 고단하고 어려운 위기의 순간이 찾아와도, 잠시라도 숨통을 트고 마음이 편히 쉬어갈 수 있는 휴식처를 마련할 수 있다. 어떤 이들은 한두 가지 영역에서 자원(주로 돈이나 지위 등의 외적 자원)을 확보하는 데 치중한 나머지 그 외의 영역은 무시하거나 외면하기도 한다. 그러나 온전한 휴식과 만족스러운 삶은 여러 영역의 자원(특히 이 책에서 다룬 다양한 내적 자원)에 골고루 주의를 기울이고, 새롭게 발견하고, 일상의 작은 노력을 통해 경험하며 익숙해지는 데서 시작한다.

자, 나만의 긍정 자원 목록을 만들었다면, 지금 이 순간 여러분은 어떤 자원을 활용하고 싶은가? 혹은 앞으로 어떤 자원을 늘려가고 싶은가? 즐겁고 가벼운 마음으로, 나를 위해 할 수 있는 작은 일을 떠올려보자.

진정한 쉼에 다다르기까지

'몸이 점점 망가지는구나'라며 대책 없이 지쳐 있던 어느 날, '휴식'을 주제로 하는 책을 써보자는 제안을 받았다. 솔직히 반쯤은 나를 위해 글을 쓰기 시작했다. 가족과 지인들은 "네가 쉬는 것을 잘 못 봤는데 어떻게 휴식에 대한 글을 써?"라고 웃으며 물었다. 그럴 때면 부끄러움에 대답이 잘 떠오르지 않아 나도 배시시 웃어버렸다. 그만큼 나는 잘 쉬지 못하는 사람이었다. 오랫동안 단순히 시간이 없어서 쉴 수 없다고만 생각하며 바쁘게 지냈다.

하지만 어느 순간 깨달았다. 그동안 '쉼'을 낯설고 멀게만 느꼈던 건, 바로 내가 스스로에게 여유를 허락하지 않고 무언가에 쫓기듯 살아왔기 때문이라는 사실을. 퇴근길 석양에 고아하게 빛을 내기 시작하는 남산타워를 바라볼 때면, '저 높은 곳에서 저녁의 서울을 내려다보면 얼마나 멋지고 상쾌한 기분이 들까'라고 생각하곤 했다. 하지만 아직 단 한 번도 해 질 무렵 남산타워에 가보지 못했다.

실은 그런 소망을 품은 지도 10년이 훌쩍 넘었다. 해가 완전히 지지도 않은 시간에 한가롭게 남산타워에 갈 여유나 자격이 나에겐 없다고 느낀 모양이다. 내게 '휴식'은 생각보다 많은 용기와 의지가 필요한 일이었나 보다. 그런 내 모습을 깨달은 이후, 몸과 마음을 돌보며 일상에서 긴장을 풀고 편안해지기 위해 부단히도 애써왔다. 나를 지치게 하는 생각과 행동의 패턴을 돌아보고, 몸의 감각에 귀 기울이고, 책을 읽고, 새로운 활동에 도전했다. 익숙한 일, 일상, 그리고 무엇보다도 나 자신을 새롭게 바라보려 했다. 일과 관계의 의미를 알지 못한 채 떠밀리듯 살지 않으려고 노력했다.

그 과정에서 언제나 내 손을 잡아주고, 앞에서 끌어주고 뒤에서 밀어주는 가족과 친구들, 동료들에게 큰 도움을 받았다. 그들과 이야기를 나누고 그들의 삶을 지켜보며 많은 것을 배우고 마음에 위안을 얻었다. 그래서 내가 진정한 '쉼'에 다다르기 위해 애썼던 긴 과정을 다른 이들과도 공유하고 싶었다. 내가 도움을 받은 것처럼, 누군가에게 작은 도움이 되기를 바라면서.

무엇보다도 가장 값진 지혜와 성찰은 진료실에서 접촉한 수많은 이들의 삶으로부터 왔다. 고통과 즐거움, 불행과 행복을 오가고, 때로 나아가기도 뒷걸음질 치기도 하면서 견디고 성장하는 이들의 이야기를 진료실 의자에 편히 앉아서 들을 수 있다는 것 자체가 어찌 보면 큰 행운이다. 나는 세상에 유명세를 떨친 이들의 자서전을

나는 왜 마음 놓고 쉬지 못할까

읽는 걸 좋아하지만, 사실 자서전의 주인공들보다 더 애잔하고 훌륭한 삶을 사는 이들이 세상에 정말 많다고 느낀다. 가끔 솔직하게 "당신에게 이런 점을 배웠습니다"라고 말할 때도 있지만, 보통은 직접 말하지 못하고 조용히 그들이 나에게 남긴 것을 되새기다 이후 다른 이들에게 되돌려준다. 그분들에게 다 전하지 못한 감사하다는 말을, 이 책을 통해 진심을 담아 전하고 싶다. "척박하고 비정한 현실, 마음을 혼란하게 만드는 수많은 상념에도 불구하고, 스스로를 돌보고자 애쓰고 결국 삶을 살아내주셔서 감사합니다."

이 책을 끝까지 읽어준 여러분에게도 쑥스럽지만 미리 감사의 말을 전한다. 만약 여러분이 이 책을 여기까지 읽고 있다면, 이 책이 전하고자 하는 지혜와 위로를 나누는 데 함께한 것이라 생각한다. 이 책이 여러분의 삶을 편안하게 하는 데 조금이라도 도움이 되었기를 바란다.

1장

김철환·신호철·박용우, 〈만성피로 및 만성피로증후군의 유병률〉, 가정의학회지, 2000;21;1277-1287.

김철환, 〈지역사회 일차의료기관에서 만성피로 및 만성피로증후군의 유병률〉, 경희대학교 대학원 의학과 가정의학, 2002.

〈직장인 48.5% '워커홀릭이다!'〉, 잡코리아, 2023. https://www.jobkorea.co.kr/goodjob/tip/view?News_No=20855

Fukuda, K., & Straus, S, E., et al., A Komaroff The chronic fatigue syndrome: A comprehensive approach to its definition and study. *Annals of Internal Medicine*, 121(12), 953-959.

Lim EJ, Lee JS, & Son CG, et al., Nationwide epidemiological characteristics of chronic fatigue syndrome in South Korea, *Journal of Translational Medicine*, Dec 1, 2021; 19(1):502.

2장

Daniel Z. Levin, Jorge Walter, & J. Keith Murnighan, Dormant Ties: The Value of Reconnecting, *Organization Science 22*, Aug 2011; 22(4):923-939.

3장

〈청년패널조사로 본 2030 캥거루족의 현황 및 특징〉, 한국고용정보원, 2024. https://www.moel.go.kr/news/enews/report/enewsView.do?news_seq=16640

Werner, E. E. (1993). Risk, resilience, and recovery: Perspectives from the Kauai Longitudinal Study. *Development and Psychopathology*, 5(4), 503 – 515. https://doi.org/10.1017/S095457940000612X

4장

문요한, 《나는 왜 나를 함부로 대할까》, 해냄, 2022.

이동수, 〈韓 수면시간, OECD 평균보다 18% 적어… 코골이는 '혼잡한 도로' 수준〉, 세계일보, 2024. 12. 22. https://www.segye.com/newsView/20241222503437

이정림 외, 〈한국아동패널 제1차 심층조사 보고서〉, 육아정책연구소, 2010.

크리스틴 네프 지음, 서광스님 · 이경욱 옮김, 《러브 유어셀프》, 이너북스, 2019. (Kristin Neff, *Self-Compassion: The Proven Power of Being Kind to Yourself*, William Morrow Paperbacks, 2015.)

틱낫한 지음, 이현주 옮김, 《너는 이미 기적이다》, 6번 잠언, 불광출판사, 2013. (Thích Nhat Hanh, *Your True Home: The Everyday Wisdom of Thích Nhat Hanh*, Shambhata, 2011.)

Sabia, S., & Fayosse, A., et al., Association of sleep duration in middle and old age with incidence of dementia, *Nature Communications*, 2021 Apr 20;12(1):2289.

5장

대니얼 골먼 지음, 한창호 옮김, 《EQ 감성지능》, 웅진지식하우스, 2008. (Daniel Goleman, *Emotional Intelligence: Why It Can Matter More Than IQ*, Bantam, 2005.)

마샤 M. 리네한 지음, 조용범 옮김, 《DBT 다이어렉티컬 행동치료 워크북》, 더트리그룹, 2017. (Marsha M. Linehan, *DBT Skills Training Handouts and Worksheets*, Guilford Pub, 2014.)

채드 르귄느 지음, 조영지 옮김, 《걱정이 많은 사람을 위한 심리학 수업》, 빌리버튼,

2021. (Chad LeJeune Ph.D., *The Worry Trap: How to Free Yourself from Worry & Anxiety Using Acceptance & Commitment Therapy*, 2007.)

패트 오그던 · 재니너 피셔 지음, 이승호 옮김, 《감각운동 심리치료》, 하나의학사, 2021. (*Sensorimotor Psychotherapy: Interventionf for Trauma and Attachment*, Pat Ogden Ph.D., & Janina Fisher, W. W. Norton & Company, 2015.)

Foster, G. E., & Sheel, A. W., The human diving response, its function, and its control., 205, *Scandinavian Journal of Medicine and Science in Sports*, 15, 3-12.

Goyal, M., Singh, S., Sibinga, E. M. S., Gould, N. F., Rowland-Seymour, A., Sharma, R., ... & Haythornthwaite, J. A., Meditation programs for psychological stress and well-being: A systematic review and meta-analysis. *JAMA Internal Medicine*, 2014 Mar;174(3):357-68.

Heissel, A., & Heinen, D., et al., Exercise as medicine for depressive symptoms? A systematic review and meta-analysis with meta-regression, *British Journal of Sports Medicine*, 2023 Aug;57(16):1049-1057.

Jay, O., Christensen, & J. P. H., White, M. D., Human face-only immersion in cold water reduces maximal apnoeic times and stimulates ventilation, *The Psychological Society*, 2007 Jan;92(1):197-206.

Human face-only immersion in cold water reduces maximal apnoeic times and stimulates ventilation, 2006, *Experimental Physiology*, 92, 197-206.

Neff, K. D., Vonk. R, Self-compassion versus global self-esteem: Two different ways of relating to oneself. *Journal of Personality*, 2008, 77(1), 23-50.

Showraki, M., Showraki, T., & Brown, K., Generalized Anxiety Disorder: Revisited, *The Psychiatric Quartely*, 2020 Sep;91(3):905-914.

Simon, N. M., Generalized anxiety disorder and psychiatric comorbidities such as depression, bipolar disorder, and substance abuse, *The Journal of Clinical sychiatry*, 2009;70 Suppl 2:10-4.

Tate, A. K., & Petruzzello, S. J. (1995). Varying the intensity of acute exercise: Implications for changes in affect. *Journal of Sports Medicine and Physical Fitness*, 35, 295-302.

Uncapher, M. R., & Wagner, A. D., Minds and brains of media multitaskers: Current findings and future directions, *National Academy of Sciences*, 2018 Oct 2;115(40):9889-9896.

Zeidan, F., Emerson, N. M., Farris, S. R., Ray, J. N., Jung, Y., McHaffie, J. G., & Coghill, R. C., Mindfulness meditation-based pain relief employs different neural mechanisms than placebo and sham mindfulness meditation-induced analgesia. *The Journal of Neuroscience*, 2015 Nov 18;35(46):15307-25.

나는 왜 마음 놓고 쉬지 못할까

나는 왜 마음 놓고 쉬지 못할까

첫판 1쇄 펴낸날 2025년 4월 15일
4쇄 펴낸날 2025년 6월 11일

지은이 김은영
발행인 조한나
편집기획 김교석 문해림 김유진 김하영 박혜인 함초원 조정현
디자인 한승연 성윤정
마케팅 문창운 백윤진 김민영
회계 양여진 김주연

펴낸곳 (주)도서출판 푸른숲
출판등록 2003년 12월 17일 제2003-000032호
주소 서울특별시 마포구 토정로 35-1 2층, 우편번호 04083
전화 02)6392-7871, 2(마케팅부), 02)6392-7873(편집부)
팩스 02)6392-7875
홈페이지 www.prunsoop.co.kr
페이스북 www.facebook.com/prunsoop 인스타그램 @prunsoop

ⓒ김은영, 2025
ISBN 979-11-7254-053-1 (03180)